I0841375

*Diariofacebook.it*

Edizione 9 maggio 2022
Pubblicizza questo libro come credi, anche facendone oggetto di commercio, ma
se lo modifichi non attribuire a me cose che non ho mai detto, a meno che tu non
pensi di contribuire alla causa di un socialismo davvero democratico.

**MIKOS TARSIS**

# Il signore del gas

## per un mondo multipolare

La prima prova di buon senso
è nel non pretendere di risolvere tutto col buon senso.

Ugo Bernasconi

Amazon

Nato a Milano nel 1954, laureatosi a Bologna in Filosofia nel 1977,
già docente di storia e filosofia, Mikos Tarsis (alias di Enrico Galavotti)
si è interessato per tutta la vita a due principali argomenti:
Umanesimo Laico e Socialismo Democratico, che ha trattato in homolai-
cus.com e che ora sta trattando in quartaricerca.it e in socialismo.info e
diariofacebook.it.
Per contattarlo:
info@homolaicus.com o info@quartaricerca.it o info@socialismo.info o
info@diariofacebook.it
Sue pubblicazioni su Amazon.it

# Avvertenza

Questo libro è il seguito di un altro già pubblicato, avente per titolo *La truffa ucraina*, che si basava sui post collocati in Facebook dall'inizio della guerra ucraina sino alla fine di marzo.

Anche tutti questi post sono stati messi nel sito diariofacebook.it e anche in questo libro si è rispettata la cronologia e si sono fatte correzioni e precisazioni là dove necessario. Inoltre posso aggiungere che le principali fonti di questi post sono state prese da vari canali controinformativi di Telegram, da alcuni sitiweb molto importanti e da alcuni video trovati su Youtube. Ovviamente non sono stati riportati i contenuti dei tanti video linkati.

Nel libro precedente si è dimostrato per oltre 300 pagine che il governo ucraino è filonazista e che nel corso della guerra contro la Russia era completamente manipolato dagli americani.

In una situazione del genere l'idea che aveva Putin di dividere l'Ucraina in due parti: una filorussa e l'altra filoeuropea, era giusta in quanto inevitabile. Infatti, sin dal 2014 (anno del golpe nazista) il governo di Kiev non ha mai avuto intenzione di riconoscere (sostenuto, in questo, dalla NATO) né l'autonomia alle due repubbliche del Donbass né l'identità russa alla Crimea.

In assenza di alcuna possibile trattativa, con la guerra (o "intervento speciale militare") Putin pensava di risolvere una situazione di stallo. E la guerra ha sicuramente ridotto di molto la presenza dei neonazisti nel Paese, soprattutto nel Donbass, ormai in procinto d'essere liberato completamente da questa feccia dell'umanità, responsabile di efferatezze d'ogni genere.

Quindi siamo in presenza di un fatto inequivocabile: in Ucraina c'era sì uno Stato, ma c'erano anche due Nazioni, molto diverse tra loro, che lo Stato neonazista non riusciva a tenere insieme pacificamente, rispettando le reciproche differenze. In fondo cosa dicevano i polacchi quando si vollero liberare del regime comunista? Lo Stato non rappresenta la Nazione, per questo va abbattuto. A maggior ragione, quindi, quando le nazioni sono due e lo Stato parteggia solo per una.

Si può facilmente prevedere che Putin verrà ricordato nei libri di storia sufficientemente obiettivi come un personaggio di rilievo della storia russa ed europea, capace di difendere l'integrità territoriale del proprio Paese dalle crescenti minacce militari della NATO, capace di tutelare l'esistenza in vita dei russi all'estero e soprattutto capace d'impedire il dilagare del neonazismo in Europa. Tutto sommato è stato anche un notevole stratega militare, in quanto ha conseguito i suoi obiettivi senza troppo spargimento di sangue, rispettando il più possibile i diritti dei civili, ovviamente nella misura in cui le battaglie venivano condotte dal nemico in maniera regolare, senza usare i civili come scudi umani (il che però non è quasi mai avvenuto, poiché i neonazisti, addestrati dagli occidentali, han dimostrato di non avere scrupoli di sorta).

Di Zelensky invece si dirà ch'era solo un imbonitore, un fantoccio manovrato dagli Stati Uniti, senza idee proprie. Come già Kerensky, sostenuto dai francesi, al tempo di Lenin.

Per concludere, devo ribadire che se ci sono stati errori di valutazione, vanno attribuiti esclusivamente a me. Non sono mai stati, tuttavia, così gravi da farmi meritare la censura di Facebook (avvenuta tre volte, soprattutto in riferimento ai video russi), la cui linea editoriale è sempre stata, pregiudizialmente, a favore dell'Ucraina.

Qui però non posso esimermi dal dire che in poco più di un mese la guerra ha messo in evidenza i limiti etici e politici di molte persone di spicco, abituate a considerare la narrativa americana di molto superiore a quella russa. La pochezza ideologica di certi intellettuali, che pretendono di dividere il mondo in buoni e cattivi, è parsa davvero incredibile, non meno della falsità di chi ritiene che le sanzioni comminate alla Russia non colpiscano la popolazione di quel Paese, ma solo i poteri forti, ritenuti unici responsabili della guerra. Non esistono sanzioni economiche che non colpiscano le popolazioni: al massimo si potrebbero tollerare delle sanzioni politiche o diplomatiche.

L'ingenuità dei leader dei Paesi europei, che non si sono accorti quanto in questa guerra la stessa UE venisse considerata dagli americani un obiettivo da colpire, mi è parsa sospetta sin dall'inizio. Si può capire lo sdegno nel vedere in Europa un conflitto che ci riportava agli anni più bui del nostro recente passato, flagellato dalle guerre mondiali, ma non si può capire la pervicace volontà di non volervi porre rimedio con una seria trattativa di pace. In tal senso stupisce enormemente vedere che i generali italiani abbiano mostrato molto più buon senso dei tanti politici e giornalisti proni ai diktat di Washington.

# Aprile

L'ipocrisia è un compito ventiquattr'ore su ventiquattro.
(William Somerset Maugham)

**[1]**

### La Russia è uno Stato imperialistico?

Equiparare la Russia agli Stati Uniti, parlando di "imperialismo" russo, va contro la realtà dei fatti.

La Russia è sottopopolata, non ha necessità di eventuali "spazi vitali". Le sue risorse idriche sono immense, non ha carenza d'acqua. Ha praticamente tutte le materie prime di cui ha bisogno, non deve cercarle altrove.

La sua economia, basata soprattutto sull'esportazione di materie energetiche e prime con una concorrenza limitata non induce all'acquisizione di nuovi mercati mediante azioni di guerra.

Non è il braccio armato di feroci multinazionali che depredano e impoveriscono nazioni sottosviluppate.

La sua influenza nel mondo è limitata e frutto di accordi paritari con nazioni amiche.

Le sue forze armate, salvo l'attuale conflitto in Ucraina, sono dislocate esclusivamente nel suo territorio e in Paesi dove vi sono accordi e alleanze militari, in totale nemmeno 10 e con contingenti limitati.

Da 30 anni non occupa più militarmente le nazioni che ha sconfitto nella II Guerra Mondiale.

La sua spesa militare è 1/10 di quella americana (1/16 se la rapportiamo all'amministrazione di Biden).

Non intende esportare alcuna ideologia e "cultura".

Tutto questo non si può dire per gli USA, che hanno presenze militari in 80 nazioni e più della metà delle truppe all'estero dislocate in Germania, Italia e in Giappone (le nazioni sconfitte nella II Guerra Mondiale), senza contare che sono base di molte multinazionali finanziarie e non, con interessi in tutto il mondo.

Davvero la Russia è un pericolo per l'Europa occidentale?

È da considerarsi una nostra concorrente diretta oppure potrebbe essere un partner strategico, avendo interessi non conflittuali coi nostri? Un'Europa continentale debole è interesse degli angloamericani, che non vogliono altri pericolosi concorrenti, non dei russi, che con noi hanno sempre fatto lucrosi e convenienti affari. Questo spiega la volontà americana di evitare qualsiasi sinergia tra Europa occidentale e la Russia, alimentando conflitti ai suoi confini.

Fonte: Byebyeunclesam in Facebook.

### O cambi confessione o ti esproprio

Il governo Zelensky ha dato un ultimatum alla Chiesa ortodossa ucraina che fa capo al patriarcato di Mosca. L'alternativa è molto semplice: o i fedeli fanno riferimento alla Chiesa scismatica ortodossa di Kiev, oppure tutti i beni della loro Chiesa saranno nazionalizzati. Questo perché non si vuole che una fetta di cittadini dipenda dalla volontà di una confessione appartenente a uno Stato nemico.

Alla faccia della libertà di coscienza e di religione! In questo i neonazisti son peggio dei cinesi. In teoria dovrebbero negare la fede agli stessi cattolici ucraini che dipendono dal Vaticano. Ma non lo faranno, poiché l'Italia li rifornisce di armi...

### Stati poveri e fascisti

Chissà se gli ucraini han capito che i neonazisti della loro nazione non ammazzano senza tanti problemi solo i cittadini filorussi ma anche gli stessi ucraini, se non si lasciano sottomettere alla loro volontà.

Resta comunque curioso che quanto più vicini sono gli ex Stati sovietici alle influenze occidentali, tanto più diventano fascisti. Pare che questo sia l'unico modo per sopperire alle loro economie povere, con cui i governi non possono soddisfare la crescente domanda di benessere economico, conformemente a ciò che la popolazione vede in Europa occidentale. Solo che coi governi fascisti e nazionalisti i cittadini perdono i diritti civili e anche sul piano economico continuano a restare poveri. Solo pochi affaristi e privilegiati ci guadagnano davvero. In tal senso l'Ucraina non è molto diversa dalla Polonia o dall'Ungheria.

## La UE riuscirà a sopravvivere?

I Paesi europei sono inizialmente saltati tutti sul carro degli Stati Uniti, sottovalutando completamente l'organizzazione di Putin e della Russia, che già da tempo ha una linea bancaria di swap con Pechino. Il rublo si è già ripreso. La Russia non ha bisogno delle derrate alimentari altrui e comunque le acquisterà solo da Paesi amici. Già adesso circa il 55% delle sue esportazioni è destinato a Paesi che non hanno aderito alle sanzioni: Cina, India e tutti i Paesi africani e molti del Medioriente...

La stessa Arabia Saudita, maggior esportatore di petrolio, ha un accordo con la Cina, maggior importatore, secondo cui le enormi quantità di petrolio verranno pagate d'ora in poi in yuan cinesi e non in dollari.

Insomma la UE è gestita da politici ottusi, che in sostanza non han capito che gli USA stan cercando di risolvere i loro problemi a spese di qualcun altro. A breve si dovranno per forza rendere conto che avranno una scarsità di tutto ciò che serve per sopravvivere come potenze. È come se non sapessero che ci vorranno almeno 2-3 anni prima che l'Europa costruisca i rigassificatori di cui ha bisogno per usare il gas liquefatto americano, di minor pregio, più costoso e molto più pericoloso in caso di incidenti.

Povera Europa. Se va avanti così, la situazione diverrà così grave in autunno che quanto sta succedendo adesso in Ucraina sarà una barzelletta.

## Draghi abbastanza ridicolo

Quando Draghi chiede a Putin un cessate il fuoco mentre i russi stanno combattendo i nazisti, a chi sta facendo un favore? Non lo sa che sono i nazisti a impedire ai civili di utilizzare i corridoi umanitari? Adesso han preso anche a minare le strade per non farli uscire con le auto. Per spostarsi usano persino le ambulanze della Croce Rossa.

Come ci si può fidare dei neonazisti nei negoziati? In questi ultimi 8 anni tutti i negoziati sono falliti, inclusi i trattati di Minsk, di cui neppure Francia e Germania sono stati capaci di farsi garanti. Questo poi senza considerare che l'Ucraina non è in grado di negoziare, proprio perché è totalmente dipendente dalla volontà americana.

In che mondo viviamo se neppure il Consiglio d'Europa e l'OSCE/ODIHR reagiscono al fatto che le forze armate ucraine abusano dei prigionieri di guerra russi?

Solo la fine della guerra sarà in grado di determinare che fine farà l'Ucraina. Le tregue temporanee servono a poco, soprattutto quando una delle parti le sfrutta per riprendere fiato.

### Americani criminali di guerra?

Se i laboratori ucraini finanziati dal Pentagono sono davvero coinvolti nello sviluppo e nella proliferazione di armi biologiche, allora i leader americani sono criminali di guerra. Avrebbero violato l'art. 1 della "Convenzione delle Nazioni Unite sulle armi biologiche".

L'ha scritto Philip Giraldi, direttore esecutivo del gruppo contro la guerra "Council for the National Interest", in un articolo per il portale "The Unz Review".

Secondo lui, se ci si basasse sui princìpi di Norimberga del 1946, alla cui creazione ha partecipato attivamente anche Washington, dovrebbero subire la pena di morte.

Come ha osservato l'ex funzionario dell'amministrazione Reagan, Paul Craig Roberts: "Il male che ora risiede a Washington non ha precedenti nella storia umana".

E in una situazione del genere si è ovviamente disposti a creare qualunque pretesto per scatenare il finimondo.

Fonte: unz.com

### Galimberti fuori di testa

Per Umberto Galimberti questa dell'Ucraina non è una guerra, ma un'invasione per ricostituire l'ex Unione Sovietica. Lo dice perché Putin viene dal KGB, come il patriarca di Mosca. Secondo lui Putin vuole occupare Kiev e quindi tutta l'Ucraina.

La UE doveva muoversi prima con le sanzioni, quando Putin aveva schierato 250.000 uomini (sic!) per fare le esercitazioni, che avevano evidentemente lo scopo d'invadere il Paese. Questo perché le sanzioni han tempi lunghi. (Non si rende conto di quel che dice, in quanto le esercitazioni non erano state fatte dentro l'Ucraina!)

Poi aggiunge con molta spocchia che Putin lo conosciamo, perché si era già comportato così in Cecenia, in Georgia, in Siria, in Libia, sulla base del suo concetto d'imperialismo sovietico (sic!). Dopo l'Ucraina occuperà la Moldavia e i Paesi nordici perché gli interessa il Mare del Nord.

Galimberti non vede il golpe del 2014, né i nazisti conclamati, né il genocidio nel Donbass, né la regia americana in questi ultimi 8 anni. Non capisce che Putin in tutti questi anni ha sempre aiutato i russi all'estero duramente perseguitati e che in Siria è intervenuto solo su richiesta di Assad, ponendo fine all'ISIS, che l'occidente fingeva di combattere.

Insomma lo facevo più intelligente. Ma si sa che i filosofi ragionano con categorie astratte che van bene per qualunque situazione. Già quando dice che la guerra è "il male assoluto" non capisce la differenza tra guerra offensiva e difensiva.

Fonte: youtube.com/watch?v=I-oyyUYdpS4

**Strategia militare sì, politica no**

Abbastanza condivisibile l'analisi di Fabrizio Marchi sulla strategia militare russa in questa guerra ucraina.

Non c'è traccia nella storia militare russa di una guerra-lampo. I russi, semplicemente, non combattono così. Han sempre avuto una macchina militare pachidermica, lenta, massiccia ed efficace soprattutto alla distanza.

Vincere gli ucraini non può essere considerato facile, non solo perché i neonazisti sono spietatissimi, ma anche perché dal 2015 l'Ucraina ha intrapreso una profonda riforma della Difesa e delle forze armate, che da anni viene rifornita di armi e denaro da molti Paesi. Già prima di questa guerra vi era un esercito di quasi 200.000 uomini e una milizia territoriale di circa 100.000. Il Paese nel 2021 aveva speso il 4,1% del PIL per le forze armate.

Fin dal primo giorno i russi hanno attaccato su un fronte vastissimo: lungo tutto il confine con l'Ucraina (1.560 km), più un altro tratto a Nord dalla Bielorussia e un altro tratto a Sud dalla Crimea.

Come si può pensare che un attacco così allargato fosse immaginato per una spedizione di pochi giorni, sostenuta tra l'altro da un contingente ridotto, visto che i russi hanno mobilitato solo 120-130.000 soldati? È giusto il geopolitico Dario Fabbri – aggiungo io – che da Mentana su "LA7" ripete continuamente che l'operazione militare è stata completamente sbagliata. Come se non sapesse che non volevano condurla come sono soliti fare gli americani (in questo veri eredi dei nazisti): bombardando a tappeto intere città.

In realtà a Putin non importa nulla di conquistare Kiev o di allargare l'operazione militare alla parte Ovest del Paese. Quello che gli interessa davvero è l'Est, dove c'è una popolazione in maggioranza russofona (che sia anche russofila, dopo le distruzioni della guerra, è da vedere) e dove si trovano tutte le maggiori risorse del Paese: miniere, centrali nucleari, industrie pesanti, porti, grandi snodi ferroviari. È lì che la Russia, con l'invasione, vuole insediarsi. Con un controllo diretto, cioè annettendo il territorio (ex) ucraino alla Federazione russa; oppure facendo nascere la cosiddetta Novorossija, uno Staterello vassallo della Russia che comprenderebbe il Donbass e la Crimea (in un modo o nell'altro sottratti all'Ucraina nel 2014) più i territori conquistati con l'invasione.

La Russia otterrebbe così nuova popolazione, nuovi e ricchi territori e, soprattutto, una continuità territoriale strategica dalla Bielorussia alla Moldavia. Obiettivo massimo di questa strategia: raggiungere il grande fiume Dnepr, che taglia in due l'Ucraina e in certi tratti è largo anche tre chilometri, e usarlo come un confine naturale rispetto all'Occidente. Così la Russia controllerebbe tutta la parte a Est del fiume e all'Ucraina propriamente detta resterebbe la parte Ovest.

Dove sta il limite di questa analisi? Nel fatto che Putin non aveva intenzione di "conquistare" niente. Un Paese immenso come il suo non ha bisogno del Donbass per sopravvivere. L'intervento è stato dettato da altre due considerazioni che l'autore trascura colpevolmente: la paura della Nato e l'assistenza militare ai filorussi del Donbass per ragioni umanitarie.

Fonte: fanpage.it

**Meloni ridicola**

È curioso che di fronte alle richieste della NATO tutti i partiti dell'arco parlamentare si siano trovati d'accordo. È più importante questa Alleanza Atlantica che quella Europea.

La Meloni che veniva presentata come la sola opposizione parlamentare a Draghi, adesso è in piena sintonia col premier. Fratelli d'Italia dipinti come sovranisti dai media, sono in realtà accaniti sostenitori della subalternità italiana ai diktat bellicisti di Washington, proprio come il Partito Democratico, che nelle campagne elettorali finge di rappresentare l'argine alle destre, salvo poi sui temi importanti essere sempre d'accordo.

E poi parlano di democrazia rappresentativa, di valori occidentali. Qui abbiamo solo una finta "sinistra" liberale e una vera destra reazionaria, una finta opposizione "sovranista" e un vero governo "atlantista".

Sembrano tutti pagati dagli americani, tutti schierati a spendere altri miliardi di denaro pubblico in armi, tagliando ulteriormente la spesa sociale.

Grazie Zelensky, senza volerlo ci hai fatto capire da quanti cialtroni siamo governati.

**[2]**

**Il bene dal male**

Ecco un effetto positivo prodotto dalla guerra ucraina. Lo vedete che il bene può nascere anche dal male?

Cina e India sono tornate a parlarsi ai massimi livelli dopo gli scontri al confine himalayano del 2020 che causarono la morte di 20 soldati indiani e almeno 4 cinesi.

Entrambe non sopportano più le pressioni occidentali contro la Russia. E han dimostrato d'avere una visione comune sul conflitto ucraino. Per non parlare del fatto che dopo la pace tra Putin e Zelensky porranno all'ordine del giorno la questione di Taiwan.

Entrambe, insieme alla Russia e a qualche Paese islamico, manderanno a picco il dollaro, creando un nuovo Swift (eventualmente basato sul sistema cinese CIPS). E ovviamente anche l'euro sarà penalizzato. Il governo indiano ha già detto che 5 banche nazionalizzate cureranno i rapporti tra rupia e rublo.

Noi occidentali ci siamo comportati in questa vicenda come i pistoleri nei film western. Abbiamo voluto far vedere chi è più veloce a estrarre la colt. Senza però sapere ch'era caricata a salve. Abbiamo replicato l'atteggiamento di John Wayne, che si calava talmente tanto nella sua parte da non riuscire più a distinguere la finzione dalla realtà.

### Duello al sole

Ormai è chiaro che gli USA vogliono coinvolgere l'intera Europa in un conflitto contro la Russia, altrimenti non si spiega perché inducano Zelensky a tergiversare sulle trattative, senza mai concluderle in maniera decisiva.

Pur avendo contro il 57% degli americani, Biden si è addirittura dichiarato disponibile a ricorrere all'uso del nucleare se continuerà l'escalation militare dell'esercito russo. L'ha detto il "Wall Street Journal" che ha citato fonti interne all'Amministrazione. Si tratta del *first nuclear strike*, noto anche come "attacco nucleare preventivo", col quale, se riuscito, si eliminerebbero i missili russi e la loro capacità di ritorsione. In sostanza, il primo che spara vince, come in una specie di "Duello al sole".

Inutile dire che gli USA non hanno affatto intenzione di eliminare tutti i missili russi puntati sull'Unione Europea. Un po' dovranno lasciarli, perché la loro è una guerra anche contro di noi.

### Dare armi a tutti è sempre un bene?

Secondo l'ex colonnello dell'intelligence svizzera Jacques Baud, la decisione dell'Unione Europea di finanziare la distribuzione di armi alla popolazione civile ucraina "è un atto criminale. In qualità di capo della dottrina del mantenimento della pace all'ONU, ho lavorato sulla questione della protezione dei civili. Abbiamo scoperto che la violenza contro i civili ha avuto luogo in contesti molto specifici. In particolare, quando c'è abbondanza di armi e nessuna struttura di comando". In città come Kharkiv, Mariupol e Odessa, la difesa è effettuata da milizie paramilitari. Non hanno né struttura né scrupoli e "sanno che l'obiettivo della denazificazione è rivolto principalmente a loro".

E qui si potrebbe aggiungere che in tutte le maggiori città ucraine generalmente i Sindaci, così come i Governatori regionali, sono strettamente legati alle formazioni paramilitari neonaziste. L'abbiamo già visto nelle tre suddette città, ma anche a Kiev.

Fonte: L'Antidiplomatico

**Il Donbass è il pomo della discordia**

Cosa vuol dire che in Ucraina non c'è una "guerra" tradizionalmente intesa ma una "operazione militare"?

Prendiamo la famosa battaglia della sacca di Kiev, combattuta tra il 25 agosto e il 26 settembre 1941 tra nazisti e sovietici. Alcuni storici la ritengono la più grande battaglia di accerchiamento di tutta la storia militare.

In quanti erano? Mezzo milione i nazisti, 760.000 i sovietici. Cifre pazzesche rispetto ad oggi. I primi ebbero oltre 120.000 morti, per i secondi fu un'assoluta carneficina. Quella era guerra! I tedeschi non si erano limitati a circondare la città, evitando altresì di usare l'aviazione.

Perché quindi i russi si stanno comportando in una maniera così strana, che a tanti strateghi da strapazzo ha fatto pensare che non abbiano sufficienti forze a disposizione? Il motivo è molto semplice: sin dall'inizio non c'è mai stata l'intenzione di occupare Kiev né l'Ucraina, ma solo il Donbass, che è tutto russofono e prevalentemente filorusso. Isolando Kiev, i russi hanno ridotto di molto l'apporto militare che si poteva dare alle forze ucraine posizionate a sud-est. Lo stesso Zelensky ha detto che non può far niente per il Battaglione Azov.

Ecco perché oggi i russi parlano di compimento della prima fase. Mariupol è praticamente caduta: sono in atto solo i rastrellamenti delle ultime sacche di neonazisti.

L'Ucraina non ha più un sistema di difesa antiaerea, un'aviazione e una marina militari. Può solo sperare che le giungano aiuti dall'occidente, attraverso la Polonia. Se qualcuno pensa che i russi stiano arretrando perché la resistenza ucraina è più forte del previsto, sta prendendo lucciole per lanterne.

Non ci sarà nessun cessate il fuoco finché tutto il Donbass non sarà in mano russa. Solo allora avverranno le trattative definitive per la pace.

Se il governo di Kiev fosse stato libero di decidere, a quest'ora avrebbe risparmiato al suo popolo inaudite sofferenze. Invece, siccome è manovrato dagli americani, e ora anche dagli europei, occorrerà almeno un altro mese di calvario.

### Una guerra ben più vasta

Come noto, nel 2019 Zelensky venne eletto al ballottaggio dal popolo ucraino nella speranza che potesse risolvere una condizione d'instabilità che ormai perdurava da 5 anni.

Sappiamo anche che fu patrocinato dall'oligarca Igor Kolomoisky (finanziatore del Battaglione Aidar, ripetutamente accusato di crimini di guerra in Donbass).

Non tutti sanno però che la sua elezione fu vista con giubilo dall'Ukraine Crisis Media Center (organizzazione finanziata, tra gli altri, dalla NATO, dall'ambasciata degli USA a Kiev, dall'International Renaissance Foundation e dal National Endowment for Democracy). Una marea di dollari, che l'han reso ricchissimo.

In particolare la Fondazione Renaissance è direttamente collegata alla Open Society di George Soros, una delle persone più spregevoli della storia contemporanea, manovratore occulto del golpe del 2014 e associato, insieme ad Hunter Biden, allo sviluppo dei laboratori biologici sul territorio ucraino.

Nello specifico il figlio di Biden avrebbe aiutato la società medica Metabiota (legata al Pentagono) a concludere contratti milionari per lo sviluppo di studi su agenti patogeni da utilizzare come armi nei laboratori ucraini. Inoltre avrebbe favorito l'accesso di personalità legate a Metabiota all'interno della compagnia energetica ucraina Burisma. Come si dice, tale padre tale figlio.

L'Ukraine Crisis Media Center, subito dopo l'elezione di Zelensky, pose delle precise linee da seguire alla nuova presidenza. In particolare veniva fatto aperto divieto di: a) ritardare l'ingresso nella NATO o di sottoporre tale ingresso a referendum popolare o di negoziarlo con la Russia, meno che mai senza la supervisione dell'occidente; b) dialogare coi partiti d'opposizione ritenuti filorussi; c) porre a giudizio l'ex presidente Petro Poroshenko. Insomma tutto vietato, persino l'uso della lingua russa.

Inoltre dovevano crescere nettamente le spese militari (+76% nel periodo 2016-20 rispetto ai 4 anni precedenti), con le quali si doveva porre fine all'autonomia delle due repubbliche del Donbass e recuperare la Crimea all'Ucraina.

Al dicembre del 2021 risale il netto rifiuto della NATO alle richieste della Russia di nuove garanzie di sicurezza dopo l'uscita unilaterale degli USA dall'Intermediate range Nuclear Force Treaty nel 2018 (sotto l'amministrazione Trump).

Ormai solo le persone in malafede non credono che la guerra sia tra NATO e Russia.

Fonte: eurasia-rivista.com

### Anche i simboli fan paura

Cos'è questa "Z" che in occidente si vuole abolire da qualunque scritta, essendo usata dai russi nella guerra in Ucraina? (Da notare che nell'alfabeto russo neppure esiste.)

Alcuni han pensato che sia stata usata per rendere i mezzi identificabili rispetto a quelli ucraini dello stesso modello, evitando così il fuoco amico. Oppure che dipenda da una necessità di catalogazione: infatti sui mezzi russi impegnati in Ucraina troviamo anche le lettere V ed M.

Vi è anche chi ritiene che la "Z" sia il principale simbolo protettivo per gli slavi. Una specie di credenza mistica. Il segmento superiore rappresenterebbe il Paradiso, quello inferiore la Terra, mentre la diagonale lo spazio tra Cielo e Terra, che chiude l'ingresso al male. Ricorda un po' la Trinità cristiana.

Se fosse vera quest'ultima versione, sarebbe una cosa innocua, che per noi occidentali, poveri ignoranti, abituati a disprezzare il simbolico non commerciale, è paragonabile alla svastica nazista (l'ha detto il ministero dell'Interno tedesco). Tant'è che la compagnia di assicurazioni Zurich l'ha tolta dai suoi profili social, sostituendola con la scritta "Zurich". A seguire la Samsung, che l'ha eliminata dai nomi dei suoi smartphone pieghevoli di ultima generazione (Galaxy Z Fold 3 e Galaxy Z Flip 3).

La russofobia porta anche a queste ottusità mentali.

### La sprovvedutezza di Di Maio

Di Maio è un ministro così sprovveduto che se anche lo stesso Biden, in uno dei suoi rari momenti di lucidità, gli dicesse: "In effetti è dal 2014 che riempiamo l'Ucraina di soldi e armi. Eravamo riusciti a creare un esercito di 300.000 uomini portando le spese militari al 4% del PIL. E l'obiettivo era ben preciso: occupare definitivamente il Donbass e la Crimea, far entrare l'Ucraina nella Nato e minacciare la Russia coi missili nucleari ai confini". Ebbene, se anche gli dicesse questo, lui risponderebbe, sorridendo: "Ma cosa dice, questa è tutta propaganda russa!".

### Lo scarso gesuitismo di Draghi

A Draghi non è servito assolutamente a nulla essere andato a scuola dai gesuiti. Il potere avuto nella UE gli ha dato alla testa.

Un qualunque politico democristiano, di fronte al comportamento risoluto di Putin, sarebbe stato più furbo: avrebbe cercato di mediare, di venire incontro alle esigenze di sicurezza dei russi, avrebbe chiesto al governo di Kiev di concedere uno statuto di autonomia speciale alle due repubbliche del Donbass, come abbiamo fatto noi col Sudtirolo. Invece niente di niente. Si è semplicemente piegato al diktat di Biden, che vuole la guerra a tutti i costi, anche perché ha delle magagne incredibili da coprire a causa del figlio e dei laboratori biologici e gli USA han speso troppo in Ucraina per non avere alcun tornaconto.

E ora questo grande stratega dell'economia ci sta portando alla bancarotta e alla fame. E speriamo che i russi non ci buttino sulla testa i loro missili. Un premier più pericoloso di questo forse non l'abbiamo mai avuto.

### Dugin non mi convince

L'idea di pluralismo mondiale che ha il filosofo-religioso

russo Aleksandr Dugin è a favore di pochi grandi imperi con identità spirituali o culturali differenti, che restano isolati tra loro e che comunicano solo a livelli materiali o commerciali.

L'Ucraina sarebbe in una zona di confine che non dovrebbe essere superato né dall'occidente euroamericano né dall'oriente russo o euroasiatico. Quindi siccome essa contiene entrambe le culture, va divisa, per il bene di entrambe le parti.

Alla fine probabilmente sarà questa la soluzione della guerra, ma sarà una soluzione triste, la sconfitta dell'idea di *socialismo democratico* e di *umanesimo laico*, che vanno al di là dei confini geografici.

Anche se l'Ucraina sarà scissa in due, i confini tra civiltà opposte resteranno sempre. Qui è l'idea di "impero" che va superata, tanto a est quanto a ovest. E poi dentro la Federazione russa vi sono ampie regioni islamiche che sono del tutto estranee alla cultura russo-ortodossa.

Guardiamo l'Africa, rappresenta forse un impero? No, e allora che facciamo, la escludiamo dalla storia? E il Sudamerica? Quando mai i Paesi latinoamericani son riusciti a mettersi d'accordo tra loro? Poche volte.

E la "civiltà cattolica" non è forse su più continenti? Il Vaticano non avrà proprie "divisioni militari", ma è vastissimo e piuttosto influente, anche se non in Russia né in Cina né in India e in nessun Paese islamico.

Sarebbe meglio dire che oggi esiste solo una civiltà vincente sul piano mondiale, quella globalista del capitalismo, che fino a ieri era guidata dagli europei, oggi dagli statunitensi e domani lo sarà dai cinesi.

Contro questa civiltà la religione o la tradizione degli imperi non borghesi non può fare un ficco secco. Ci vuole una rivoluzione socialista, ma questa volta davvero democratica, non come gli obbrobri che fino adesso abbiamo avuto.

## Quale futuro per l'umanità?

Non è che Dugin (ideologo di Putin) sbagli nella sua analisi. È la sua soluzione al problema che non mi convince.

La sua idea di opporsi al Grande Reset (ordito dagli occidentali che contano) è in fondo giusta. I leader mondiali, i capi delle grandi corporazioni – Big Tech, Big Data, Big Finance, ecc. – si sono riuniti e mobilitati per sconfiggere i loro avversari: Trump, Putin, Xi Jinping, Erdogan, l'Ayatollah Khamenei e così via.

Per cominciare si è cercato di strappare la vittoria all'antiglobalista Trump, usando nuove tecnologie: la "cattura dell'immaginazione", l'introduzione della censura su Internet, la manipolazione del voto per corrispondenza...

Il Grande Reset inizia con la vittoria di Biden. L'han deciso al forum di Davos. Si rifiuta il mondo multipolare, soprattutto quello di Cina e Russia. Ma si è contrari anche all'ascesa di alcuni Paesi islamici come Turchia, Iran, Pakistan, Arabia Saudita, perché vogliono sottrarsi all'influenza dell'Occidente.

A questo Grande Reset dovrebbe opporsi il Grande Risveglio delle masse. E qui viene il *punctum dolens*. Per Dugin si tratta solo di recuperare qualcosa del passato, che il presente ha voluto cancellare. Per lui la Russia rappresenta una civiltà originale, una cultura differente da tutte le altre, che deve difendersi anche sul piano militare per salvaguardare se stessa.

Io invece penso che il peccato originale della Russia sia stato quello d'aver voluto occupare la sua area asiatica (piena di tante etnie e tribù) imponendo uno stile di vita europeo. Certo, non sono arrivati a sterminare milioni di nativi come han fatto gli americani. Però tra i due "imperi" non saprei cosa scegliere per il futuro dell'umanità. Noi abbiamo bisogno di vivere in realtà geografiche molto più piccole, dove insieme possiamo tenerci sotto controllo, dove non esista qualcuno che dopo aver recintato un pezzo di terra possa dire: "Ecco, questo è mio!".

### Il realismo di Orbán

L'unico in Europa ad avere un po' di sale in zucca è il destrorso premier ungherese Viktor Orbán, il quale ha definito folle l'idea di sostituire il gas russo a buon mercato con il costoso GNL americano. Ha anche ricordato che alcuni Paesi europei non hanno neppure accesso al mare e ai terminali di GNL.

"Non si tratta d'indossare un maglione la sera e di abbassare un po' il riscaldamento o di pagare qualche fiorino in più per il gas, ma del fatto che se non ci sono fonti di energia dalla Russia, non ci sarà energia in Ungheria per niente". Così ha detto.

E a Zelensky, che vorrebbe decidere cosa gli altri devono fare, ha risposto che l'Ungheria deve pensare anzitutto a se stessa, senza farsi mettere dalla Russia in una lista nera.

## Il ruolo degli ebrei nel conflitto ucraino

Secondo Iurie Rosca esiste una vasta rete sionista in Russia che si è mossa subito, remando contro, dopo la decisione di Putin di denazificare l'Ucraina. È una specie di lobby liberale o atlantica.

E poi dicono che in Russia non c'è la libertà di parola. L'autore dell'art. fa un elenco piuttosto lungo di showmen, giornalisti e oligarchi ostili a Putin e in genere alle tradizioni culturali della Russia. Sono solo apparentemente favorevoli al pacifismo, poiché non hanno mai detto nulla contro le aggressioni militari in Palestina, Iraq, Afghanistan, Libia, Siria o Yemen.

Questa rete sionista esiste anche in Ucraina e riguarda politici di primo piano: oltre a Zelenski, vi è anche Denys Shmyhal, (primo ministro) e Alexey Reznikov, (ministro della Difesa). Naturalmente sappiamo che la persona che ha sostenuto finanziariamente Zelenski è l'oligarca ebreo Igor Kolomoiski. Anche Volodymyr Groysman, premier al tempo di Poroshenko, è ebreo. Lo stesso Vadim Rabinovich, magnate dei media e politico ucraino, presidente del Congresso ebraico ucraino, era candidato alle elezioni presidenziali del 2014.

Vi è anche un'intera coorte di espatriati dalla Russia di nazionalità israeliana: il Comitato contro la guerra, guidato dall'oligarca ebreo Mikhail Khodorkovsky, ex proprietario della compagnia Yukos, condannato per innumerevoli reati e graziato da Putin dopo diversi anni di detenzione, dopodiché si è rifugiato in Occidente. È risaputo che dietro questo agente antirusso c'è il clan Rothschild (la maggior parte del debito sovrano dell'Ucraina è detenuto dal 2015 dal fondo di investimento americano Franklin Templeton, che agisce nell'interesse del clan Rothschild).

Insomma una mafia plutocratica globale, avendo preso completamente il controllo dell'economia e dei media dominanti dell'Ucraina, vi ha insediato i suoi rappresentanti in tutte le funzioni importanti dello Stato. E la stessa cosa vorrebbe fare in Russia. All'Ucraina era stato assegnato il ruolo di punta di diamante nella guerra totale condotta contro la Russia.

Ci meravigliamo che Putin abbia censurato alcune realtà mediatiche. Ma la stessa cosa facciamo noi in Europa nei confronti di tutto quanto proviene dal mondo russo, inclusi i cani e gli alberi.

Fonte: geopolitica.ru

## [3]

### Arrestato il blogger ucraino Lyashenko

Il blogger ucraino Gleb Lyashenko è stato arrestato a Leopoli per tradimento (15 anni di carcere).

Oppositore di Zelensky, ha scritto: "Per 8 anni la Russia ha chiesto e persino implorato l'Ucraina di cambiare rotta… L'Ucraina ha rifiutato per 8 anni. Ed ecco il risultato".

Per lui nessuna associazione umanitaria, trasmissione televisiva, marcia di protesta o "filantropo" tipo Soros che si stracciano le vesti...

### Emergenza energetica in Germania

La Germania è in "emergenza energetica". Dipende dalla Russia per il 50% del suo gas (seguita a stretto giro dall'Italia, con il 42%). In caso d'interruzione delle forniture russe, i prezzi alle stelle costringerebbero le imprese energivore tedesche (acciaio, chimica, carta...) a interrompere la produzione in 3 settimane (senza ridurre i consumi, alla Germania il gas "di scorta" basterebbe solo per 8 settimane, all'Italia per 10).

E anche se economisti tedeschi stimano un possibile "colpo" al PIL europeo non enorme (2-3%), la paura è tanta. E si sa che quando i tedeschi hanno paura di perdere il loro benessere, la loro sicurezza materiale, perdono anche la lucidità mentale e diventano facilmente "nazisti".

Sono così attenti alle questioni economiche e finanziarie e non hanno pensato alle conseguenze delle sanzioni imposte dagli USA alla Russia. Pensavano di avere a che fare con un Putin sprovveduto, economicamente debole, incapace di difendersi...

Lo volete capire che non avete alternative? Insieme al prezzo del gas salirà anche quello dell'elettricità, perché non siete come in Francia, ove ottengono elettricità dalle centrali nucleari. Voi le avete giustamente smantellate. O preferite che per colpa dell'aumento delle bollette, la gente scenda in piazza e vi rovesci il governo?

Adesso pagate in rubli come già stanno facendo altre nazioni (Bulgaria, Serbia, Ungheria...), meno boriose di voi, e amici come prima con la Russia. Così farete capire agli italiani che anche loro devono rassegnarsi. Già perché gli italiani, non avendo idee proprie, se vedono che la Germania cede, seguiranno di sicuro il suo esempio. In fondo è la Germania la locomotiva della UE.

### Dove sono gli economisti?

Non è ridicolo l'occidente quando minaccia di sanzionare la Cina se aiuta in qualche modo la Russia? Ancora non abbiamo capito che il primato economico mondiale dell'occidente è finito. Siamo soltanto uno dei protagonisti, al pari di altri. Ci sarà uno Swift alternativo. Ci saranno social diversi da quelli che stiamo usando noi. La Cina sarà strettamente legata alla Russia e probabilmente anche alla rivale India. E il mondo islamico del continente asiatico e del Medioriente si è stufato degli americani, che vogliono dominare col dollaro e impongono guerre devastanti.

Chi è che ci mette in testa che siamo insostituibili, che siamo il "popolo eletto"? Abbiamo più bisogno noi della Cina che la Cina di noi. Possibili sanzioni imposte contro la Cina avrebbero un costo ben più alto per l'economia europea di quello generato dalle sanzioni contro la Russia.

Ma i nostri economisti perché non dicono queste cose? Capisco l'ottusità dei politici, che di economia spesso non san niente e si affidano a soluzioni dettate dai pregiudizi ideologici o che si accodano belanti ai diktat di chi fa la voce più grossa. Ma in occidente non s'è mai visto, se non nelle dittature nazifasciste, che l'economia privata si fa dettare l'agenda dai governi politici. In genere avviene il contrario...

## Ideali e portafoglio

Ha detto Martin Brudermüller, Ceo del gruppo chimico BASF, uno dei maggiori consumatori di energia in Germania: "È un dato di fatto che finora le forniture di gas russe sono state la base della competitività dell'industria tedesca. Dobbiamo essere consapevoli che le forniture di gas liquido dagli Stati Uniti porteranno a prezzi dell'energia significativamente più elevati...".

Insomma va considerato "irresponsabile il boicottaggio delle importazioni di gas naturale russo. Molti tedeschi hanno sottovalutato i rischi".

Eh ma Zelensky, già milionario di suo grazie agli americani, cosa ti risponderebbe: "Stai a guardare il portafoglio mentre qui sono gli ideali che contano? Non ti vergogni?"

Fonte: faz.net

## Le ammissioni della Podgurskaya

Marianna Podgurskaya (Vyshemirskaya), la ragazza apparsa su tutte le testate occidentali e data persino per morta successivamente a una immagine che la fotografava alla nascita del suo bambino, ha rilasciato un'intervista sul falso "attacco aereo all'ospedale di maternità di Mariupol".

La ragazza è stata cinicamente usata dai giornalisti che lavoravano per un'agenzia di stampa americana, Associated Press, e sono arrivati subito dopo una certa esplosione.

Non c'è stato un attacco aereo, l'esercito ucraino ha occupato l'ospedale di maternità e si è protetto con donne usate come scudo umano, ha portato via cibo alle donne in travaglio. I giornalisti hanno filmato la ragazza contro la sua volontà e hanno utilizzato il filmato in un contesto falso. Il video dell'interno è stato girato altrove, in uno degli edifici vicini, utilizzato anche dai militari.

## Mentana sembra non capire niente

Il saputello Mentana è arrivato a dire sul tg di "LA7" che i social sono la fonte di tutte le *fake news*, per cui la strage di Bucha è reale e non fittizia. Si può essere così ingenui? Non lo sa che i neonazisti sono disposti a fare qualunque cosa? Non sarebbe la prima volta che sparano sulla stessa popolazione civile, né che la usano per girare filmati del tutto farlocchi con la complicità della stessa popolazione. Ma a parte questo, davvero i media dominanti dicono la verità tutta la verità nient'altro che la verità? Chi crede di essere?

Purtroppo per lui nel video girato a Bucha un "cadavere" a destra muove la mano. Nello specchietto retrovisore il "cadavere" si siede. I corpi nel video sembrano essere stati disposti deliberatamente per creare un'immagine più drammatica. Ciò non significa che a Bucha non ci siano civili morti. La città dopo essere stata presa sotto controllo dai russi è stata bombardata dall'artiglieria ucraina per diversi giorni. Ma dopo essere entrati lì i militari ucraini e i nazisti han deciso di organizzare una esposizione horror di "civili ucraini uccisi dai russi".

Siamo nel surreale.

**Sarno ha ragione sul giornalismo**

Scrive Beppe Sarno su "quadernisocialisti": "La cosa che più colpisce da quando è iniziata l'invasione dell'Ucraina da parte delle forze armate russe è la schieramento quasi unanime dei mass media: giornali, televisioni, social, radio sono tutti protesi a difendere le ragioni del presidente Zelensky e a dare addosso a Putin, che è stato definito come un pazzo assassino massacratore di un popolo".

"Nessuna analisi politica, nessuna spiegazione, nessuna indagine sulle cause della guerra, si è perso il rapporto con la realtà, al fine di rappresentare il film di un popolo aggredito da un invasore che fa strage di donne, bambini, costringendo milioni di persone a fuggire da una guerra che li vede come incolpevoli vittime".

"Capofila di questo brutto spettacolo è Bruno Vespa che con i suoi esperti militari usciti da chissà dove, ogni sera ci aggiorna sulla situazione sul terreno di guerra, e Monica Maggioni, che a suo tempo sfilava con l'elmetto dei soldati americani al seguito dell'esercito USA durante la guerra in Iraq".

"La sensazione è che ci sia una regia nascosta che muove le file dell'informazione per creare un'opinione pubblica indirizzata in un'unica direzione al fine di convincere gli spettatori che la guerra è giusta e deve continuare fino alla sconfitta del nemico".

"Si usa perfidamente ogni giorno un modo sottile di mentire: su dieci fatti favorevoli al nemico ne citano soltanto uno; su dieci fatti favorevoli a Zelesky se ne citano nove. Così, senza mentire direttamente, si crea una predisposizione dell'opinione pubblica favorevole ad accettare acriticamente il teorema suggerito dall'Amministrazione americana".

"Vi è in questo stillicidio di informazioni unilaterali un'abilità cosi perfida che l'impressione di un racconto obiettivo non fa altro che rinforzare l'odio nel confronti del nemico invasore e le simpatie preconcette per un presidente che ha dichiarato eroe nazionale un ex massacratore nazista e ha arruolato nell'esercito regolare il battaglione di Azov, famoso per le sue atrocità".

"L'opinione pubblica viene manipolata da alcuni individui che non dipendono formalmente da nessuno, hanno tutti i diritti e nessun dovere, nessuna responsabilità, e che però creano un sentimento comune di odio, costringendo la gente a sentimenti diversi ma sempre negativi: egoismo nazionale, spirito di dominio, volontà di potenza".

"Questa guerra per i giornalisti poteva diventare un'occasione unica per spingere i governi verso l'unica soluzione possibile, e cioè la ricerca ad ogni costo della pace e all'interruzione immediata di ogni ostilità dall'una parte e dall'altra. Viceversa si spinge per una continuazione della guerra fino alla resa dei conti definitiva".

"È paradossale che i nostri generali siano più obbiettivi dei giornalisti".

"L'unica soluzione per porre la parola fine a questo film dell'orrore è una pace negoziata fra le parti in causa. Eppure i giornalisti con l'elmetto non vedono questo spiraglio".

"Inconsapevolmente diventiamo propensi ad ascoltare con benevolenza gli argomenti di una delle parti in causa e di riempirci di scetticismo verso le ragioni dell'altra parte. Si discute e si giudica, ma quante volte la discussione e il giudizio è già definito ancora prima di discutere e di giudicare?".

Fonte: quadernisocialisti.wordpress.com

## Economia produttiva versus finanziaria

Secondo l'ex presidente russo Dmitry Medvedev un nuovo ordine finanziario globale sarà negoziato, e l'occidente non avrà più un veto, avendo "macchiato la propria reputazione" col bloccare le riserve della Banca centrale russa.

"È impossibile fidarsi di coloro che congelano i conti di altri Stati; rubano gli affari, i beni e i beni personali di altre persone, compromettendo i princìpi della proprietà privata", ha aggiunto.

La fiducia nelle valute di riserva più importanti sta svanendo, e la prospettiva di abbandonare il dollaro e l'euro in questo ruolo non sembra più una prospettiva così irrealistica. "L'era delle valute regionali sta arrivando".

E saranno valute di "economie forti e avanzate, con finanze pubbliche sane e un sistema monetario affidabile. E non come quelle che gonfiano all'infinito il loro debito pubblico, mettendo in circolazione sempre più pezzi di carta che non sono sostenuti dalla ricchezza nazionale".

La Russia, il 1° Marzo, ha firmato un contratto da 50 miliardi di metri cubi di fornitura di gas con la Cina e pochi giorni dopo si è accodata l'India con contratti analoghi. Queste due nazioni, da sole, fanno quasi metà della popolazione mondiale. La fornitura a queste due nazioni copre più del gas che la Russia vendeva alla UE. Quindi la Russia non solo non perderà un euro d'incasso ma aumenterà gli introiti.

In sostanza la Russia torna agli accordi di Bretton Woods del 1944, che gli USA, di fronte al crescente indebitamento dovuto alla guerra del Vietnam, abolirono nel 1971, sganciando il potere del dollaro da quello dell'oro.[1] La Russia è il terzo estrattore al

---

[1] La conferenza di Bretton Woods, tenutasi nell'omonima località nel 1944, sancì un sistema monetario vincolante per le nazioni aderenti basato su rapporti di cambio fissi tra le valute, tutte agganciate al dollaro, il quale a sua volta era agganciato all'oro. Nel 1971 il presidente americano Richard Nixon, di fronte al crescente indebitamento dovuto alla guerra del Vietnam, annunciò la sospensione della convertibilità del dollaro in oro, dando inizio alla fluttuazione dei cambi. Liberi dall'obbligo di mantenere la convertibilità dollari-oro, gli USA aumentarono in breve tempo e in maniera significativa il deficit di bilancio e quindi la quantità di dollari (o titoli espressi in dollari) in circolazione, senza più alcun vero riferimento all'economia reale, ma semplicemente dando per scontato che

mondo di oro e il quinto detentore di riserve, custodite entro i confini e non raggiungibili dalle sanzioni. La Banca centrale sta rastrellando a sconto tutto il metallo giallo presente negli istituti del Paese usandolo come collaterale del rublo. Insomma il predominio della finanza sull'economia reale è destinato a finire al di fuori dell'occidente.

[4]

### Quel microbo di Nathalie Tocci

Nathalie Tocci[2] a "LA7" sostiene che se una persona non è mai stata in Russia non può parlare di cose attinenti alla Russia.

Il prof. Orsini, giustamente, le fa notare che con tale metro di giudizio non si potrebbe parlare oggi di Napoleone, dal momento che non è in vita nessuno che l'abbia conosciuto personalmente. Per farglielo capire Orsini ricorre al "tu impersonale", una forma di linguaggio nota a tutti i madrelingua italiani fin da bambini.

Ed è qui che avviene ciò che non ti aspetti. La Tocci sembra non conoscere il tu impersonale. Infatti replica: "Ma io non parlerei mai di Napoleone".

Orsini ci riprova, facendo l'esempio della Seconda Guerra Mondiale. Ma ricorre ancora al tu impersonale. E la Tocci ribadisce: "Ma io non parlerei mai di Seconda Guerra Mondiale".

Tutta da gustarsi l'espressione finale di un basito Orsini, che mormora: "Ma non capisce nemmeno l'obiezione che le faccio".

### Gli USA più furbi della UE

Il Congresso degli Stati Uniti ha bloccato l'esame dei progetti di legge anti-russi presentati in relazione all'operazione speciale in Ucraina, riferisce il "Washington Post".

---

tale economia sarebbe stata la prima del mondo e in continua crescita. Oggi è proprio questo primato che si mette in discussione, in quanto il debito americano è enorme, sostenuto da potenze straniere, tra le quali quella cinese presenta un'economia reale più forte.

[2] Un personaggio influente nella definizione della politica estera e strategica dell'Italia.

Si tratta di misure volte, in particolare, al divieto d'importazione di petrolio russo, all'abolizione delle preferenze commerciali per Russia e Bielorussia, chiarisce la pubblicazione.

Solo nell'ultima settimana gli USA hanno aumentato i loro acquisti di petrolio russo del 43%, a 100.000 barili al giorno. E continuano ad acquistare fertilizzanti.

Capito? Loro le sanzioni le bloccano perché sanno che sarebbero controproducenti. La UE invece va verso il precipizio.

### Fa bene a ricordarcelo

Massimo Fini fa bene a ricordarci che "Durante i 55 giorni di Baghdad i "missili intelligenti" e le "bombe chirurgiche" degli americani hanno ucciso 32.195 bambini iracheni (secondi i dati forniti dallo stesso Pentagono). Ma nessuno ce li ha fatti vedere. Nemmeno la potentissima e ammiratissima CNN, che ha preferito puntare le telecamere sullo spettacolo pirotecnico dei traccianti e dei bagliori delle bombe. E nemmeno dopo, quando la cifra dello spaventoso massacro è saltata fuori, nessuno, in Occidente, ha ricordato lo scempio di quei 32.000 bambini morti".

### I paradossi di questa guerra

Questa guerra ucraina, se non ci fossero i tanti morti e profughi e le tante distruzioni, sarebbe tutta roba da ridere, poiché chi la racconta mente senza soluzione di continuità. Al punto che bisogna andare a cercare delle fonti su Telegram e altri canali. Cioè i media ufficiali non danno nessuna informazione attendibile, oppure si limitano a scene struggenti, drammatiche, finalizzandole unicamente ad alimentare la russofobia.

Questa guerra ha sancito la morte dei massmedia dominanti. Qui s'impone il dovere di togliere questi mezzi dalle mani di chi costruisce falsità.

I giornalisti, se devono raccontare solo *fake news*, è meglio che non vadano nei campi di battaglia. Lasciamo che le raccontino gli stati maggiori e i politici. Almeno loro non si trincerano dietro l'apparente neutralità delle immagini o dietro il fatto che, non avendo una divisa militare, si presume che si sia più imparziali.

Raccontare falsità e trovarsi sbugiardati finita la guerra è imbarazzante. Uno, se avesse un minimo di etica, dovrebbe fare un altro mestiere. Ma da noi invece si fa carriera.

p.s. Ancora i nostri giornalisti non riescono ad accettare l'idea che i neonazisti ucraini possano far fuori gli stessi ucraini, a prescindere dalle loro convinzioni politiche, solo per far ricadere la colpa sui russi. Questi han subito un addestramento specifico per ben 8 anni da un personale specializzato, proveniente da USA, Regno Unito e Israele, ch'era più nazista di loro.

Sono due le differenze fondamentali tra i nazisti tedeschi e i neonazisti ucraini: 1) questi ultimi nutrono un assoluto disprezzo anche nei confronti dei propri connazionali, che possono tranquillamente essere usati come scudi umani o uccisi per far ricadere la colpa sul nemico; 2) quando si tratta di falsificare qualcosa, qualunque mezzo e metodo, anche il più efferato possibile, risulta lecito.

### Le falsità patentate a Bucha

Ieri la notizia bomba è stato il massacro a Bucha, unanimemente attribuito ai russi. Subito si è parlato di genocidio.

Ma qual è la versione del ministero della Difesa russo? Qualcosa ha detto l'inviato Marc Innaro, l'unico giornalista serio della RAI, parlando di un filmato, quello relativo ai corpi sdraiati ai lati della strada.

Infatti tutte le unità russe si erano completamente ritirate da Bucha il 30 marzo, il giorno dopo il round di colloqui faccia a faccia Russia-Ucraina in Turchia.

Il 31 marzo il sindaco di Bucha, Anatoliy Fedoruk, ha confermato in un videomessaggio che non c'erano militari russi in città, e non ha nemmeno parlato di gente del posto colpita per strada con le mani legate. Il video appare sul canale ufficiale Ukraina24.

Durante il periodo in cui la città è stata sotto il controllo delle forze armate russe, nessun residente locale ha subito atti violenti. Le uscite da Bucha non erano state bloccate. Tutti i residenti erano liberi di lasciare la città in direzione nord, compresa la Repubblica di Bielorussia e potevano utilizzare liberamente i cellulari. I militari russi avevano consegnato e distribuito 452 tonnellate di aiuti umanitari ai civili nella regione di Kiev.

Tuttavia le forze armate ucraine, in maniera del tutto insensata, hanno martellato con l'artiglieria parte della città di Buča prima di entrare. Facendo morti. La periferia meridionale della città, comprese le aree residenziali, era già stata bombardata in precedenza, 24 ore su 24, dalle truppe ucraine con artiglieria di grosso calibro, carri armati e sistemi di lancio multiplo.

Il 2 aprile la polizia nazionale ucraina pubblica un video dal titolo "Bucha: ripulire la città dagli occupanti" in cui non si vedono i civili morti per le strade. Perché non è stata detta una parola sul "massacro" in ben 8 minuti di video?

I corpi sono apparsi all'improvviso il 3 aprile. Un'ipotesi che prende piede è che questi civili siano stati uccisi durante la cosiddetta "pulizia" della città dopo la partenza delle truppe russe. Molti dei morti sarebbero quindi persone sospettate di aver collaborato con i russi o di volersi consegnare a loro. Alcuni non sapevano che i russi erano già partiti e non hanno rimosso le bende o i fazzoletti bianchi legati attorno al braccio come segno distintivo per dimostrare la loro volontà di passare nelle zone controllate dai russi.

Quando sono arrivati in città ufficiali della SBU e rappresentanti della televisione ucraina si è realizzato un video fasullo. Tuttavia in un video uno dei cadaveri alza una mano, e poi nello specchietto retrovisore si osserva un altro cadavere alzarsi subito dopo aver recitato la parte e aver visto passare l'ultimo convoglio.

Non solo, ma non si vedono macchie di sangue sui presunti cadaveri o ai loro lati.

Insomma un'altra bufala, la quinta del "cinefantasy" di Kiev, made in USA.[3] Ma video falsi di questo genere li abbiamo visti anche in Siria. Fanno le pentole senza i coperchi. Persino il

---

[3] Altri video falsi: il bombardamento dell'ospedale ostetrico a Mariupol' "fatto dall'aviazione russa", ma nella realtà smentito dalla ragazza testimone, usata dagli ucraini che creare la falsificazione; le lamentele dei miliziani del Donbass, che sarebbero stati immobilizzati con la forza; i "soldati russi morti" (prima di girare il filmato si sono dimenticati di togliere l'etichetta sulla quale il nome del soldato è scritto in ucraino); il bombardamento dei civili della città di Cernigov, che sarebbe stato "effettuato dai soldati russi" (in realtà lì non c'è l'esercito russo e i corpi imbrattati sono vittime dei nazisti ucraini, oppure si tratta di comparse usate per girare il filmato). Ma ci sono anche video presi dai videogiochi.

"New York Times" se n'è accorto.

Tutte queste assurdità ovviamente il saputello Mentana su "LA7" non le ha viste ed è riuscito a convincere anche il cinico Dario Fabbri. Fabio Fazio il pretino è arrivato addirittura a dire, insieme al fintone Ezio Mauro, che la propaganda russa è solo capace di stravolgere la realtà.

I morti nelle fosse comuni sono opera dei neonazisti. I russi non avevano nessun motivo di uccidere dei civili prima di abbandonare la zona. Tuttavia i nostri giornalisti sprovveduti han subito pensato fosse più plausibile che i russi avessero torturato e ucciso i propri collaboratori piuttosto che gli ucraini i propri connazionali collaboratori col nemico.

Maria Zakharova (direttrice del dipartimento informazione e stampa del ministero degli Esteri della Russia) ha definito lo scopo del crimine del regime di Kiev a Bucha l'interruzione dei negoziati di pace e l'escalation della violenza.

Katerina Ukraintseva, membro del Consiglio municipale di Bucha e volontaria della difesa, ha ammesso in un'intervista a Meduza che le truppe russe non hanno sparato in sua presenza. Nell'intervista conferma che l'esercito ucraino è responsabile della principale distruzione: "Se le forze armate russe avessero risposto all'esercito ucraino con tutta la loro potenza di fuoco, la città sarebbe stata completamente distrutta", ha detto.

### Quella criminale della Albright

Nel 1996 l'intervistatrice della CBS chiese a Madeleine Albright, ex segretaria di Stato degli USA, recentemente scomparsa: "Abbiamo saputo che mezzo milione di bambini sono morti (in seguito alle sanzioni economiche dopo la Guerra del Golfo). Voglio dire, sono più dei bambini morti a Hiroshima. Ne valeva la pena?".

E quella con molta nonchalance e gli occhi leggermente iniettati di sangue, rispose: "Credo sia stata una scelta molto difficile, tuttavia il prezzo non pensiamo sia stato troppo alto. È stata una scelta morale. Ma è una scelta morale anche quando dobbiamo ai cittadini americani, ai soldati americani e ai Paesi delle regioni limitrofe la sicurezza che quest'uomo [Saddam Hussein] non è più una minaccia".

Queste lezioni di moralità da una di origine ebraica mi lasciano sempre senza parole. Se fossi il padreterno la condannerei a fare la babysitter per mezzo milione di anni.

## Un ambasciatore da rimandare a casa

Andrij Melnyk, ambasciatore dell'Ucraina in Germania, ha detto: "Smettetela di demonizzare il reggimento Azov con la propaganda, proprio nel mezzo della guerra di sterminio della Russia. Questi coraggiosi combattenti difendono la loro patria. Lasciateli in pace."

In effetti occuparsi solo del Battaglione Azov sarebbe una discriminazione nei confronti delle altre milizie naziste ucraine: Aydar, C-14, Pravy Sektor, ecc.

## Neonazisti anche in Italia

Era verso la fine del 2017. All'interno di una caserma dei carabinieri a Firenze, la Baldissera, sede del Sesto Battaglione dell'Arma, qualcuno notò dalla strada, a poche centinaia di metri dal Ponte Vecchio, una bandiera utilizzata dai gruppi neonazisti di tutta Europa. Anche alcune curve estremiste del calcio la usavano. Oltre alla bandiera del Reich, vi era affisso al muro anche un poster-fotomontaggio di Matteo Salvini con un mitra in mano.

Che sia il caso di verificare se questi soggetti avevano rapporti coi neonazisti ucraini?

"Chi espone una bandiera del Reich non può essere degno di far parte delle forze armate. Ho chiesto al Comandante generale dell'Arma chiarimenti rapidi e provvedimenti rigorosi verso i responsabili di un gesto così vergognoso. La Repubblica italiana e la sua Costituzione si fondano sui valori della Resistenza, sulla lotta al fascismo e al nazifascismo". Così disse la ministra della Difesa Roberta Pinotti.

"Ci auguriamo che vengano prese pene esemplari perché appendere questa bandiera in un'istituzione pubblica significa offendere sia i cittadini sia tutte quelle forze dell'ordine che quotidianamente ci difendono e condividono con noi i valori dell'antifascismo". Così ribadì Mariastella Gelmini, vice capogruppo vicario di Forza Italia alla Camera.

Bei tempi quelli! Oggi invece i neonazisti li finanziamo, li armiamo e soprattutto li addestriamo a compiere le peggiori nefandezze.

[5]

### Un regista migliore di tanti politici

Conoscendo da vicino il presidente Zelensky, Igor Lopatonok, il regista dei documentari sulla realtà ucraina, prodotti da Oliver Stone, così ha detto in una intervista rilasciata al quotidiano turco Aydinlik (sintetizzo):

Zelensky non è affatto uno statista. Siamo stati messi sotto pressione durante le riprese dei documentari e bollati come "agenti russi". Zelensky, descritto dai media occidentali come un "dio della pace", ha in realtà consegnato il Paese ai nazisti.

Lui era un noto produttore televisivo, attore, comico e CEO di un importante canale televisivo quando l'ho incontrato nel 2011.

Quando fu eletto presidente nel 2019, il popolo era stanco

della guerra civile e dei disordini, in cui Poroshenko aveva trascinato il Paese. Zelensky fece la promessa di fermare la guerra e costruire la pace. Ma ha fatto il contrario: ha precipitato tutta la nazione nel disastro. Ha aiutato i neonazisti a conquistare l'Ucraina. Ha fatto tutto il possibile per impedire l'attuazione dell'accordo di Minsk, come ripetutamente la Russia chiedeva.

L'Ucraina ha perso la Crimea, e la regione del Donbass è diventata di fatto indipendente. In queste condizioni l'accordo di Minsk è stato firmato nel 2015. Ma questo accordo non è mai stato attuato. Negli ultimi mesi è stato completamente respinto, perché questo chiedevano i poteri dietro Zelensky.

Lui si è fatto un nome grazie all'oligarca Kolomoisky e si è accomodato alla presidenza dello Stato con eventi che hanno funzionato come una sceneggiatura cinematografica. Naturalmente la sua recitazione può essere molto buona, ma gli manca l'iniziativa e l'agilità che dovrebbe avere un vero statista. In lui non è mai esistita la politica.

Dopo il golpe del 2014 il governo centrale dell'Ucraina ha utilizzato i battaglioni neonazisti in prima linea per uccidere persone di origine russa nelle regioni orientali. Hanno persino minacciato l'esercito centrale e lo hanno reso partner nei loro massacri.

Fonte: lantidiplomatico.it

**Due generali ucraini rimossi**

Zelensky ha rimosso due generali, secondo quanto da lui stesso annunciato. Sarebbero il capo dei servizi segreti interni (SBU, 30.000 agenti in servizio), Naumov Andriy Olehovych, e il capo del servizio di sicurezza nella regione di Kherson, Serhiy Oleksandrovych. L'accusa è quella di essere traditori.

Già un membro della delegazione Ucraina ai colloqui di pace, Denis Kireyev, è stato giustiziato dai servizi segreti ucraini con un colpo di pistola alla nuca lo scorso 5 marzo.[4]

---

[4] Stessa sorte è stata riservata a Dmitry Demyanenko, ex vice capo della direzione principale della SBU per Kiev, assassinato dalla milizia Myrotvorets il 10 marzo, perché troppo favorevole a un accordo con la Russia. Questa milizia è associata al sitoweb di Myrotvorets (myrotvorets.center) che elenca "i nemici dell'Ucraina", coi propri dati anagrafici, indirizzo e recapiti telefonici, affinché possano essere molestati o addirittura eliminati; una pratica punibile in molti

Olehovych era arrivato alla SBU nell'agosto 2019 come vice di Ivan Bakanov, il quale è amico d'infanzia di Zelensky ed è rimasto a capo del dipartimento fino all'ottobre del 2020.

Qualcosa si sta sgretolando nello staff di Zelensky. Sembra di assistere alla sceneggiatura di un film in cui il protagonista, costruito artificialmente da scienziati megalomani, sfugge al loro controllo.

Ma il problema vero purtroppo è un altro: è che ormai, condizionati dalla russofobia, in occidente non siamo più in grado di distinguere un nazista da una persona democratica.

Fonte: facebook.com/1587638156/posts/ 10223896145783357/

### Inquietanti rivelazioni sui laboratori biologici

I "neonazisti" del Pentagono (non ho altro termine per qualificarli) hanno finanziato per 14 anni (cioè almeno dal 2007) 30 laboratori biologici in Ucraina (ma le strutture potrebbero essere 46). Lo dice la "Fox News".

Si stavano facendo ricerche sulle malattie che possono causare pandemie e che "potrebbero essere usate come armi biologiche". E nel 2014-15 il figlio di Joe Biden, Hunter, stava aiutando a finanziare queste ricerche sui patogeni mortali.

Mi chiedo (e già molti l'han fatto): e se anche il virus che ha creato l'attuale pandemia fosse stato creato artificialmente? Magari proprio dal famoso centro di ricerca cinese di Wuhan o dal laboratorio della base militare americana di Fort Detrick nel Maryland?

Fonte: lantidiplomatico.it

### Uno si difende come può

Difficile dar torto a Putin quando dice che in una situazione in cui il sistema finanziario dei Paesi occidentali viene utilizzato come un'arma, e quando i beni russi in dollari ed euro vengono congelati, non ha senso usare le valute di questi Paesi. È come se il

---

Paesi, ma non in Ucraina. L'ONU e alcuni Paesi europei ne hanno chiesto la chiusura, rifiutata dal parlamento ucraino.

gas venisse regalato. "Nessuno ci vende nulla gratuitamente e non facciamo nemmeno noi opere di beneficenza", ha detto. Ecco perché a partire dal 1 aprile, per acquisire gas naturale russo, dobbiamo aprire conti in rubli in una loro banca. In particolare i pagamenti continuerebbero a essere elaborati in euro e sarebbero trasferiti alla Gazprom banca, che non è stata colpita dalle sanzioni, e che convertirebbe il denaro in rubli. Quindi in sostanza ci vogliono due conti correnti: uno per pagare in euro, l'altro per pagare in rubli dopo la conversione.

Non è una ritorsione, è semplicemente una decisione logica, di buon senso. Ma il bambino Di Maio non lo capisce e chiede nuove sanzioni. Non capisce che se noi abbiamo il coltello dalla parte del manico nelle questioni finanziarie, la Russia ce l'ha in quelle energetiche. E noi pensiamo che le prime siano più importanti delle seconde. Il bambino, pur essendo un *newbie* della politica, ha già acquisito la mentalità del colonialista. E, come tale, non accetta quelli che a lui sembrano ricatti.

È come se pretendesse di farsi la frittata con uova di struzzo invece che di gallina, e che le volesse sempre a buon mercato, infischiandosene dei problemi che può avere chi alleva animali così particolari.

Soprattutto non capisce che prima di avere posti di così grande responsabilità, bisogna farsi una bella gavetta.

Fonte: lantidiplomatico.it

**Nazisti disperati**

Quello che i neonazisti han fatto liberamente a Bucha per accusare i russi, dopo che questi se n'erano andati, l'avevano già fatto, in piccolo, a Mariupol. Basta guardare questo video per rendersene conto. Cerchiamo di non cadere nella trappola di chi vede solo quel che vuol vedere.

Fonte: ambienteweb.org

**La pazienza di Erdoğan**

Erdoğan sta perdendo la pazienza col governo ucraino. Infatti aveva detto che Kiev e Mosca potrebbero accordarsi sui seguenti punti:

- L'Ucraina non aderirà alla NATO.

- La lingua russa otterrà uno status di seconda lingua ufficiale del Paese.

- L'Ucraina accetterà di demilitarizzarsi.

- L'Ucraina otterrà precise garanzie di sicurezza.

Il ministro degli Esteri ucraino Kuleba non ne vuol sapere. Infatti ha replicato che:

- l'unica lingua di Stato in Ucraina sarà l'ucraino;

- l'Ucraina non farà alcuna concessione sui territori (Donetsk, Luhansk e Crimea sono Ucraina);

- l'Ucraina non abbandonerà mai l'idea di aderire alla NATO solo perché lo chiede la Russia.

Insomma è evidente che dietro Kiev ci sono gli USA, che vogliono portare il conflitto per le lunghe, sperando che Putin o i suoi generali compiano un passo falso in forza del quale si possa allargare il conflitto alla NATO. Il guerrafondaio Stoltenberg l'ha poi ribadito dal pretino Fazio a "Che tempo che fa" l'altra sera: "L'Ucraina è uno Stato sovrano. Nessuno può vietarle di entrare nella NATO".

L'occidente non ha alcuna volontà di cercare una mediazione (la UE neppure esiste sul piano politico): gli unici due argomenti che usa sono le sanzioni economiche e finanziarie e le minacce militari e penali. Quindi la guerra non può che andare avanti.

### La "talebana" Denisova

Per quanto concerne la promessa degli ucraini a Istanbul di avviare le indagini riguardo ai crimini dei militanti ucraini nei confronti dei militari russi, l'incaricata dal parlamento ucraino per i diritti umani, Ljudmila Denisova, ha pubblicamente detto che il video in cui soldati ucraini sparano alle gambe di soldati russi catturati e legati "è un puro fake montato nei set cinematografici della Russia".

Eppure i due nazisti ucraini che hanno gambizzato i prigionieri, dopo essere stati arrestati han confermato la veridicità del fatto.

La Denisova dice anche che non è vero che in Ucraina si

calpestano i diritti umani, come non sono vere le torture, come non è vero che i prigionieri vengono trattati male.

Qui si ha l'impressione che con questi neonazisti, comandati da altri neonazisti che circolano tra Casa Bianca, Pentagono e NATO, qualunque trattativa sarà molto difficile, poiché quel che dicono di accettare in una riunione, non lo rispettano già il giorno dopo. Per loro sembra valere il principio di Goebbels: "Menti sempre, alla fine ti crederanno". Un principio che purtroppo ti porta ad affermarne un altro: "Siccome sei abituato a mentire, non ti credo neanche se dici la verità".

È evidente quindi che, stante le cose in questi termini, solo coi rapporti di forza si potrà risolvere questo conflitto.

Fonte: ambienteweb.org

## La corsa ucraina al nucleare

A quanto pare son quasi tre decenni che l'Ucraina coltiva programmi nucleari militari. L'aveva fatto capire Zelensky alla Conferenza sulla sicurezza a Monaco di Baviera il 19 febbraio scorso, nell'imminenza della cosiddetta "Operazione militare speciale" di Mosca.

Nonostante abbia firmato il trattato sulla non proliferazione delle armi nucleari nel 1994, il governo di Kiev aveva immediatamente iniziato il proprio programma di ricerca e sviluppo in maniera tale da avere la possibilità di crearsi le proprie armi nucleari. In seguito al colpo di stato Maidan del 2014 e alla salita al potere di Petro Poroshenko tale possibilità si stava realizzando.

Dato il ruolo importante avuto dall'Ucraina in era sovietica, la comunità scientifica del Paese aveva sicuramente le capacità per raggiungere questo obiettivo. L'uranio era già stato fatto arrivare dall'estero. Kiev era vicina alla creazione di un esplosivo nucleare basato sul plutonio, ottenendolo da un combustibile nucleare esaurito e immagazzinato.

Quando è iniziata la guerra, la leadership ucraina ha distrutto o trasferito tutta la documentazione conservata nei centri scientifici di Kiev e Kharkiv all'università nazionale "Lviv Polytechnic".

Con Kiev apparentemente disposta a negoziare sul suo stato di neutralità, e con la Russia che sta smantellando il programma di armi nucleari del Paese, questo assicurerà che l'Ucraina nel periodo postbellico non si trasformerà nel missile che la NATO vuol puntare su Mosca.

Fonte: visionetv.it

## Regno Unito e madri ucraine surrogate

La Gran Bretagna è una delle nazioni più interessate al mercato delle madri ucraine surrogate, cioè "incinte su commissione" per i bambini da vendere. Quella Londra post-Brexit severissima in fatto di visti, che rispedisce al mittente i rifugiati che non hanno almeno un parente nel Regno, sembra ammorbidirsi verso quelle ucraine che hanno clienti inglesi.

Il ministro degli Interni Priti Patel ha infatti rivelato che a queste donne verranno concessi visti triennali, un accesso a fondi pubblici e lavoro, e non saranno soggette a una tassa d'iscrizione o al supplemento sanitario per l'immigrazione.

Non ha specificato se tali visti consentiranno anche un ricongiungimento familiare. Ma forse non è un problema, poiché tali madri non sembrano intenzionate a lasciare l'Ucraina. "Le donne surrogate non sono ostaggi o schiave, spiega Julia Osiyevska, direttrice dell'agenzia ucraina New Hope che si occupa di maternità surrogata. Molte fra loro hanno paura di spostarsi in un altro luogo, anche se c'è una guerra in Ucraina, e per molte è anche molto difficile".

Certo, non sono "ostaggi o schiave": fanno liberamente questo assurdo lavoro. E non sono neppure delle macchine, poiché hanno sentimenti "patriottici".

Fonte: ambienteweb.org

## Una spia americana nella delegazione ucraina

All'ultimo incontro a Istanbul tra le delegazioni russa e ucraina il 29 marzo, i russi si sono accorti che vi era una persona sospetta: il deputato ucraino Rustem Umerov, un uomo direttamente collegato agli Stati Uniti, nel senso che viene finanziato da loro per fare i loro interessi.

Sia lui che suo fratello Ruslan sono supportati anche dalla

Fethullah Gulen Terror Organization (FETO), considerata terroristica dalla Turchia.

La stampa russa descrive Umerov come "una spia statunitense". Infatti la sua missione principale sembra essere quella di ostacolare un rapido accordo tra Ucraina e Russia.

Ufficialmente Umerov rappresenta i tatari di Crimea, che fanno capo a Mustafa Cemilew, leader estremista dell'Assemblea popolare tartara.

La FETO aveva già tentato un colpo di Stato filoamericano in Turchia nel 2016. Dopo il fallimento del golpe, la Turchia ha iniziato a eliminare tutti gli elementi della FETO dall'esercito, dalla polizia e dall'apparato statale in generale. Prima del 2016 la FETO aveva svolto un ruolo importante nel sabotare le relazioni turco-russe. Infatti l'abbattimento del jet militare russo il 24 novembre 2015 e l'assassinio dell'ambasciatore russo in Turchia, Andrey Karlov, sono stati operati dalla FETO.

Strano che Erdoğan abbia accettato un soggetto del genere nelle trattative.

Fonte: lantidiplomatico.it


**Questioni di fondo**

Mi sbaglierò, ma qualunque iniziativa pacifista che voglia porre fine al conflitto ucraino senza chiarire come risolvere i nodi di fondo, non servirà a niente. Qui ci vorrebbe una Conferenza internazionale o europea o un organismo dell'ONU, altrimenti non se ne esce. E la NATO deve stare assolutamente fuori da questo tentativo di mediazione.

Dopo più di un mese di guerra i nodi di fondo ormai abbiamo imparato a conoscerli: 1) le due repubbliche del Donbass vanno riconosciute nella loro indipendenza, poiché il principio dell'autodeterminazione dei popoli prevale sull'integrità territoriale di una nazione nei suoi confini. Questa gente ha subìto una guerra civile da otto anni. È giusto che si separi dal governo di Kiev, che non gli ha mai voluto riconoscere alcuno Statuto di autonomia, e neppure adesso vuol farlo. Gli abitanti sono russofoni e filorussi: che passino sotto la giurisdizione della Federazione russa o vengano considerate come repubbliche indipendenti e riconosciute dall'ONU. 2)

Stesso discorso vale per la Crimea, il cui referendum ha parlato chiaro: quasi il 100% ha chiesto di passare sotto la Russia. Non solo, ma poiché il governo di Kiev, spalleggiato dagli USA, ha indotto i russi a intervenire militarmente, è evidente che la linea costiera che congiunge il Donbass alla Crimea va considerata ora tutta russa. Il Mar d'Azov è destinato a diventare una specie di "lago interno" della Russia. 3) Chi si è macchiato di atrocità in Ucraina, va processato da un Tribunale penale internazionale. 4) La lingua russa non può essere abolita in un Paese dove è parlata dal 30% della popolazione, addirittura in maniera preponderante in alcune regioni (oblast') come Crimea (97%), Dnipropetrovs'k (72%), Donec'k (93%), Zaporižžja (81%), Luhans'k (89%), Mykolaïv (66%), Odessa (85%), Charkiv (74%). 5) L'Ucraina non può entrare nella NATO, come la Russia non può chiedere a Cuba o al Messico di mettere i propri missili nucleari in questi Paesi. Quindi l'Ucraina non può diventare un Paese armato in maniera nucleare.

[6]

### Dichiarazioni russe all'ONU

Vasily Nebenzya, rappresentante permanente russo presso le Nazioni Unite, ha fatto notare ai giornalisti che il sindaco di Bucha, Anatoly Fedoruk, in un discorso ai cittadini del 31 marzo, ha spiegato con gioia il ritiro delle truppe russe, avvenuto il 30 marzo, come una vittoria delle forze armate ucraine, senza dire una parola sulle vittime per le strade, atrocità di massa, omicidi o cose del genere. Come poteva dimenticare di riportare uno scenario così devastante? Che tra l'altro è apparso solo il 3 aprile.

Un video girato a Bucha il 29 marzo, pubblicato sul web, non mostra alcun segno di violenza contro i civili.

Nebenzya ha anche detto che il rifiuto della Gran Bretagna di tenere una riunione del Consiglio di sicurezza sulla situazione a Bucha è un evento senza precedenti nella storia dell'ONU. E comunque la Russia riterrà importante chi condurrà le indagini sugli eventi di Bucha.

Tuttavia – ha precisato – è preoccupante che Zelensky, entrando a Bucha, abbia lasciato intendere che quanto accaduto giustifica qualsiasi risposta incivile. "Con questo ha sostanzialmente confermato che il regime di Kiev considera il genocidio un metodo per fare la guerra. Ora i nazionalisti hanno un pretesto per massacrare ucraini innocenti, per giustiziarli come traditori".

## Espulsione dei diplomatici russi dall'Italia

Ma Di Maio lo sa che espellere i diplomatici è una specie di anticamera di una dichiarazione di guerra? Gliel'hanno detto? Com'è possibile eseguire ordini dall'alto su un provvedimento di così eccezionale gravità? Peraltro quali sarebbero state le azioni che minacciano la nostra sicurezza nazionale non si sa.

Qui non ci si rende conto che se la Russia avesse davvero voluto far del male agli europei, avrebbe chiuso subito i rubinetti del gas (invece continua a erogarlo anche all'Ucraina).

## Giornalista olandese stupito di cose ovvie

Robert Dulmers, giornalista olandese è stato arrestato da tre ucraini, che lo han portato al confine con la Moldova e accusato di spionaggio dopo un video pubblicato su Twitter.

Ora si trova rifugiato in Romania, ma pretende chiarimenti da parte delle autorità ucraine. Il giornalista 56enne lavora per il "Nederlands Dagblad" dallo scoppio della guerra.

Aveva registrato un attacco missilistico alla città portuale di Odessa, dove aveva affittato un appartamento. Dopo aver pubblicato le immagini sui social media, il giornalista era stato "accusato di spionaggio" e di aver "rivelato segreti di stato".

A causa dell'invasione russa i giornalisti che lavorano in Ucraina devono rispettare regole molto rigide. Ma lui non pensava di violare alcuna norma filmando su strade pubbliche.

Una macchina nera ha parcheggiato davanti al suo appartamento e tre uomini che non si sono identificati gli hanno dato ordine di uscire. "Mi hanno afferrato mentre ero al telefono con un rappresentante del Ministero degli Affari Esteri olandese: mi è stato letteralmente strappato di mano. Queste sono scene da selvaggio west", rivela al telefono in un'intervista rilasciata per il portale Nos.nl. Anche il suo passaporto è stato preso e, quando ha tentato di opporre resistenza, uno degli uomini ha tirato fuori una pistola: "sono stato legato con una fascetta per il collo e avevo la pistola puntata alla testa".

In questura gli è stato detto che era "persona non grata". Il giornalista è stato portato in auto al confine con la Moldova, dove ha recuperato i documenti, con un timbro sul passaporto: "ingresso negato in Ucraina fino al 2032"!

Finalmente qualche giornalista occidentale esce dalla sua bolla antirussa e comincia a sperimentare su di sé l'autoritarismo del governo di Kiev.

### Una "sana" pulizia etnica

Il generale russo Igor Konashenkov ha rivelato tutta la portata criminale del piano del regime nazista di Kiev. Per anni i vari presidenti fantoccio telecomandati da Washington hanno permesso la costruzione di laboratori dove venivano sviluppate armi batteriologiche da utilizzare contro la popolazione russa. Questi laboratori erano finanziati e gestiti dal Pentagono. Il regime di Zelensky aveva intenzione di utilizzare dei droni per spargere queste sostanze letali sulla popolazione del Donbass. Era un piano di pulizia etnica tra i più criminali nella storia dell'umanità.

### Stoltenberg come Napoleone

Quando Stoltenberg, soldatino di piombo, sostiene pomposamente, come se fosse un novello Napoleone, che non sarà la Russia a decidere se l'Ucraina può o non può entrare nella NATO, è come se dicesse che la neutralità di questo Paese non può essere argomento di trattativa, quindi in pratica sta ipotizzando che il conflitto militare tra Russia e Ucraina è destinato a durare in eterno.

Peraltro quando fa queste affermazioni, contraddice lo Statuto della stessa NATO, la quale come obiettivo si pone la difesa del principio di autodeterminazione dei popoli. Lo vuol capire o no questo grande giocatore di Risiko che tantissimi russofoni o filorussi dell'Ucraina vogliono essere indipendenti dal governo di Kiev? E che non ne possono più di 8 anni di guerra civile? E che per colpa di questa guerra sarebbero persino disposti a farsi annettere dalla Russia? E che anche la Russia ha il diritto di difendere i russi che ai propri confini subiscono persecuzioni a non finire?

C'è qualcuno in grado di fargli entrare in quella sua testolina vuota l'idea che non può essere la NATO a decidere il destino di nessuna popolazione al mondo? E che la soluzione di questo conflitto può essere soltanto una trattativa di tipo politico-diplomatico?

Possibile che sia così ottuso da non vedere che la Russia non ha "invaso" uno Stato libero e democratico? Ha soltanto compiuto un'operazione a tutela dei cittadini russofoni o filorussi duramente perseguitati. Se avesse davvero voluto occuparlo, si sarebbe comportata con molta più determinazione e cinismo, cioè proprio come la NATO!

Di democratico il governo di Kiev non ha proprio nulla: voleva eliminare le due repubbliche del Donbass, non ha mai rispettato gli accordi di Minsk, ha messo subito fuorilegge il partito comunista (e ora altri 11 partiti e tutti i media non governativi), ha discriminato la lingua russa e tutte le minoranze, voleva riprendersi la Crimea, ha sempre sostenuto le formazioni paramilitari neonaziste, e favoriva nei laboratori biologici lo sviluppo di virus patogeni contro i russi, dentro e fuori dei propri confini. Infine voleva entrare nella NATO e puntare dei missili nucleari contro Mosca. Un Paese così avrebbe dovuto essere estromesso dall'ONU, oppure posto sotto tutela di qualche organismo internazionale.

### Identità storica dell'Ucraina

Basterebbe guardare la storia dell'Ucraina nell'ultimo mezzo millennio per capire come risolvere il conflitto in corso.

Quando esisteva la Confederazione polacco-lituana (1569 fino alle tre spartizioni di fine '700 che misero fine alla Confederazione), l'Ucraina (non ancora "nazione") era occupata dai polacchi per quasi i 2/3 del tuo territorio attuale ed era cattolica come religione statale. Le lingue ufficiali erano il polacco e il latino.

La parte rimanente, a est del Dnepr, era filorussa e quindi di religione ortodossa e di lingua slava. Questa parte orientale passò direttamente sotto Mosca verso la metà del XVII sec. Solo nel 2018 la Chiesa ortodossa ucraina si è staccata dal patriarcato di Mosca, e sia questa Chiesa scismatica sia la Chiesa uniate cattolica (dipendente dal Vaticano) saranno sempre antirusse e fondamentalmente dalla parte del nazionalismo ucraino più autoritario.

Dopo la fine della suddetta Confederazione la parte occidentale dell'Ucraina passò sotto l'impero austro-ungarico, sempre di religione cattolica, con tedesco e ungherese come lingue ufficiali. E così rimase sino alla fine della I guerra mondiale.

Dalle ceneri di questo impero si formarono 13 Stati europei, uno dei quali era appunto l'Ucraina, che comprendeva tre territori a ovest del Dnepr: Rutenia, Galizia orientale e la Bucovina settentrionale.

Quando scoppiò la rivoluzione bolscevica, la parte occidentale dell'Ucraina fu nettamente anticomunista. Eliminata la controrivoluzione interna, i bolscevichi unirono le due aree geografiche dell'Ucraina in un'unica nazione. Qui ha ragione Putin: l'enorme estensione geografica dell'Ucraina (due volte l'Italia) è stata voluta da Lenin, che si guardò bene dal fare un'annessione allo Stato russo. Tuttavia i rapporti tra Russia e Ucraina si guastarono subito quando Stalin andò al potere.

Dopo il crollo dell'URSS l'Ucraina nel 1991 si rese indipendente, come tanti altri Stati ex sovietici. Cominciò a formarsi un'economia di mercato, dominata da clan oligarchici e da vari movimenti nazionalistici antirussi.

La smania di volersi arricchire in fretta, che colpì tutto l'ex socialismo statale di marca sovietica, creò anche in Ucraina forti sperequazioni sociali, che comportarono tre eventi decisivi: la rivoluzione arancione del 2004, il colpo di stato del 2014 e l'elezione di Zelensky nel 2019.

Nessuno di questi eventi ha saputo creare un sistema sociale davvero libero ed egualitario. Anzi il livello di povertà nel Paese è sempre stato molto alto: ne viene colpita dal 30 al 50% della popolazione. E la corruzione è salita alle stelle. Per affrontare questi problemi i governi (fatto salvo il breve periodo del filorusso Janukovyč) si sono rivolti agli aiuti finanziari degli USA, i quali non avrebbero avuto problema, a differenza della UE, a favorire le ideologie nazionalistiche di estrema destra.

Il neonazismo ucraino, per diffondersi a macchia d'olio, si è inventato un nemico interno: i filorussi del Donbass, i quali non accettavano di sottostare al colpo di stato del 2014, che aveva sdoganato il nazismo hitleriano, facendo del fascista Bandera un eroe nazionale. Di qui la guerra civile condotta per 8 anni, il tentativo (fallito) di risolverla con gli accordi di Minsk, la penetrazione massiccia degli USA in questo Paese (persino a livello ministeriale), e il suo prossimo ingresso nella NATO, come previsto dalla Costituzione.

L'area del Donbass non solo è la più industrializzata del Paese (mentre quella occidentale è più agricola), ma è anche quella che sul piano culturale, religioso e linguistico è la più diversa. Se le due aree fossero politicamente divise dal Dnepr (all'incirca), sarebbe meglio per tutti. Eventualmente Odessa potrebbe restare una città internazionale, una specie di autonoma città-stato in cui cercano di convivere tutte queste diversità che la stupidità umana considera inconciliabili.

La Crimea invece deve restare russa, in quanto quasi il 100% della popolazione vuole così.

### Meglio BRICS che UE, USA e NATO

Se l'Italia entrasse nel gruppo detto BRICS non sarebbe meglio? Invece che vivere a rimorchio di Paesi guerrafondai come gli USA o di istituzioni servili come la UE?

L'acronimo BRICS include Brasile, Russia, India, Cina e Sudafrica, Paesi accomunati da alcune caratteristiche simili, tra le quali: economie in via di sviluppo, una popolazione numerosa, un vasto territorio, abbondanti risorse naturali strategiche e una forte crescita del PIL e della quota nel commercio mondiale. Costituiscono un polo alternativo all'egemonia occidentale e, in particolare, statunitense.

Questi Paesi comprendono oggi oltre il 42% della popolazione mondiale, il 25% della totale estensione della Terra, il 20% del PIL mondiale, circa il 16% del commercio internazionale e circa il 17% della spesa militare globale.

Il primo incontro informale, promosso dal ministro degli Esteri russo Lavrov, è avvenuto nel 2006 a New York, a margine dell'Assemblea generale dell'ONU. Poi vi sono stati molti altri incontri.

L'Italia potrebbe avere un ruolo incredibile a livello di manifattura, prodotti alimentari, turismo… E in più nessuno è costretto ad adottare modelli culturali altrui, nessuno è costretto a sottostare a rigide regole burocratiche, nessuno pretende di comandare sugli altri.

Pensiamo solo all'assurdità del nostro Paese, in cui col primo governo Conte abbiamo accettato la via cinese della seta, mentre col governo Draghi abbiamo preferito genufletterci ai francesi e agli americani.

L'Italia non ha una propria visione geopolitica, vive a rimorchio di decisioni altrui. È ora che si svegli.

**Giornalismo scadente**

"Osservando le televisioni e leggendo i giornali che parlano della guerra in Ucraina ci siamo resi conto che qualcosa non funziona, che qualcosa si sta muovendo piuttosto male".

Inizia così l'appello pubblico di dieci storici inviati di guerra di grandi testate nazionali (Corriere della sera, Ansa, Tg5, Repubblica, Panorama, Sole 24 Ore), che lanciano l'allarme sui rischi di una narrazione schierata e iper-semplicistica del conflitto sui media italiani.

"Noi la guerra l'abbiamo vista davvero e dal di dentro: siamo stati sotto le bombe, alcuni dei nostri colleghi e amici sono caduti", esordiscono Massimo Alberizzi, Remigio Benni, Toni Capuozzo, Renzo Cianfanelli, Cristiano Laruffa, Alberto Negri, Giovanni Porzio, Claudia Svampa, Vanna Vannuccini e Angela Virdò.

"Proprio per questo – spiegano – non ci piace come oggi viene rappresentato il conflitto in Ucraina, il primo di vasta portata dell'era web avanzata. Siamo inondati di notizie, ma nella rappresentazione mediatica i belligeranti vengono divisi acriticamente in buoni e cattivi. Anzi buonissimi e cattivissimi", notano i firmatari.

"Viene accreditato soltanto un pensiero dominante e chi non la pensa in quel modo viene bollato come amico di Putin e quindi, in qualche modo, di essere corresponsabile dei massacri in Ucraina. Ma non è così. Dobbiamo renderci conto che la guerra muove interessi inconfessabili che si evita di rivelare al grande pubblico. La propaganda ha una sola vittima: il giornalismo".

Fonte: africa-express.info

### A noi europei

A noi europei Putin appare un mostro perché è dalla II guerra mondiale che non si vedeva un disastro del genere in Europa. Certo è avvenuto anche in Jugoslavia, ma lì un po' di responsabilità era anche nostra, poiché (anticomunisti come siamo) ci era piaciuta l'idea di frantumare quel Paese in piccoli Stati inoffensivi da far entrare nella UE e nella NATO. E così sui nostri bombardamenti contro la Serbia socialista abbiamo chiuso un occhio.

Certo sapevamo del golpe del 2014 in Ucraina e dei neonazisti, ma siccome il Paese era in mano agli americani, abbiamo dovuto per forza guardare dall'altra parte.

Ora però ci stracciamo le vesti e gridiamo allo scandalo per questi orrori, senza neanche fare distinzione tra quelli russi e quelli, di molto superiori, compiuti dai nazisti ucraini. Noi non vogliamo vedere queste cose in Europa. E quando gli USA o la NATO le fanno lontani da noi, pensiamo che chi le subisce se le sia meritate o che ci debba essere una qualche giusta motivazione.

Ma se queste tragedie accadono in Europa non vogliamo sentirci impotenti per timore di un conflitto nucleare, vogliamo reagire. Solo che non ci rendiamo conto che se i russi si comportano in questa maniera brutale non è perché siamo stati noi europei a fare qualcosa. Semmai il nostro è stato un peccato d'omissione o d'indifferenza. I russi si sentono anzitutto minacciati dagli americani e solo indirettamente da noi europei. Hanno avvertito l'Ucraina come un'arma mortale in mano al Pentagono.

A noi queste paure non interessano minimamente. Non ci permetteremmo mai di contestare la presenza invasiva degli USA in Europa, proprio perché siamo sempre stati abituati a vedere i russi come nemici. Ecco perché siamo pronti a entrare in guerra. Non vogliamo sentir ragioni a difesa dell'operato di Putin. Per noi deve solo morire, o quanto meno uscire sconfitto da questa guerra.

Solo dopo aver capito che gli USA vogliono indebolire anche noi europei sul piano economico, forse riusciremo ad aprire gli occhi.

### Anche Bergoglio si è schierato

Adesso anche il papa si schiera dalla parte degli ucraini, mostrando la loro bandiera come se fosse quella del Vaticano. Ma lo sa che la sua Chiesa uniate è filonazista? Proprio come la Chiesa ortodossa scismatica di Kiev. Non era meglio restare equidistante?

D'altra parte il Vaticano appoggia, anche senza nasconderlo, organizzazioni come la Rockefeller Foundation e il Council for Inclusive Capitalism. Persino i Rothschild simpatizzano per il papa. Il Segretario di Stato Vaticano, Pietro Parolin, compare nella lista dei partecipanti del Bilderberg Group.

Questi "Guardians", come si autodefiniscono, sono senza pudore quando affermano: "Stiamo rispondendo alla sfida di Papa Francesco di creare economie più inclusive, che diffondano i benefici del capitalismo in modo più equo e consentano alle persone di realizzare il loro pieno potenziale".

Questi globalisti che detengono le leve finanziarie del mondo, questi oligarchi che vogliono prendere definitivamente in mano le redini mondiali, anche a costo di ridurre la popolazione del pianeta, si vantano di realizzare il progetto di un Nuovo Ordine Mondiale voluto da Kissinger a partire dagli anni '70 (il *Grande Reset* annunciato al Forum di Davos). Lo dice in un'intervista Ettore Gotti Tedeschi, ex presidente dello IOR: un progetto che insieme prevedeva un calo demografico nei Paesi occidentali, per ridurre le spese sociali, e un aumento inverosimile del consumismo. Il tutto nell'assurda convinzione che sia utile schierarsi dalla parte dei più ricchi per aiutare i meno abbienti.

Fonte: matrixedizioni.it

[7]

### Militari=Civili

Ormai abbiamo capito una cosa: in qualunque guerra contemporanea i civili vengono coinvolti come i militari. Anche nel caso in cui non vengano ammazzati fisicamente, restano coinvolti quando fingono di non vedere gli eventi che portano a dittature militari, quando restano passivi di fronte a ingiustizie violenze guerre civili all'interno dei loro Paesi, o quando accettano di pagare cifre assurde per armarli. O quando si prestano a falsificare i fatti per favorire la propaganda militare. È bene che tutti sappiano che nessuno può ritenersi immune da gravi conseguenze sulle decisioni che ha preso o non ha preso.

### Dalla parte di Michetti

"Dal primo carro armato entrato in Ucraina si doveva alzare bandiera bianca. Lì si doveva fare il negoziato con gli organismi internazionali. Perché quando c'è una linea di confine, come quella della guerra fredda, la NATO non si spostava oltre. Come non si spostava il Patto di Varsavia.

La linea di confine della NATO termina con gli ex Paesi del Patto di Varsavia. Termina in Polonia, in Bulgaria, in Ungheria. Allora, sapendo che la NATO non può intervenire in Ucraina, subdolamente stanno utilizzando l'Ucraina come carne da macello per indebolire la Russia. Vedete devastata la città di Mariupol: è la fine che farà questo conflitto se continuiamo a dargli le armi.

Dando le armi all'Ucraina noi continuiamo questo massacro ignobile, perché è tutto retto da una menzogna. Con la violenza non si va da nessuna parte. Ecco perché noi dovevamo invocare un tavolo di pace subito, al primo carro armato russo. Invece si stanno dando le armi agli ucraini per massacrarli".

Fonte: rassegneitalia.info

### Dalla parte di Dinucci

Ha detto in un video Manlio Dinucci:

Per l'Italia il 2% del PIL di spese militari significa passare dagli attuali 26 miliardi di euro l'anno ad almeno 38 miliardi l'anno, ossia da 70 a oltre 100 milioni di euro al giorno spesi in denaro pubblico.

La decisione è stata presa in realtà non a Roma ma a Bruxelles, al Summit NATO dei capi di stato e di governo.

A trainare l'aumento della spesa militare della NATO sono gli Stati Uniti: il budget del Pentagono viene accresciuto del 10% salendo a 773 miliardi di dollari, cui si aggiungono altre voci di carattere militare, portando la spesa militare USA a oltre 1.000 miliardi di dollari annui.

La NATO sotto comando USA sta intensificando la sua escalation militare in Europa. Ai quattro gruppi di battaglia già schierati in Polonia e nelle tre repubbliche baltiche, la NATO ne sta aggiungendo altri quattro in Bulgaria, Ungheria, Romania e Slovacchia.

In Bulgaria il ministro della Difesa, ritenuto non affidabile, è stato deposto per ordine della NATO e sostituito dall'ambasciatore della Bulgaria alla NATO.

In Ungheria il premier Orbán si oppone al coinvolgimento del Paese nella escalation bellica contro la Russia, rifiutandosi di fornire armi all'Ucraina, e dichiara che l'Ungheria vuole accrescere le importazioni di gas russo. Viceversa la sinistra ungherese è favorevole alle sanzioni e se fosse andata al governo, avrebbe inviato armi all'Ucraina.

### Pregiudizio antinazista?

Ho l'impressione che i neonazisti ucraini vogliano resistere a oltranza non perché patriottici o per motivi ideali (infatti sono bestie che usano gli stessi connazionali come scudi umani e che eliminano sedute stante se non accettano questo ruolo o, peggio ancora, se collaborano coi russi). Ma lo facciano perché sanno che anche se perdono riceveranno un fiume di soldi dall'occidente per la ricostruzione. Con un minimo di realismo avrebbero già dovuto arrendersi. Stanno portando il loro Paese allo spopolamento e a un destino di divisione territoriale tra est e ovest.

### Meglio diplomatico che schematico

Il premier Draghi ha detto: "Cosa preferiamo? La pace o star tranquilli con termosifone o condizionatore acceso?"

Solo una persona altamente irresponsabile può porre l'alternativa in questi termini, o solo uno che non sa fare lo statista ma solo il moralista di basso livello.

Qualunque cittadino gli risponderebbe di voler entrambe le cose, per cui è doveroso trattare e non sanzionare continuamente la Russia o armare il nemico di Putin. Qui non è in gioco solo il riscaldamento domestico o il condizionatore dell'aria, ma il destino dell'industria italiana. E se uno che ha fatto economia all'Università e che ha sempre lavorato sul piano finanziario non capisce una cosa così elementare, sinceramente parlando è meglio che si dimetta. Quando si accorgerà dell'immane disastro in cui sta portando il nostro Paese, si pentirà un milione di volte di non aver lasciato il posto a uno statista migliore, più diplomatico e meno schematico. Possibile che i gesuiti non gli abbiano insegnato nulla?

### Logica ferrea

- Si possono bombardare tutti gli Stati del mondo destabilizzandoli completamente, basta che i russi non bombardino l'Ucraina, che non c'interessa se ha bombardato per 8 anni il Donbass.

- I nazisti sono universalmente riconosciuti come il male universale, tranne se sono ucraini, in quel caso sono bravi ragazzi che leggono Kant.

- I ricchi russi che si fanno gli affari loro sono oligarchi; i ricchi americani che influenzano i governi sono filantropi.

- L'Italia ripudia la guerra ma non la guerra in Ucraina.

- L'Italia è in stato di emergenza perché c'è una guerra in Ucraina, per qualunque altra guerra non ce n'è bisogno.

- L'INPS aveva finito i soldi e la gente in quarantena non è stata retribuita, però abbiamo 10 miliardi per armare l'Ucraina.

- Se l'esercito ucraino occupa scuole, teatri e civili abitazioni trasformandoli in obiettivi militari, chi li bombarda sta attaccando obiettivi civili, che poi dovremo ricostruire noi, mentre i nostri terremotati dormono ancora in tenda.

- In Italia la libertà di stampa prevede che si possa invitare la gente a uccidere il leader politico di un altro Stato.

### La furbizia di Di Maio

Certo, uno può sempre dire, come il bambino Di Maio, che non possiamo farci ricattare da Putin, quando dice che se noi continuiamo con le sanzioni, chiude i rubinetti del gas e non ci dà più i cereali.

Ma un altro, meno sprovveduto, potrebbe ribattere: "Va bene, allora invece d'insistere con le sanzioni, visto che abbiamo molto bisogno del gas e dei cereali, trattiamo".

A questo punto il dialogo potrebbe proseguire in questa maniera:

"Noi non accettiamo nessuna tua proposta se prima non cessi il fuoco e non ti ritiri".

"Io mi ritiro dopo che voi avrete accettato le mie proposte".

Poi, tra sé e sé, il furbo Di Maio potrebbe pensare: "Va bene, facciamo come dice lui, ma appena se ne torna in Russia, in Ucraina facciamo come dice noi".

E tu Di Maio pensi che Putin, dopo che l'occidente ha rubato alla Russia centinaia di miliardi di dollari e di euro, possa fidarsi della parola di un negoziatore? Ancora non hai capito che grazie alla tua stolta risolutezza, l'Ucraina è destinata a subire una mutilazione territoriale, che lo si voglia o no?

## Lo stolto Stoltenberg

Quando il soldatino Stoltenberg sostiene che la guerra in Ucraina potrebbe durare degli anni, sembra che stia dando una linea di comportamento a tutti gli statisti europei, che invece vorrebbero che finisse quanto prima. Perché a questo guerrafondaio viene data facoltà di parlare a nome degli europei? Le guerre non sono una questione solo militare ma anche politica, e Stoltenberg non c'entra niente con la politica.

## I paradossi di Biden

Le dichiarazioni di Biden relativamente alla volontà di portare a processo Putin per crimini di guerra sono tragicamente paradossali. Infatti la Corte Penale Internazionale dell'Aia, che ha il compito di giudicare i crimini contro l'umanità e i crimini di guerra, non ha alcun potere coercitivo verso i cittadini russi, poiché la Russia non ha aderito allo Statuto della Corte. Il bello è che neppure gli Stati Uniti l'han fatto, anzi nel 2019 e nel 2020 hanno emesso delle sanzioni nei confronti dei membri della Corte, ovviamente per impedire che un organo giudiziario autonomo si esprima sulle violazioni del diritto internazionale e sui crimini di guerra commessi dalla stessa amministrazione americana o dai suoi apparati di sicurezza.

## La Georgia diventerà un'Ucraina bis?

Quella mina vagante di Jens Stoltenberg, soldatino di piombo, ha intenzione di coinvolgere anche la Georgia nell'attuale conflitto ucraino.

Si è già incontrato col premier Irakli Gharibashvili, presso la sede della NATO il 15 dicembre 2021, parlando di cooperazione bilaterale e di questioni di sicurezza nella regione del Caucaso.

Ha definito Tbilisi uno dei partner "più stretti dell'Alleanza" e "ha ribadito che i Paesi NATO sostengono la sovranità e l'integrità territoriale della Georgia", per cui "continuano a chiedere alla Russia di porre fine al riconoscimento delle regioni dell'Abkhazia e dell'Ossezia del Sud e di ritirare le sue forze". La guerra delle due regioni contro il potere centrale di Tbilisi è durata, nell'insieme, dal 1991 al 2008.

Naturalmente il soldatino pretende che la Georgia e l'Ucraina decidano liberamente di aderire alla NATO, senza interferenze da parte della Russia.

Con molta ipocrisia ha detto che la NATO "rifiuta qualsiasi idea di sfere d'influenza in Europa, poiché fanno parte della storia...". Come se la NATO fosse un ritrovo di educande. Non lo sanno che tra i primi segretari generali della NATO ci fu proprio il capo dell'Operationsabteilung della Wehrmacht nel 1940, Adolf Heusinger?[5]

Considera la Georgia come già appartenente alla NATO, in quanto fanno insieme le esercitazioni marittime e condividono le informazioni (immagino sulle forze militari russe dislocate nelle due regioni separatiste, che il premier Gharibashvili rivuole assolu-

---

[5] L'Operationabteilung era l'ufficio preposto all'organizzazione della macchina bellica nazista. Heusinger fu a capo delle pianificazioni delle invasioni di Polonia, Danimarca, Norvegia, Belgio, Olanda e Francia. Dal 1960 al 1964 ha presieduto il Comitato militare della NATO a Washington, anche se Wikipedia non lo mette nell'elenco dei segretari generali. Questo comunque porta a pensare che la NATO sia nata come un'organizzazione di stampo filo-nazista, seppur in forme rivedute e corrette, più conformi alla democrazia americana.

tamente, anche se rifiuta di aderire alle sanzioni economiche contro la Russia).

Di recente Stoltenberg ha organizzato un vertice straordinario tra i ministri della Difesa dei Paesi NATO, cui han partecipato quelli di Finlandia, Svezia e Georgia, nonché il rappresentante dell'Unione Europea.

Ha detto che ci sono 100.000 truppe in Europa, di cui 40.000 sotto diretto comando NATO, pronte a intervenire quando lo si riterrà opportuno. Gli USA stanno attualmente collocando batterie di missili Patriot in Polonia, mentre Germania e Paesi Bassi li hanno dispiegati in Slovacchia.

Siccome vuole che la NATO "faccia di più" per fermare la Russia, ha chiesto ai Paesi che non ne fanno parte e che si sentono minacciati, di aderirvi quanto prima. Così vi saranno più possibilità che un Paese membro della NATO venga colpito dalla Russia e obblighi tutti gli altri a difenderlo in virtù dell'art. 5 dello Statuto.

In particolare ha detto che bisogna sostenere anche "nei fatti" l'integrità territoriale e la sovranità della Georgia. Cioè vuole che la Georgia entri subito nella NATO, così la Russia sarà impegnata su due fronti e farà più fatica a vincere in Ucraina.

Insomma sta giocando a Risiko.

Fonti: sicurezzainternazionale.luiss.it - it.insideover.com

**Anche i ricchi piangono**

Erede della famiglia Rothschild, Nathaniel Rothschild ha scritto ai membri del governo britannico: "L'Ucraina è un tassello essenziale, che non possiamo permetterci di perdere nella scacchiera geopolitica...". "Dobbiamo mettere in ginocchio la Russia con ogni mezzo possibile, per inviare un segnale forte ai cinesi, e per proteggere il nostro sistema globale di norme e valori liberali...".

"La via che abbiamo intrapresa, mancanza di azione militare, significa che il nostro Ordine Globale è morto in piedi... Vi esorto a schierarvi più ferocemente contro la Russia e i suoi *proxies*, a intensificare la guerra informativa, a correggere l'opinione, soprattutto online, e a inviare armi ai nostri amici in Ucraina, perché senza questo Paese il nostro ordine globale non sopravvivrà".

Se non fosse un Rothschild, dovremmo parlare di farneticazioni di un visionario. Assurdo considerare l'Ucraina nazista un Paese da cui dipende l'Ordine Globale e i valori liberali. A meno che appunto non si voglia sostenere che questo Paese in realtà è puramente casuale, in quanto il vero scontro è tra Occidente euroamericano e Asia russo-cinese.

Fonte: maurizioblondet.it

## Comunicato dell'ambasciata russa in Canada

L'ambasciata russa in Canada ha emesso un comunicato stampa nel quale denuncia la criminale macchina della propaganda occidentale che riversa sul pubblico europeo e nord-americano un fiume di menzogne senza precedenti.

Nel comunicato si specifica che la Russia sta bonificando l'Ucraina dalla presenza del neo-nazismo (la feccia reclutata da George Soros, Victoria Nuland e Barack Obama), responsabile di otto anni di genocidi di Kiev contro il proprio popolo.

Alla fine fa un'affermazione lapidaria da ricordare: "La Russia non inizia le guerre. La Russia pone fine alle guerre".

Ma perché fare una dichiarazione del genere dal Canada? Perché proprio qui alla fine della II guerra mondiale si andarono a rifugiare molti nazisti ucraini. Tra questi vi era Michael Chomiak, nonno materno di Chrystia Freeland, attuale vice-premier del Canada. Chomiak fu il direttore editoriale del principale quotidiano nazista in lingua ucraina, "Cracovia News".

È in Canada che si trova uno degli ultimi esponenti politici di una certa levatura che sono rimasti in mano ai banchieri internazionali, il premier Justin Trudeau, che di recente ha represso con violenza la protesta pacifica degli autotrasportatori.

Ed è sempre il Canada ad avere buona parte dei componenti del governo e di parte dell'opposizione molto vicini a Soros e ai soliti banchieri internazionali.

Da notare che un contingente canadese è già arrivato in Ucraina a dar man forte a Zelensky. Al suo seguito vi è anche "Wali", il cecchino più famoso del mondo: dicono che sia in grado di uccidere fino a 40 militari al giorno.

Fonte: https://twitter.com/RussianEmbassyC/status/1498816008756383744?t=dRnEwls5BxJULIr-AUz3Yw&s=19

## Biolab da brivido

Pare che i biolaboratori ucraini siano addirittura 194, ove dal 2012 si studiano patogeni in grado di colpire umani e animali e di contaminare spazi naturali (fiumi, laghi o piantagioni).

La lista dei virus e batteri è infinita: coronavirus, Lassa, febbre suina, peste, antrace, aviaria, tubercolosi…, oltre ai campioni di DNA di genotipi specifici schedati dai medici finanziati dal Pentagono.

Si effettuavano anche sperimentazioni umane, come nei lager nazisti (reazioni a vaccini e farmaci, studi sul DNA e sul RNA, trasmissioni di virus e batteri dagli animali all'uomo). Emblematico il caso di 4.000 soldati ucraini, volontariamente esposti a una forma di febbre emorragica.

A quanto pare anche l'Italia fa parte dei Paesi che collaboravano con l'Istituto di Medicina Veterinaria di Kharkiv, insieme a Polonia, Danimarca, Serbia, Germania, Cina, Svizzera, Gran Bretagna, Spagna, Canada, Svezia e Francia. Tutti Paesi che, salvo la Cina, stanno difendendo la retorica dell'invasione ucraina e stanno ignorando il problema dei laboratori biologici. Il tentativo è anche quello di nascondere le proprie responsabilità e di tutelare i cospicui investimenti fatti in ambito sanitario e sperimentale.

Si sta cominciando a capire solo adesso perché nel 2017 a Kharkiv si verificò un focolaio di epatite virale A, e malattie simili a Zaporizhye, Mykolaev e Odessa (tutte zone interessate dall'operazione speciale russa di bonifica dai laboratori). Sempre a Kharkiv nel 2019 si verificarono nuovi focolai, prima di meningite e poi nuovamente di epatite, che questa volta si manifestò in 328 soggetti, il 52% dei quali bambini.

Alcuni di questi laboratori si trovano al confine con la Russia. All'Istituto di Medicina Veterinaria Sperimentale e Clinica di Kharkiv vi lavoravano anche specialisti italiani. Solo in apparenza sembrava un normale centro di ricerca. In realtà nessuno poteva accedervi che non fosse espressamente autorizzato.

I finanziatori si conoscono: oltre al Pentagono, le solite fondazioni sorosiane, la grande azienda d'ingegneria Black & Veatch, la famiglia Biden (società di investimenti Rosemont Seneca Partners) e i Paesi coinvolti. Gli affari dei Biden erano intrecciati a quelli di Metabiota, azienda con sede a San Francisco specializzata in patogeni in grado di scatenare pandemie.

A confronto i nazisti hitleriani giocavano a fare il piccolo chimico, per quanto sulla pelle degli internati destinati al massacro.

Fonte: recnews.it

### Non mandate eroi ma solo armi

La Commissione Finanze al Senato ha deciso di non far pagare l'IVA e l'accise ai fabbricanti di armi, permettendo di fatto un forte sconto agli acquirenti ucraini. Tutti vergognosamente d'accordo (salvo i pentastellati ed Elio Lannutti del Gruppo misto).

D'altra parte la normativa europea lo prevede nell'ambito della politica di sicurezza e di difesa comune. Come se l'Italia fosse minacciata da chissà chi. Lo stesso ministro degli Esteri ucraino, Dmytro Kuleba, ha detto che è sufficiente che l'Italia mandi quante più armi possibili: non c'è bisogno, se teme per la propria sicurezza, che mandi anche soldati o piloti che combattono al loro fianco. Saranno gli ucraini a fare la parte degli eroi, perché a loro piace esserlo, come han dimostrato nella battaglia di Kiev. E l'eroismo adesso dovranno mostrarlo quando andranno a recuperare il Donbass e il sud del Paese.

Anche questo ministro vive nella sua bolla. A Kiev non c'è stata nessuna battaglia. I russi semplicemente si sono dislocati verso sud, mirando ad accerchiare l'ultima parte di esercito ucraino rimasto. Probabilmente tra un mese sarà finito tutto, con o senza le armi italiane.

Come faranno poi a pagare tutte queste armi non si sa. Ci vorranno decenni prima di rimettere in piedi un Paese quasi completamente distrutto… Saranno alla mercé dei nuovi creditori, che sfrutteranno tutte le loro risorse.

Fonte: imolaoggi.it

### Censurato

Oggi Facebook mi ha bannato per 48 ore, perché due immagini non sono piaciute: quelle di ragazzini ladri, legati dai nazisti ucraini ai pali (senza frustarli, come invece in genere fanno con gli adulti) e quella di un muscoloso neonazista ucraino pieno di tatuaggi, su cui avrei voluto scrivere che non erano nei, per chi nega la presenza di questi energumeni in quel Paese.

Non potrò partecipare ai gruppi per 5 giorni e per 29 giorni i miei post saranno spostati più in basso nel feed.

Facebook è stato vietato in Russia per motivi opposti: non rimuove tutte le falsità su questa guerra.

Se Putin perde la guerra, chiuderò il mio rapporto con questo social, poiché mi sono esposto troppo. Dovrò anche chiudere il sito diariofacebook.it

[8]

### Quale nuovo ordine mondiale?

Per Biden è evidente che il "nuovo ordine mondiale" è una nuova Guerra Fredda (destinata a diventare calda) in cui gli USA e gli alleati occidentali hanno il compito di ridimensionare la potenza di Russia e Cina.

La UE però non si rende conto che essa stessa dovrà vivere a rimorchio degli USA, non avendo alcuna autonomia né politica né militare (e ora neppure economica, dovendo rinunciare agli scambi commerciali con la Russia). Quando prenderà consapevolezza di questa propria sudditanza? Quando si accorgerà che l'istituzione più importante nel continente europeo è la NATO? Quando ammetterà che la Russia non ha mai avuto intenzione d'invadere l'Europa occidentale e che il vero nemico la tiene in stato di occupazione dal 1945?

Il cosiddetto "mondo non libero", giudicato non democratico, sta uscendo dal dettato americano, anche su base concettuale. Infatti sembra dominare nell'Amministrazione americana l'adagio evangelico: "chi non è con noi è contro di noi". Tutto si sta radicalizzando.

In questo scenario l'Ucraina rappresenta, col suo neonazismo esplicito, la vera faccia dell'America, quella che non può mostrare pubblicamente, poiché essa è il campione della democrazia (naturalmente "formale"), che deve esportare in tutto il mondo (con le cosiddette "bombe umanitarie"): la democrazia dell'impresa privata, tendenzialmente monopolistica (che devasta l'ambiente), delle banche d'affari (che fanno crollare le borse), del dominio del dollaro (che dimostra il primato della finanza sull'economia produttiva), delle libere elezioni (in cui vince chi è più ricco), dei valori individualistici (cinici, violenti, razzisti...) e così via.

Il XX sec. è stato il "secolo americano" in mezzo ad altri competitori. Per il XXI sec. non è previsto che possano esserci delle potenze rivali da nessun punto di vista. È quindi evidente che se il resto del mondo non è capace di creare al proprio interno una nuova alleanza, gli USA hanno di fronte a loro un secolo in cui esercitare la loro completa egemonia.

### Film già visti

Bucha è stato un *false flag* così come, a suo tempo, lo fu Srebrenica, di cui gli USA di Bill Clinton (che aveva bisogno di 5.000 morti per intervenire) si servirono per poter distruggere la Jugoslavia, bombardare la Serbia, mettere sotto accusa Slobodan Milošević e annettersi in un certo senso i Balcani.

Dopo aver diffuso voci che immagini satellitari, ovviamente americane, avevano visto fosse comuni, si arrivò a un rapporto della Croce Rossa (altra branca dell'Alleanza atlantica), secondo cui i serbo-bosniaci avevano ucciso 8.000 persone nel 1995 (una cifra derivata dal fatto che i serbo-bosniaci avevano fatto 3.000 prigionieri e che 5.000 persone risultavano irreperibili). Poi si scoprì che diverse migliaia di persone erano andate via e che avevano trovato rifugio sia nella Bosnia centrale che nella stessa Serbia, ma la Croce Rossa rispose candidamente che non poteva depennare i nomi delle persone rinvenute in vita dalla lista dei 5.000 scomparsi, perché "non ne avevano ricevuto i nomi".

Alla fine le 8.000 persone delle fosse comuni si ridussero a 1.883, tra cui una sola donna, frutto di tre anni di combattimenti, tanto che quasi la metà dei morti erano gli stessi serbo-bosniaci. Persino il tribunale dell'Aia ammise d'essersi sbagliato. Intanto però Milošević era morto in carcere.

Nonostante tutto ancora oggi si parla della "strage di Srebrenica" come se fosse realmente avvenuta. E chiunque è interessato alla verità non viene contraddetto, ma viene stroncato.

Anche in Siria è successa la stessa cosa: il gas usato dai terroristi jihadisti è stato attribuito ad Assad.

E adesso ci troviamo coi morti di Bucha, che sarebbero vittime dei russi, ma la cui esistenza è stata filmata solo quattro giorni dopo che loro avevano abbandonato la città.

Insomma è un film che abbiamo già visto.

Fonte: ilsimplicissimus2.com

### Gravi ammissioni di Zelensky

Il presidente ucraino Zelensky ha ammesso in un'intervista alla rete statunitense "Fox News" che il battaglione nazista Azov è parte integrante dell'esercito ucraino.

Alla domanda sulle "atrocità" commesse da quel battaglione e sui suoi legami col nazismo, Zelensky ha dichiarato: "Azov era uno di questi tanti battaglioni. Sono quello che sono" (una frase per dire che non è colpa sua se sono neonazisti). "Stavano difendendo il nostro Paese [sottinteso: dai russi che difendevano i filorussi del Donbass dal genocidio] e poi tutti i membri di quei battaglioni sono stati incorporati nell'esercito ucraino" (come se questo bastasse a renderli meno "nazisti"). Cioè "i combattenti Azov non sono più gruppi autocostituiti, sono una componente dell'esercito ucraino" (e quindi il neonazismo è stato sdoganato, diventando legale).

Allo stesso modo Zelensky ha confermato che nel 2014 diversi membri dei battaglioni neonazisti "hanno violato le leggi dell'Ucraina" (cioè "singoli neonazisti", non il battaglione in sé), "sono stati portati in tribunale e hanno ricevuto pene detentive". "Quindi la legge è al di sopra di tutto".

In realtà Zelensky su una cosa mente senza ritegno. Nessun neonazista è mai stato condannato in maniera proporzionale alle atrocità compiute (si pensi solo ai 150 bambini ammazzati). Le pene, per alcuni di loro, sono state puramente simboliche, tant'è che altri han ricevuto dei riconoscimenti ufficiali. Lo stesso Zelensky in persona ha assegnato in parlamento il titolo di "eroe nazionale" con la medaglia d'oro a Dmytro Kotsyubail, leader della milizia del settore Pravyi. Andriy Biletsky (il "Führer bianco") ha ottenuto persino un seggio parlamentare dal 2014 al 2019.

Quindi la nazificazione generale della società è andata avanti anche sotto il governo di Zelensky, soprattutto in tutte le forze dell'ordine e nei posti chiave delle amministrazioni pubbliche (sindaci, governatori...).

Quando "Fox News" ha pubblicato l'intervista sul suo canale YouTube, ha deciso di rimuovere il frammento di queste ammissioni. Tuttavia gli utenti di Internet l'han salvato dalla trasmissione in diretta e hanno diffuso l'intervista integrale sui social network.

Diversi residenti in Ucraina han denunciato la tortura di civili e soldati da parte di nazisti ucraini e hanno affermato che il battaglione Azov ha usato la popolazione civile come scudo umano, ha rubato cibo e sottratto persino le loro case.

I neonazisti compiono esecuzioni sommarie nei confronti di chiunque non collabori con loro o venga sospettato d'essere un filo-russo. Gli stessi militari russi, fatti prigionieri, vengono eliminati, quando addirittura non torturati.

Fonte: lantidiplomatico.it

**Fare chiarezza sui crimini contro l'umanità**

La portavoce del ministero degli Esteri Maria Zakharova ha detto che la proposta di Biden di istituire un processo per i crimini di guerra è un'ottima idea e che bisognerebbe iniziare "con il bombardamento della Jugoslavia e l'occupazione dell'Iraq. Potreste anche scovare i principali registi delle produzioni a Srenebrica. E naturalmente il commercio di organi in Kosovo sotto le spoglie di funzionari statunitensi. Non appena finito, potrete iniziare subito col bombardamento nucleare del Giappone".

Da notare che anche la caduta di Ceaușescu in Romania nel 1989 fu causata da un falso storico. Infatti il cosiddetto "massacro di Timișoara, che portò alla fucilazione del presidente e della moglie, fu completamente inventato.

Televisioni e giornali di tutto il mondo parlarono di una repressione selvaggia da parte della Securitate (il servizio segreto rumeno), che avrebbe fatto 4.600 morti. L'indignazione internazionale fu enorme. Si scoprirà poi (da parte dell'agenzia di stampa France Presse e dei nostri giornalisti Michele Gambino e Sergio Stingo) che i 13 morti ripresi dalle televisioni erano in realtà gente comune, che proveniva da un cimitero dei poveri e dall'Istituto medico legale: le ferite sul torace non erano i segni della tortura, ma dell'autopsia. Erano tutti morti in ospedale per cause naturali. Gli autori e i mandanti della falsificazione rimangono ancora oggi sconosciuti.

Fu così che la Romania divenne una base NATO.

Fonte: instoria.it

## Il nucleare della NATO

Ufficialmente la NATO, sin dal 1996, ha deciso di non installare missili nucleari nei Paesi ex sovietici, ma ora col conflitto ucraino le cose potrebbero cambiare.

Con l'uscita del Regno Unito dalla UE, la Francia è rimasta l'unica potenza nucleare dell'Unione Europea.

Tuttavia la NATO possiede sei proprie basi: in Belgio (Kleine Brogel), Germania (Buchel), Italia (Aviano e Ghedi), Paesi Bassi (Volkel) e Turchia (Incirlik), per un totale di circa 180 bombe nucleari B61, riconvertite alla versione Mod-12 a partire dal 2018. Non si sa di preciso quante siano le bombe nucleari in Italia: alcuni dicono una novantina. Si sa soltanto che la bomba B61-12 è stata progettata per essere lanciata dal bombardiere stealth B-2A e dal futuro B-21, ma anche dal caccia tattico F-35A: è guidata da un sistema satellitare ed è in grado di distruggere i bunker. Si prevede di costruirne 500 entro il 2026 per un costo di circa 10 miliardi di dollari.

Gli USA tendono a sostituire le postazioni nucleari fisse con quelle aviotrasportate, di cui dispongono un controllo esclusivo.

Certo, l'intera Europa potrebbe utilizzare le testate nucleari francesi, ma la Francia non si è mai dichiarata disponibile a farlo, anche perché la gran parte delle sue testate sono poste sui sottomarini strategici.

Ora però è la Polonia che vorrebbe avere armi nucleari nella base aerea di Lask, a soli 286 km dal confine bielorusso e 324 dal confine russo dell'oblast di Kaliningrad. Da Lask un cacciabombardiere USA come un F-16C/D o un F-15E, volando a 1.800 km orari, sarebbe in grado di raggiungere Kaliningrad in 12 minuti e Mosca in meno di un'ora.

L'odio feroce dei polacchi per i russi, nonostante siano stati proprio questi ultimi a liberarli dal nazismo hitleriano, e nonostante che dall'inizio degli anni '90 la Polonia non abbia più niente a che fare con la Russia, va avanti imperterrito, a testimonianza che anche per il governo polacco (come per quello americano) è fondamentale avere un nemico esterno su cui focalizzare l'attenzione dell'opinione pubblica e distarla dai problemi sociali interni.

Fonti: it.insideover.com - lists.peacelink.it

### Che fine faranno i neonazisti ucraini?

Difficile pensare che l'armata di Putin riuscirà a eliminare tutti i neonazisti ucraini. Quindi aspettiamoci in futuro che quanti riusciranno a fuggire, disperati come sono, diventeranno i nuovi terroristi d'Europa, da noi armati fino ai denti, pronti a qualsiasi efferatezza sotto qualunque bandiera.

Questi neonazisti sono un'altra creazione degli USA, esattamente come Al Qaeda e l'Isis. Gente di provenienza sociale infima, di cultura quasi azzerata, disposta a credere in qualunque ideale e a fare qualunque cosa pur di essere finanziata.

L'Ucraina è destinata a essere divisa territorialmente e non è da escludere che la parte occidentale, nella regione attorno a Leopoli (da sempre filo-polacca), diverrà una sorta di Banderastan, dove raccogliere tutti gli estremisti e dove creare un problema perenne per la Russia oltre che per l'Europa, visto che costoro pensano, sulla scia di movimenti nati negli anni '20 del '900, a una sorta di unione fascistoide tra vari territori dell'Europa orientale, una sorta di "ControEuropa".

L'Ucraina è di fatto uno Stato fantoccio che, se venisse scaraventato ai confini con l'Iraq o l'Afghanistan, nessuno noterebbe la differenza, essendoci una grande omogeneità politica, economica e sociale con quei territori.

Nessuno farebbe caso nemmeno alla polarizzazione settaria delle sue etnie e delle squadracce che infestano le regioni e le città, portando morte e distruzione ovunque. Al posto dei fanatici islamici ci sarebbero i neonazisti filoamericani.

## Il destino dell'Ucraina

La maggior parte degli ucraini smette di parlare ucraino e torna a parlare il russo nativo non appena le truppe russe si presentano (tant'è che i nazisti, se sentono parlare uno in russo, gli dipingono la faccia di verde, nel migliore dei casi). L'incantesimo lanciato su di loro per 30 anni, più intensamente negli ultimi otto, si sta spezzando e la maggior parte degli ucraini sta tornando a quello che erano all'inizio: russi rimasti bloccati fuori dalla Russia quando l'URSS è crollata. Tutti quei soldi che gli Stati Uniti hanno speso per inculcare loro una falsa identità ucraina sono andati sprecati.

Probabilmente non ci sarà più una costruzione artificiale chiamata Ucraina, poiché la parte occidentale comprende popolazioni polacche, ungheresi, rumene... Per questo è assai probabile che questa chimera territoriale, peraltro senza precisi confini naturali, finisca per disgregarsi: l'estremo est e il sud sono la Novorussia (Nuova Russia), compreso il Donbass. Più a ovest si trova la Malorussia (Piccola Russia), ch'era la parte ucraina della Russia. E più a ovest c'è la Galizia, che non è affatto russa (tranne che per l'enclave carpato-russa), e che potrebbe essere spartita tra Polonia, Ungheria e Romania. Il più forte sentimento antirusso ha un nucleo centrale proprio nella Galizia ucraina, passata all'URSS per l'accordo tedesco-sovietico del 1939, ma poi nel 1941 occupata dalla Germania. Dopo la II guerra mondiale la Galizia orientale con Leopoli entrò a far parte della Repubblica ucraina, mentre quella occidentale con Cracovia rimase alla Polonia.

Il prodotto finale di questo conflitto potrebbero essere due Stati indipendenti, una o due confederazioni e una zona occidentale permanentemente squilibrata e contesa tra Polonia, Ungheria e Romania, a meno che gli accordi che si avvieranno alla fine della guerra non stabiliscano che parti di quei territori abitati da minoranze tornino ai Paesi d'origine, anche perché la stampa occidentale ha sempre minimizzato il fatto che le leggi etno-razziste di Kiev, così apprezzate da americani ed europei, finivano per colpire non solo i russi ma anche altre minoranze.

Di certo non ci sarà più l'Ucraina del 1992.

Fonte: ilsimplicissimus2.com

### Si torna a Bretton Woods

Nel 1944 furono siglati degli accordi noti come "Bretton Woods" (dopo la grande depressione del 1929 e due guerre mondiali) in cui si stabiliva che il dollaro americano era l'unica moneta agganciata all'oro.

Tali accordi rimasero in vigore fino al 1971-73, quando fu raggiunto un accordo tra i membri del G10 per rimediare al caos monetario creato dall'allora presidente Nixon, che nel 1971 aveva approvato la legge che sospendeva l'obbligo per la Federal Reserve di convertire dollari in oro al rapporto fisso di 35 dollari l'oncia, stabilito nel 1944 a Bretton Woods.

Nixon si comportò così perché la guerra del Vietnam era costata agli USA 12.000 tonnellate d'oro, mettendo a rischio le riserve del Paese. Così, con la fine del legame tra dollaro e monete estere lo standard aureo fu sostituito dal sistema di cambi flessibili.

Nel 2022 la Russia torna agli accordi di Bretton Woods, ma questa volta la valuta di riferimento per chi commercia con la Russia è il rublo. Un affronto all'élite di banchieri che da almeno tre secoli padroneggia senza pari.

La Russia è il terzo estrattore al mondo di oro, è il quinto detentore di riserve custodite entro i confini e non raggiungibili dalle sanzioni. Non come l'Italia, che è il terzo Paese al mondo come detentore di oro, ma nei propri confini ne ha solo una minima parte.

L'operazione è stata avviata dalla Banca centrale di Mosca che sta rastrellando tutte le riserve presenti negli istituti del Paese, pagando l'oro 5.000 rubli al grammo, che corrisponde attorno a 50 dollari, quando il mercato internazionale oggi lo valuta 63 dollari.

Inoltre i cittadini russi possono acquistare oro senza pagare l'Iva del 20%. Prima, quando si vendeva un lingotto d'oro in una banca, non era previsto un rimborso dell'IVA: il che rendeva l'operazione non redditizia. Ora il ministero delle Finanze ha definito l'investimento in oro "un'alternativa ideale all'acquisto di dollari" (di solito le persone detengono i loro contanti in dollari poiché il rublo è volatile).

Dopo l'invasione russa dell'Ucraina e l'imposizione di sanzioni da parte dei Paesi occidentali, la Banca centrale ha limitato il prelievo di contanti dai conti in valuta estera a 10.000 dollari e ha introdotto una commissione elevata per l'acquisto di valuta estera in borsa.

Mi sbaglierò, ma ho l'impressione che il dollaro e l'euro siano due valute destinate a frantumarsi molto presto.

p.s. Nel sito della Banca d'Italia è scritto: "Le riserve auree italiane ammontano a 2.452 tonnellate, delle quali 4,1 tonnellate sotto forma di moneta e le rimanenti sotto forma di lingotti".

Tuttavia la tabella dice un'altra cosa:

| Depositario | Tonnellate | % |
|---|---|---|
| Regno Unito | 141,2 | 5,76 |
| Svizzera | 149,3 | 6,09 |
| Stati Uniti | 1.061,5 | 43,29 |
| Italia | 1.100 | 44,86 |
| Totale | 2.452 | 100 |

Probabilmente la metà del nostro oro, essendo depositata negli USA, non la rivedremo più.

[9]

### I Biden sono pericolosi

Jack Maxey aveva consegnato al "Washington Post", al "New York Times" e al senatore Chuck Grassley (attivo nella commissione giudiziaria del Senato) una copia del disco rigido del laptop di Hunter, il figlio di Biden, nella primavera del 2021. Ma nessuno ne ha fatto niente. Solo DailyMail.com ha già pubblicato dozzine di storie che denunciano l'uso di droghe, l'ossessione sessuale e i discutibili rapporti d'affari di Hunter.

Ora Maxey si è nascosto in Svizzera, a Zurigo, lavorando con esperti per estrarre quanti più dati possibili. Teme ritorsioni dalla Casa Bianca: dopo gli articoli editi da DailyMail.com è già stato minacciato. Il materiale cancellato in precedenza è di circa 450 giga, tra cui 80.000 immagini e video e circa 103.000 messaggi di testo e 154.000 e-mail, riguardanti un periodo che va dal 2009 al 2019 (solo nella rubrica ci sono 8.942 voci!).

Ha intenzione di pubblicare tutto online in un database nelle prossime settimane. È convinto che vi siano prove sufficienti per denunciare Hunter di traffico di droga, prostituzione e pedopornografia. Ma dalle mail si possono ricavare anche altre accuse: frode fiscale, riciclaggio di denaro sporco e lobby straniera illegale. Joe e Hunter Biden condividevano conti bancari e si pagavano a vicenda.

Vi sono anche una serie di e-mail e documenti che mostrano i rapporti di Hunter con Burisma, una società di gas ucraina, diventata il centro del primo *impeachment* di Trump nel dicembre 2019, la cui accusa era quella d'aver spinto il presidente ucraino Zelensky a rivelare le indagini sui Biden e Burisma per presunta corruzione.

Nelle e-mail risultano anche evidenti riferimenti al coinvolgimento di Joe Biden in un accordo multimilionario col gigante petrolifero cinese CEFC, strettamente legato al governo in carica. Sarebbe coinvolto anche il fratello di Joe, Jim Biden.

A quel tempo l'FBI sapeva bene come stavano le cose, ma non fece nulla. Si voleva Joe Biden alla presidenza degli USA. Sicché Jen Psaki, portavoce della Casa Bianca, definì il laptop di Hunter una "disinformazione russa", e come lei molti esponenti di prestigio della CIA.

Come noto Hunter aveva portato il suo laptop in un negozio di computer del Delaware nel 2019 per farlo riparare, ma il proprietario, John Mac Isaac, resosi conto del suo contenuto, ne aveva dato una copia all'avvocato di Trump, Rudy Giuliani, che l'aveva passata a Maxey.

Da queste cose naturalmente i nostri media se ne stanno ben lontani.

Fonti: zerohedge.com - dailymail.co.uk


**Svezia e Finlandia nella NATO?**

La Finlandia e la Svezia sono pronte ad aderire alla NATO. Questa l'ennesima provocazione da parte del soldatino Stoltenberg, che non vede l'ora di allargare a tutta Europa il conflitto in Ucraina.

Entrambi i Paesi infatti stanno già inviando armi a Kiev, partecipano alle esercitazioni NATO e il governo finlandese ha pure sequestrato arbitrariamente le opere d'arte appartenenti ai musei russi in esposizione in Italia e Giappone.

E pensare che fino a poco tempo fa il premier finlandese Sauli Niinistö aveva detto che entrare nella NATO sarebbe una garanzia di sicurezza sufficiente, ma non di una garanzia totale, in quanto la Russia potrebbe reagire con violazioni territoriali e azioni militari.

Il ragionamento stolto del suddetto soldatino, che si crede un generale, è molto semplice: ti do fastidio il più possibile e quando tu reagisci militarmente a questo atteggiamento, dimostro che sei pericoloso, e che quindi è necessario essere ancora più forti, in armi e alleanze. Ecco perché vuole "una presenza militare permanente ai confini della Russia, capace di affrontare un esercito invasore". Ecco perché ha voluto rafforzare il contingente di truppe nei Paesi baltici e ha creato quattro nuovi gruppi tattici nei Paesi confinanti con l'Ucraina.

Lui dà per scontato che la Russia sia una minaccia anche per i due Paesi scandinavi e che se l'Ucraina perde il conflitto, Putin non si accontenterà di smembrare il Paese.

E quelli, ingenuamente, ci sono cascati, rifiutandosi di credere che è proprio la loro neutralità a impedire alla Russia di reagire militarmente.

Stoltenberg naturalmente sostiene che il non allineamento non ha protetto la Georgia, l'Ucraina o la Moldavia, però evita di aggiungere che in questi Paesi i russofoni o i filorussi erano duramente perseguitati: cosa che certamente non avviene nei due Paesi scandinavi.

Il suo sofisma è il seguente: la Russia considera la NATO come una minaccia alla propria sicurezza o come un ostacolo alla realizzazione dei propri piani espansivi? Buona la seconda! Con la Russia si può andare d'accordo solo con un accordo in stile armeno o bielorusso, cioè adattandosi alla sua egemonia. Come se la Russia sia fomentatrice di discordie! Quando invece interviene solo per placarle e per giunta con una certa lentezza!

Insomma il soldatino vede la realtà come nelle favole più classiche: l'orso è cattivo dalla nascita e non potrà mai cambiare atteggiamento; di conseguenza la NATO è buona per definizione.

Da notare che dal 1999 ad oggi i km di confine in comune tra Russia e NATO sono triplicati. Un'annessione della Finlandia alla NATO raddoppierebbe ulteriormente la lunghezza di questa frontiera comune. Insomma non proprio quel ritorno della NATO alle sue dimensioni nel 1997, che Mosca aveva posto tra le condizioni per non invadere l'Ucraina.

### Opera d'arte russe sequestrate in Finlandia

Agli inizi di aprile le dogane finlandesi han sequestrato alla frontiera tre veicoli diretti in Russia, che trasportavano oltre 200 opere d'arte provenienti dai più importanti musei del Paese (Hermitage di San Pietroburgo, Galleria Tretyakov e Museo delle Belle Arti Pushkin di Mosca). Le opere erano state esposte in Italia (Milano e Udine) e in Giappone, sotto garanzie ufficiali dei Paesi ospitanti. Il prezioso carico – fermo al porto di Helsinki – ha un valore stimato in 42 milioni di euro.

Questo è un furto bello e buono, come il blocco dei conti correnti russi all'estero. Qui si violano i princìpi elementari del diritto internazionale. Stanno mettendo in imbarazzo persino i musei che le hanno esposte.

La Finlandia si sta comportando in maniera criminale, e non può accampare giustificazioni dicendo che le sanzioni UE contro Mosca includono anche il divieto di trasporto di opere d'arte e ne autorizzano la confisca. Fanno valere il divieto in maniera pregressa.

Ora però la situazione si è risolta. La restituzione delle opere è stata resa possibile dall'eccezione del regolamento UE sulle sanzioni alla Russia, che riguarda le opere d'arte che appartengono a istituzioni pubbliche. C'è voluta la pubblicazione sulla Gazzetta ufficiale europea di un provvedimento ad hoc.

Intanto alcune opere d'arte di proprietà privata (oligarchi) restano bloccate in Francia.

### Cosa c'è nel bunker di Azovstal a Mariupol?

Ufficiali della NATO provenienti da Francia, Germania e Gran Bretagna (stranamente anche dalla neutrale Svezia) sono rimasti bloccati ad Azovstal a Mariupol.

Che ci facevano lì, così vicini alla prima linea? Chiedono alle truppe russe un aiuto per andarsene. Pare che si aspettino a giorni il crollo definitivo di tutta Mariupol. E probabilmente temono che i russi facciano scoperte imbarazzanti per il governo di Kiev e per i mercenari stranieri che si sono stabiliti lì. Forse per questo Macron aveva chiesto insistentemente a Putin che fosse il suo Paese a guidare il corridoio umanitario da Azovstal.

Per quale motivo Akhmetov, l'oligarca proprietario di Azovstal, che all'inizio della guerra nel 2014 appoggiava i filorussi, poi è passato ad appoggiare il governo?

Si ritiene che un grande laboratorio sia stato conservato nella prigione di Azovstal, in cui sono stati condotti esperimenti su persone.

E comunque i sotterranei di Azovstal sono un bunker immenso. Non sarà facile snidare gli ultimi nazisti rimasti.

**Neonazisti senza princìpi**

Combattere casa per casa a Mariupol è incredibilmente difficile, poiché ogni casa è una fortezza e ogni strada presa viene pagata con molto sangue.

La guerra è contro un nemico senza princìpi, che si nasconde dietro la popolazione civile come uno scudo umano. I punti di fuoco vengono messi in ospedali, scuole, edifici residenziali. E i civili non possono uscire da questi edifici. Spesso, prima che i mortai dei nazionalisti di Azov lavorino sulle postazioni russe, le persone vengono messe davanti all'edificio, proprio per mostrare che ci sono civili pacifici. In tali situazioni è impossibile rispondere al fuoco. Bisogna per forza procedere a un combattimento ravvicinato, rischiando la pelle e senza usare armi pesanti.

Ora i nazionalisti sono inchiodati nell'area dello stabilimento Azovstal, e la manovra dei loro punti di tiro è molto limitata, però la tattica di utilizzare i civili come scudi umani è presente in tutta l'area da loro occupata. Pur di tenerli prigionieri sono disposti a compiere qualunque atrocità.

Si è scoperto che i nazisti usano varie droghe per vincere la paura ed eliminare la pietà. L'ha detto il ministro dell'Informazione della Repubblica cecena Akhmed Dudayev.

I nazionalisti nel porto stanno distruggendo infrastrutture e navi straniere in sosta nelle vicinanze: p.es. la nave turca "Azburg" ha preso fuoco e a bordo vi erano 12 ucraini. Naturalmente si addebita ciò agli attacchi di artiglieria da parte delle truppe russe.

Allo stesso tempo Kiev ignora le richieste di evacuazione di sei navi straniere bloccate dai nazionalisti nelle acque minate del porto di Mariupol.

Kiev ha distrutto ogni fonte d'informazione alternativa. Minacce, violenza fisica e persino omicidi: tutti i metodi sono stati usati contro i giornalisti che non erano d'accordo con il sistema. Ma i neonazisti della città sono completamente isolati.

### Rappresaglie contro i civili

Il consigliere di Zelensky, Anton Gerashchenko, ha chiesto rappresaglie contro i civili che hanno collaborato con l'esercito russo nella regione di Kiev, anche coloro che hanno semplicemente preso aiuti umanitari per non morire di fame. Ha detto che il ritiro delle truppe russe è interamente merito degli eroi dell'esercito ucraino. Ma in realtà non c'è stata alcuna battaglia.

Lo stesso dovere di punire riguarda altre regioni dove i militari russi sono partiti o lo stanno per fare.

Questo fa capire in quale considerazione il governo filonazista di Kiev tenga la propria popolazione. D'altra parte ha già interrotto lo scambio di prigionieri di guerra alle condizioni precedentemente concordate.

### La Russia è disumana?

Da ieri la Russia è fuori dal Consiglio per i diritti umani delle Nazioni Unite. Alla presidenza di tale organismo c'era l'Arabia Saudita, un Paese che di diritti umani se ne intende. Infatti la coalizione che guida contro lo Yemen ha causato una delle peggiori crisi umanitarie del secolo: dopo 7 anni di guerra, quasi 400.000

yemeniti sono morti, 23 milioni affrontano la fame e circa 4 milioni sono profughi.

Risultati delle votazioni: Pro: 93, Contro: 24, Astenuti: 58. Una maggioranza risicata.

Va notato che l'organo è giovane e inefficace. Solo quattro anni fa anche gli Stati Uniti si sono ritirati da lì. Lo stesso team di Trump aveva accusato questo organismo di ciò di cui ora viene accusato dai russi: di politicizzare il suo lavoro.

Alla Russia è parso strano il voto favorevole della Serbia, sua alleata. Il motivo sta nel fatto che questo Paese è un candidato ufficiale all'adesione alla UE, per cui non vuole compiere passi falsi, compromettendo tale obiettivo. Il premier Vučić ha detto che la Serbia avrebbe voluto astenersi, ma sta cercando di evitare sanzioni o restrizioni economiche. E non è detto che altri Stati non abbiano votato contro la Russia temendo delle restrizioni di qualsivoglia genere (si pensi p.es. a Ungheria, Honduras ecc.).

Difficile quindi riferirsi ai risultati delle votazioni in questa struttura come se fossero un indicatore della libera opinione della comunità mondiale. Anche perché solo 93 Stati membri su 193 hanno votato a favore di questa risoluzione (i presenti erano 175).

## La tragedia di Kramatorsk

Sono più di 50, e tra loro vari bambini, le vittime del missile Tochka-U sulla stazione ferroviaria di Kramatorsk (una delle roccaforti "separatiste" nella primavera del 2014). Circa 100 sono rimasti feriti.

I nazisti ucraini sanno che la gente vuole andarsene da Kramatorsk, Konstantinovka, Slavyansk...

Sul motore del missile appare una scritta in russo che suona come "a causa dei bambini".

Il suo obiettivo è interrompere la partenza dei residenti dalla città perché se vanno via non possono essere usati come "scudi umani" per difendere le posizioni delle forze armate ucraine, come in molti altri insediamenti dell'Ucraina. Altro obiettivo è quello di rendere impossibile i negoziati.

Negli ultimi giorni i residenti della città stavano cercando di evacuare in treno in direzione di Krivoy Rog, Dnepropetrovsk,

Odessa...

Dal punto di vista della strategia militare la stazione stessa non interessa ai russi, poiché qui non vi sono treni merci con cui vengono trasferite le munizioni, o treni con equipaggiamento militare. Distruggere un oggetto civile non fa ottenere alcun vantaggio tattico. In ogni caso le forze armate russe non avevano missioni di fuoco nella città di Kramatorsk e non erano neppure pianificate.

Il missile Tochka-U è un'arma di produzione russa, ma non più in uso dal 2019 nell'esercito russo, mentre è rimasta in dotazione dell'esercito ucraino. Proviene dall'area dell'insediamento ucraino di Dobropolye, 45 km a sud-ovest della città. È stato stabilito che il numero di serie indicato appartiene alla 19a brigata missilistica delle forze armate ucraine, la stessa che ha già bombardato il 14 marzo con un missile analogo il centro di Donetsk, uccidendo 17 persone e ferendone altre 36. E Kiev ha utilizzato attivamente questo tipo di armi sin dall'inizio del conflitto.

Nel tentativo di provocare una pressione occidentale senza precedenti e fermare l'offensiva delle truppe russe nel Donbass, Kiev ha completamente perso i suoi freni morali. Prima che il fumo si calmasse dopo l'attacco a Kramatorsk, il governo si è affrettato ad affermare che la Russia aveva attaccato la stazione ferroviaria della città con due missili Iskander che trasportavano munizioni a grappolo.

Come parlano, mentono. Solo che in occidente siamo arrivati al punto che qualunque strage l'attribuiscono ai russi, che se non si sbrigano a vincere, chissà quanti altri ucraini verranno ammazzati dai nazisti disperati.

p.s. Quando la von der Leyen è andata a Bucha insieme a Zelensky sapeva che i russi non c'entravano niente con quel massacro di civili? Oppure Zelensky è riuscito a ingannare anche lei? Magari ottenendo in cambio un ingresso privilegiato nella UE? Ci rendiamo conto che facendo entrare l'Ucraina così in fretta nella UE, noi stiamo sdoganando il neonazismo? La von der Leyen è consapevole di questo, oppure ritiene che di fronte a tutti quei morti non c'è neonazismo che tenga e che non si può rifiutare una richiesta del genere?

[10]

## Meglio i nostri generali dei politici

"L'Italia non ha mai dato le armi a nessuno. Non le ha date alla Somalia che aveva a che fare con una variante dell'Isis. Ancora oggi abbiamo un piccolo contingente a Mogadiscio che fa addestramento. Gli abbiamo dato uniformi, camion. Ma io ero lì e ci chiedevano armi, ma non gliele abbiamo date, perché non usiamo alimentare i conflitti, ed è lo stesso criterio che abbiamo usato in altre situazioni in cui c'era un popolo aggredito".

Così ha detto sul "Fatto Quotidiano" il generale Marco Bertolini (ex comandante del Comando Operativo di Vertice Interforze) con sano buon senso.

D'altra parte sempre sue sono le parole (riportate su liberoquotidiano.it): "La Russia è vittima, come noi, della voglia di stravincere americana. Gli Stati Uniti non si sono limitati a vincere la Guerra Fredda ma hanno anche voluto anche umiliare la Russia, prendendole tutto quello che in un certo senso rientrava nella sua area di influenza. Ha sopportato coi Paesi Baltici, la Polonia, la Romania e la Bulgaria: di fronte all'Ucraina, che gli avrebbe tolto ogni possibilità di accedere al Mar Nero, ha reagito".

## Perverso Draghi

L'idea di congelare gran parte dei 643 miliardi di dollari di riserve in valuta estera della Banca centrale russa fu proposta da Draghi e Yellen.

Yellen, che presiedeva la Federal Reserve statunitense, e Draghi, ex capo della Banca centrale europea, sono veterani di una serie di crisi drammatiche, dal crollo finanziario del 2008-2009 alla crisi dell'euro.

Loro due hanno dichiarato guerra finanziaria alla Russia. In Europa è stato Draghi a sostenere l'idea che le scorte di riserve della Russia potevano essere utilizzate per attutire il colpo di altre sanzioni. È stata una mossa improvvisa, che i russi non si aspettavano. Così dice il "Financial Times" (ft.com).

Il problema è che per colpa delle sue sanzioni sarà proprio l'Italia a finire in recessione: il 70% delle nostre aziende usa energia e gas per produrre. Anche come economista Draghi non vale nulla. Chissà cosa combinerà se andrà al posto del guerrafondaio Stoltenberg alla guida della NATO.

Possibile che non si riesca a capire che le sanzioni finanziarie costituiscono un furto in piena regola? L'ha detto anche Wang Wenbin, portavoce del ministero degli Esteri Cinese: "Le sanzioni statunitensi non prendono di mira solo la Russia. 20 anni dopo l'inizio della guerra in Afghanistan, gli Stati Uniti sequestrano ancora miliardi di dollari di proprietà del popolo afghano impoverito, che è denaro salvavita. C'è qualche differenza tra il comportamento degli Stati Uniti e l'omicidio di massa?".

Questo poi senza considerare che proprio grazie alle sanzioni della NATO, tutti i Paesi dichiaratisi neutrali o persino contrari, stanno comprando gas dalla Russia a prezzi stracciati. Già eravamo poco competitivi prima dell'escalation del conflitto ucraino: ora rischiamo veramente che l'Asia intera si avvii verso un futuro di supremazia economica.

### Il Giappone torna militarista?

"Il Giappone, dopo aver rimosso i neonazisti Azov dalla lista dei terroristi, ha intrapreso la strada della riabilitazione del nazismo. È un peccato che un Paese con una cultura così antica e una grande storia non abbia potuto resistere alla palese manipolazione da parte degli Stati Uniti e delle sue colonie europee", ha scritto nel suo canale Telegram il senatore russo Andrey Klishas.

In questo Paese il nazionalismo è sempre servito per giustificare il proprio imperialismo. A questi livelli il nazionalismo è una forma di fascismo. Questo fascismo, durante la II guerra mondiale, trovò un alleato naturale nel nazismo tedesco. Oggi lo trova nella falsa democrazia americana, cui chiede di poter disporre dell'arma nucleare, promettendo ovviamente che la userà solo contro i suoi nemici storici: Russia e Cina (e magari anche contro la Corea del Nord, che da tempo sta testando i propri missili intorno alle acque del Giappone).

Secondo l'ex premier Shinzo Abe se l'Ucraina avesse conservato le proprie armi nucleari al momento in cui l'URSS si disintegrò, Putin non avrebbe deciso di attaccarla. Non capisce che se un Paese non dispone di armi nucleari, è difficile che possa incontrare un altro Paese che le voglia usare per distruggerlo. L'aggressore si esporrebbe a una riprovazione internazionale e nessuno potrebbe più fidarsi di lui. La pace viene garantita meglio dal disarmo o comunque da una dotazione militare sufficiente alla difesa, non all'attacco.

## Saviano va fuori bersaglio

Uno come Roberto Saviano dovrebbe limitarsi a parlare di ciò che conosce meglio. E soprattutto dovrebbe evitare di applicare le stesse categorie con cui interpreta il fenomeno della criminalità organizzata all'attuale conflitto ucraino, che implica categorie che vanno oltre le questioni etiche o economiche.

Questo è uno scontro di civiltà, quella russa contro quella globalista del mondo occidentale. In sé l'Ucraina non c'entra nulla. Avrebbe potuto essere la Bielorussia o la Georgia o il Kazakistan. La Russia non sopporta più d'essere circondata da basi NATO, né di essere tenuta sotto continua pressione militare dagli USA, che non vedono l'ora di occuparla insieme ai partner europei.

È assurdo pensare che Putin abbia deciso d'intervenire militarmente perché, essendo legato alla mafia russa, voleva permettere a questa di sfruttare le risorse del Donbass. Come avrebbe fatto a non prevedere che le sanzioni contro la Russia sarebbero state pesantissime, di molto superiori come entità al guadagno ottenuto? Persino il saputello Mentana si è chiesto che senso abbia un intervento militare del genere, di così grandi proporzioni e devastazioni, per tenersi il Donbass che in sostanza la Russia aveva già.

Ponendo le cose in questi termini, si finisce col credere che il golpe del 2014 sia stato fatto per rompere il rapporto con la mafia russa. Il che è ridicolo. Saviano vede mafiosi in tutto il mondo.

In realtà l'Ucraina era diventata un gigantesco lager neonazista in cui si viveva come nel "Truman show". I detenuti erano (e in parte lo sono ancora oggi) gli stessi cittadini ucraini, cui in 8 anni è stato fatto il lavaggio del cervello, in quanto per loro è diventato del tutto normale odiare chi parla russo o chi manifesta idee filorusse o chi si dichiara politicamente comunista. La stessa cosa facevano i nazisti nei confronti degli ebrei, degli slavi, dei neri, dei rom e dei comunisti in generale.

Quella è una nazione che va assolutamente divisa, altrimenti la guerra civile continuerà per chissà quanto tempo. Doveva essere sanzionato il governo di Kiev non quello di Mosca, che si è posto il compito di denazificare il Paese. Il cittadino ucraino che non vede il nazismo nel proprio Paese, è perché nella sostanza nutre le stesse idee.

Il "Grande Reset", di cui tanto si parla, si era già realizzato in Ucraina. Cittadini mentalmente lobotomizzati accettavano di odiare il "diverso" sin dall'istruzione scolastica, attraverso manuali tendenziosi e campi di addestramento paramilitare. E i vertici governativi permettevano a scienziati ideologizzati di creare armi di sterminio di massa nei laboratori biologici. Una gerarchia politica, amministrativa e militare ultracorrotta dal denaro americano provvedeva a sfruttare tutte le risorse ingenti del Paese, lasciando alla fame la metà della popolazione e costringendo le donne a emigrare in Europa per poter far sopravvivere la famiglia.

Noi facciamo entrare in Europa un Paese che ci darà enormi problemi, in quanto funzionerà da catalizzatore per tutti gli elementi più fanatici, estremisti e fascisti che già abbiamo. E non si farà neppure differenza tra fondamentalismo religioso e nazionalismo laico. Il criterio infatti sarà quello di lasciarsi addestrare e finanziare per compiere, su richiesta, qualunque tipo di efferatezza che determinate situazioni richiederanno. Si creeranno formazioni militari irregolari che potranno essere utilizzate per reprimere tutte le forme di dissenso ai diktat dei regimi dominanti, col vantaggio che queste formazioni mercenarie, provenienti da vari Paesi, non avranno scrupoli a utilizzare qualunque mezzo e metodo.

### "La Stampa" dei tempi migliori

Un art. potente, incredibilmente lungimirante, di Maria Grazia Bruzzone del 30-XI-2014 apparso su "La Stampa" (che non era quella schifezza gestita oggi dal dir Massimo Giannini) metteva il dito nella piaga circa il neonazismo ucraino.

Esordisce dicendo che all'ONU era stata approvata una mozione russa che condannava i tentativi (sparsi in varie parti del mondo) di glorificazione dell'ideologia nazista e la conseguente negazione dei crimini di guerra nazisti, compreso l'Olocausto. Chiedeva anche di applicare la Convenzione Internazionale sull'eliminazione di ogni forma di Discriminazione Razziale adottata in sede ONU nel 1969 ma mai davvero messa in pratica.

E si lamentava dell'indifferenza dei media italiani nel recepire informazioni del genere, ivi incluse le atrocità che si erano iniziate a compiere nel Donbass.

E si meravigliava che nella votazione sulla mozione i voti favorevoli fossero stati solo 115, 3 i contrari e ben 55 gli astenuti. A votare contro erano stati (guarda caso) USA, Canada e Ucraina. E purtroppo ad astenersi erano stati i Paesi dell'Unione Europea, più vari Stati nordafricani.

Come mai un esito così imprevedibile? Il motivo secondo lei era molto semplice: si voleva contrastare l'avversario (la Russia) e sostenere l'alleato (l'Ucraina di Poroshenko e Pravy Sektor), che aveva subito iniziato la guerra civile nel Donbass e abolito il russo come seconda lingua.

In pratica, se l'integralismo islamico-sunnita dell'Isis poteva essere nominato come il nuovo "male assoluto" (ma lo stesso si sarebbe potuto dire di Noriega, Saddam Hussein, Milosevich Gheddafi...), viceversa i nazifascisti in qualsiasi Paese alleato dell'occidente potevano essere sdoganati. E ora l'ultimo mostro era diventato Putin, che aveva accettato l'esito del referendum in Crimea per prendersi questa porzione di territorio.

Il problema però era che in Ucraina i neonazisti non venivano solo tollerati ma anche, a partire dal golpe del 2014, utilizzati, finanziati, premiati con cariche parlamentari e ministeriali (senza considerare che non hanno mai dismesso le armi, come invece richiede la Convenzione di Ginevra). E qui l'autrice fa un puntuale elenco di nomi.

Ma l'art. è piuttosto lungo: va letto integralmente.

Fonte: lastampa.it


**Zelensky accompagnato da due nazisti**

Nel suo recente intervento al parlamento greco Zelensky si è fatto accompagnare da due neonazisti ucraini del Battaglione Azov: non era mai successo prima.

L'appello a inviare armi e confermare le sanzioni alla Russia s'incentrava sulla forte presenza storica di circa 170.000 greci in Ucraina, soprattutto a Mariupol, ma anche a Odessa, dove il premier teme l'accerchiamento russo come nell'altro porto.

Un vero ipocrita, non solo per la suddetta strumentalizzazione delle origini etniche di molti abitanti di una città sotto assedio, ma anche perché il governo ucraino, fortemente nazionalista e razzista, non solo è anti-russo, ma anche contrario a rispettare tutte le minoranze, inclusa quella greca.

Peraltro i due neonazisti, uno con il viso coperto da passamontagna, non hanno pronunciato neanche una parola in greco, neanche nel dialetto "pontico" (del Mar Nero) e si sono limitati a descrivere, in ucraino, la loro "tenace battaglia" contro l'invasore. Si sono solo vantati di aver avuto dei nonni che combattevano contro i nazisti. Come se i russi chissà contro chi avrebbero combattuto!

L'indegno spettacolo ha sollevato un'ondata di proteste, prima in parlamento poi nell'opinione pubblica. I deputati comunisti del Kke erano assenti, mentre quelli di Syriza in parte hanno abbandonato l'aula e chi è rimasto ha fatto sentire la sua voce. Durissime le proteste anche dentro il partito di governo Nuova Democrazia. Il presidente del parlamento ha dichiarato che non sapeva si trattassero di due nazisti.

Devo ammettere che la Grecia non la capisco più. Se c'è sempre stato un alleato storico che l'ha aiutata a rendersi indipendente dall'impero ottomano è proprio la Russia, con cui peraltro condivide anche la religione. Evidentemente le clausole di salvataggio che hanno imposto a questo Paese, in crisi dal 2009, pesano ancora come un macigno.

### Sto con Ainis, come sempre

Secondo il docente di diritto costituzionale, Michele Ainis, l'invio di armi all'Ucraina viola l'art. 11 della Costituzione, in quanto l'unica guerra ammissibile è quella difensiva della nostra integrità territoriale. Questo anche se l'Italia ha già combattuto molte guerre al di fuori dei propri confini: Libano, Iraq, Somalia, Bosnia, Afghanistan, Libia, Kosovo…

Poi ha spiegato che l'art. 5 dello Statuto della NATO è incompatibile col suddetto art. 11 della Costituzione, poiché ci "costringe" a entrare in guerra anche se non volessimo.

Purtroppo siamo vittime di strane definizioni linguistiche come "missione di pace", "intervento umanitario"... Ma non ha senso che tutte le volte che uno Stato aggredisce un altro, noi si debba intervenire militarmente.

Anche dare aiuti militari in armi è pericoloso, perché può far aumentare le tensioni invece che risolverle.

Si è giustamente dichiarato contrario a qualunque forma di censura, poiché non ha senso contestare questo limite al nemico e poi riprodurlo uguale. Inoltre uno ha sempre il diritto di dissentire dalla narrativa dominante. Non è possibile che in nome dell'emergenza s'impedisca la libertà di parola e di pensiero.

Fonte: "Il Fatto Quotidiano" del 6 aprile.

### Amenità

Scommettiamo che se in un mondo multipolare il dollaro si deprezza, gli USA si terranno nei loro forzieri i lingotti di stato che gli abbiamo dato in custodia? Ed è la metà di tutto l'oro che abbiamo! Dopo voglio vedere chi avrà il coraggio di dirgli che stanno compiendo un furto, visto che quanto stanno facendo ai russi lo consideriamo legittimo.

Alla fine della guerra si conteranno i civili ucraini morti. Mettiamo che siano 10.000. Quanti ne avranno ammazzati i nazisti, direttamente o indirettamente? Il totale sarà sempre 10.000. Perché? Perché neanche una volta avranno accettato di combattere senza mettere le loro armi nei pressi dei condomini urbani e neanche una volta si saranno rifiutati di usare i loro concittadini come scudi umani.

## [11]

### Quel neonazista di Parubij

Per convincersi che il parlamento e persino il governo

ucraino è pieno di neonazisti, prendiamo, a titolo esemplificativo, la biografia di un parlamentare di vecchia data e molto importante: Andrij Parubij.

Costui, richiamandosi al fascista ucraino Stepan Bandera, aveva fondato nel 1991, insieme a Oleh Tjahnybok, il Partito Nazional-Sociale dell'Ucraina (PNSU, poi chiamato Svoboda), formazione di estrema destra ultranazionalista e neo-nazista (e naturalmente antisemita), la cui dichiarata fonte ispirativa era il Partito Nazional-Socialista di Hitler: solo gli "etnicamente ucraini" potevano farvi parte.

Dei vari partiti nazionalisti ucraini il PNSU era il meno incline a nascondere la sua ideologia neofascista. Il suo simbolo ufficiale era il Wolfangel, usato dalla divisione tedesca SS Das Reich e da una serie di organizzazioni neofasciste europee dopo il 1945. La piattaforma politica del PNSU si è sempre contraddistinta per l'obiettivo dichiarato della presa del potere attraverso azioni violente e per incolpare la Russia di tutti i problemi che affliggevano l'Ucraina. Questo partito è stato anche il primo a coinvolgere nelle proprie attività i naziskin provenienti dagli ambienti calcistici ucraini.

Dal 1998 al 2004 Parubij fu anche a capo dei Patrioti d'Ucraina, organizzazione paramilitare del PNSU, con cui partecipò attivamente alla rivoluzione arancione del 2004, anno in cui abbandonò il partito e si avvicinò a movimenti di destra moderata come il Blocco Ucraina Nostra.

Ma lui non era affatto un "moderato"; anzi, proprio in quegli anni la sua formazione paramilitare si rese protagonista di pestaggi a Lvov durante le manifestazioni del Partito Comunista Ucraino (1998) e di commemorazioni inneggianti ai collaborazionisti nazisti dell'Organizzazione dei Nazionalisti Ucraini (OUN-UPA), un partito nato nel 1929, che negli anni '40 era guidato da Bandera, responsabile dell'uccisione di migliaia di russi, bielorussi e polacchi, come forma di pulizia etnica.

Nelle elezioni parlamentari del 2007 Parubij viene eletto al parlamento ucraino attraverso la coalizione Blocco Ucraina Nostra-Autodifesa Popolare, un partito di centro-destra, conservatore, democristiano, nazionalista, particolarmente radicato nell'Ucraina occidentale e settentrionale, quella più agricola, cattolica e ortodossa dissidente, e più filoeuropea.

Nel 2010 Parubij chiede al parlamento europeo di riconsiderare la sua reazione negativa alla decisione dell'ex presidente ucraino Victor Yushchenko di assegnare al leader dell'Organizzazione dei nazionalisti ucraini, Stepan Bandera, il titolo di "Eroe dell'Ucraina". Aveva accusato il parlamento d'essersi lasciato influenzare dalla potente lobby russa "Gazprom" e di non aver tenuto in considerazione alcuni fatti importanti, favorendo così il progressivo allontanamento del popolo ucraino dal processo d'integrazione nella UE (cosa che porterà poi l'Ucraina a rivolgersi agli USA): si riferiva al fatto che Bandera finì anche in un campo di concentramento tedesco durante la seconda guerra mondiale, e che i suoi fratelli furono uccisi dai nazisti, e che gli ucraini furono i primi a resistere all'occupazione tedesca nell'Ucraina transcarpatica, e che il processo di Norimberga non aveva nominato l'OUN-UPA come nazisti o collaboratori dei nazisti. Tutte giustificazioni che però non spostavano di un millimetro la natura fascista di Bandera.

Nel 2012 Parubij è stato rieletto al parlamento nella lista del partito Patria di Julija Tymošenko.

Nel 2013-14 è stato un importante leader para-militare delle proteste di Euromaidan che hanno portato alla deposizione di Viktor Janukovyč, svolgendo il ruolo di comandante delle "forze di autodifesa del Maidan". Appare al fianco di manifestanti violenti, soprattutto quelli di Pravji Sektor (Settore Destro), una delle organizzazioni paramilitari nazionaliste capeggiata dal pupillo di Parubiy ai tempi del partito neonazista "Patrioti Ucraini" (2005-14), Andriy Biletskiy.

Parubiy ebbe un ruolo decisivo su quanto è successo in occasione del golpe del 2014, visto ch'era in grado di riunire sotto la propria ala protettrice tutti i gruppi più nazisti d'Ucraina. Fu proprio lui ad accusare falsamente la Russia di Putin e lo stesso Janukovyč d'aver messo i cecchini a sparare sulle forze di polizia e sulla folla.

Parubiy sostenne anche l'operazione "antiterrorismo" (cioè il "genocidio") contro i separatisti filo-russi nell'Ucraina orientale. Nel 2014 si recò ad Odessa a regalare giubbotti antiproiettili ai "patrioti" ucraini, spiegando come comportarsi nell'organizzare il massacro del 2 Maggio 2014 nella sede sindacale (quella strage che per l'attuale Wikipedia è diventata un incendio casuale).

Sempre nel 2014 fondò il Partito Fronte Popolare, che ha al proprio interno un "consiglio militare" composto dai presidenti delle organizzazioni neonaziste paramilitari Azov e Aidar.

Si è dimesso da Segretario del Consiglio per la sicurezza e la difesa nazionale il 7 agosto 2014 senza dare spiegazioni, dopodiché è stato rieletto deputato col suo partito Fronte Popolare. Alla fine dello stesso anno è stato eletto vicepresidente del parlamento ucraino. Dopo le dimissioni di Volodymyr Groysman, nel 2016, è stato eletto presidente dello stesso parlamento. Nelle elezioni parlamentari ucraine del 2019 Parubiy è stato inserito nella lista dei partiti della Solidarietà Europea, ed è stato rieletto in parlamento.

Nel 2017 la Presidente della Camera Laura Boldrini lo accolse senza tanti problemi, firmando con lui un memorandum d'intesa.

Fonti: en.wikipedia.org/wiki/Andriy_Parubiy

## La UE abbastanza ipocrita

In una Risoluzione del Parlamento europeo del 25 febbraio 2010 sulla situazione in Ucraina si considerava il governo del filorusso Viktor Janukovyč del tutto democratico e quindi idoneo a entrare nella UE. Janukovyč fu premier per tre volte: dal 2002 al 2004, dal 2004 al 2005 e dal 2006 al 2007, e presidente nel periodo 2010-2014.

Il testo plaude alla "rivoluzione arancione" del 2004, che staccava sempre più il Paese dalle passate tradizioni sovietiche e lo apriva al libero mercato. Aveva però deplorato profondamente la decisione del presidente Viktor Juščenko (2005-10), di assegnare postumo a Stepan Bandera, leader dell'Organizzazione dei nazionalisti ucraini, che aveva collaborato con la Germania nazista, il titolo di "Eroe nazionale dell'Ucraina"; e auspicava che la nuova leadership ucraina riconsiderasse tale decisione e mantenesse il suo impegno nei confronti dei valori europei (cosa che Janukovyč fece).[6]

---

[6] L'esercito insurrezionale ucraino (UPA) di Bandera ha combattuto sia contro i tedeschi che contro i russi. Inizialmente si mise dalla parte dei nazisti contro i sovietici, ma poi si mise contro gli stessi nazisti perché voleva realizzare una na-

In particolare il testo fa appello a tutti i Paesi limitrofi a rispettare pienamente il sistema democratico dello Stato ucraino e ad astenersi da qualsiasi pressione o interferenza volta a ribaltare la volontà democratica e le decisioni prese dall'Ucraina in relazione al suo sviluppo politico, sociale ed economico. La critica era naturalmente rivolta alla Russia. E fu per questo motivo che si chiuse un occhio quando furono gli USA e entrare nel Paese per condizionarlo in maniera decisiva in funzione antirussa.

Fonte: europarl.europa.eu

## L'ultima grande battaglia

L'ultimo battaglia tra russi e neonazisti ucraini sarà la più difficile. Non solo per i numeri in campo: nel Donbass le forze armate ucraine hanno concentrato oltre 50.000 unità per un'operazione su vasta scala. L'affermazione di Zelensky secondo cui "le battaglie per il Donbass saranno di dimensioni paragonabili alla seconda guerra mondiale" è abbastanza probabile. Una volta tanto dice il vero.

L'Europa e gli Stati Uniti sono ben consapevoli dell'inutilità di questa battaglia per l'Ucraina, ma allo stesso tempo vogliono che tutti qui s'affoghino nel sangue, per cui non si fanno scrupoli a inviare quante più armi possibili.

L'occidente ha apertamente dichiarato il suo obiettivo: sostenere i neonazisti in funzione antirussa. La guerra all'ultimo ucraino è diventata la politica ufficiale della UE e della NATO.

Naturalmente i neonazisti ne faranno di tutti i colori. A Rubezhnoye han già fatto esplodere un serbatoio con acido nitrico. Sono rimaste più di 40.000 tonnellate di acido e ammoniaca: se fanno esplodere anche questo, si distruggerà tutta la vita entro un raggio di 30 km, mettendo in pericolo la vita di oltre 300.000 persone. I giorni scorsi avevano fatto saltare in aria un serbatoio con sostanze chimiche nello stabilimento di Zarya: il che ha formato

zione indipendente da tutti. Ma ha combattuto sempre anche contro i polacchi e contro gli ebrei, in quanto aveva l'obiettivo di purificare etnicamente l'Ucraina dell'Ovest e del Nord. Quindi il confine tra formazione ultranazionalista e la formazione apertamente nazifascista diventa insignificante. L'UPA è vista chiaramente come formazione nazifascista tra i russofoni dell'Ucraina dell'Est, proprio per la spiccata vocazione alla pulizia etnica.

una nuvola di sostanza velenosa, pericolosa per gli abitanti. E speriamo che non usino i laboratori biologici.

Sono arrivati persino, nello scambio dei rispettivi prigionieri militari, a evirare quelli russi e a tagliare anche le dita, conformemente a quanto aveva chiesto di fare in tv Gennady Druzenko, capo del primo ospedale mobile per volontari dell'Ucraina, che poi ha ritrattato, scoprendo, suo malgrado che anche i russi "non sono scarafaggi ma uomini". Troppo tardi però: nell'ospedale di Belgorod non sanno come fare.

Il bello è che in mezzo a tutto questo disastro, l'Ucraina ha ricevuto circa 100 milioni di euro da Gazprom per il transito continuo di gas verso la UE. Zelensky fa la sua guerra patriottica coi soldi della Russia e noi ci preoccupiamo di boicottare il gas russo perché non vogliamo che Putin finanzi la sua guerra coi nostri soldi.

### Rimosso il premier pakistano

Il primo ministro pakistano Imran Khan è stato rimosso dal potere. Era in visita a Mosca quando iniziò la cosiddetta "operazione speciale" in Ucraina.

Sotto di lui il Pakistan non ha aderito alle sanzioni contro la Russia. E gli americani gliel'han fatta pagare, servendosi di un certo Donald Lu, il massimo funzionario americano che si occupa dell'Asia meridionale per il Dipartimento di Stato.

Ufficialmente tra le ragioni della caduta un'inflazione a due cifre per tre anni di fila, l'enorme indebitamento pubblico e la spaccatura con i potenti generali, veri burattinai del potere da decenni.

Dalla sua nascita, 75 anni fa, fino ad oggi, nessun premier di questa nazione nucleare, seconda al mondo per popolazione musulmana, è stato in grado di arrivare a fine legislatura. Eppure, nessuno prima d'ora era stato mandato a casa con la sfiducia.

Era premier dal 2018. In questi ultimi anni aveva allontanato sempre più il Paese dall'occidente, spingendolo a una dipendenza economica e strategica sempre più forte dalla Cina e a legami più stretti con la Russia e con l'India.

Khan ha chiesto ai sostenitori di scendere in piazza con proteste di massa per rifiutare questo "governo d'importazione", in riferimento alle ingerenze americane. E così migliaia di persone in molte città l'han fatto. Il Pakistan è sempre stato uno stretto alleato degli USA. Che sia venuto il momento buono per una inversione di tendenza? Di certo se gli atlantisti perdono anche questo Paese, sarebbero tagliati fuori dall'intero continente asiatico dopo aver già perduto l'India.

Fonte: repubblica.it

### Perché i neonazisti a Mariupol resistono?

A Mariupol gli ultimi neonazisti non hanno alcuna possibilità di vincere, ma perché non si arrendono? Il raggruppamento era, inizialmente, di 10-14.000 unità, al massimo. Al momento ne sono rimasti circa 3.000. Eppure resistono.

Un prigioniero ucraino ha riferito che ci sono anche 2-300 mercenari e specialisti di alto rango. E questi sanno che non possono arrendersi. Ai mercenari infatti non si applica lo statuto di combattente. È dunque un belligerante cosiddetto "non privilegiato", in quanto, in caso di cattura, è alla mercé del nemico e non ha diritto al trattamento di prigioniero di guerra. La Convenzione Internazionale delle Nazioni Unite del 1989 vietò il reclutamento, l'utilizzo, il finanziamento e l'addestramento dei mercenari. L'Italia vi si adeguò con la legge n. 210/1995.

D'altra parte le truppe mercenarie possono non attenersi alle regole dello *ius in bello*, cioè a quelle regole convenzionali che rendono meno penose per i civili o per gli stessi prigionieri le operazioni belliche. Ma se i mercenari di Mariupol non si attengono a queste regole di umanità, sono in buona compagnia: non lo fanno neppure le truppe regolari ucraine.

E comunque il reclutamento degli stranieri viene fatto in Ucraina dagli istruttori americani. Se n'è accorto un giornalista francese che ha accompagnato i militanti volontari del proprio Paese a far la guerra.

### Ora anche l'OSCE dalla parte sbagliata

Nelle due repubbliche separatiste del Donbass (ma soprattutto a Donetsk) le attività della Missione speciale di monitoraggio dell'OSCE sono state dichiarate illegali e la permanenza dei suoi rappresentanti è stata definita indesiderabile.

Questo perché l'OSCE sta trasmettendo agli ucraini dati sull'ubicazione delle forze dei russi e filorussi, che favoriscono la correttezza dei tiri dei missili.

Non se ne può più: anche le organizzazioni pacifiste si schierano dalla parte sbagliata. Non vedono i massacri di civili che compiono i neonazisti. Non vedono che li usano come scudi umani e che utilizzano i mezzi e le strutture protette dalla Convenzione di Ginevra (come p.es. le ambulanze della Croce Rossa).

D'altra parte l'OSCE non ha mai fatto nulla per sostenere davvero gli accordi di Minsk. A questo punto vien da chiedersi: l'ONU serve davvero a qualcosa?

**[12]**

### Uno Stato due Nazioni

Col conflitto ucraino abbiamo capito una cosa: che in questo Paese c'era sì uno Stato, ma c'erano anche due Nazioni, molto diverse tra loro, che lo Stato neonazista non riusciva a tenere insieme pacificamente, rispettando le reciproche differenze.

Questo fatto incontrovertibile fa venire in mente cosa dicevano i polacchi quando si vollero liberare del regime comunista all'inizio degli anni '80. Lo Stato non rappresenta la Nazione, per questo va abbattuto.

Poi dal socialismo statale passarono al capitalismo privato e fu allora che pensarono di sentirsi più rappresentati. Non era una battaglia tra la religione cattolica e l'ideologia comunista, ma tra due modi diversi di concepire la vita economica.

Naturalmente i cattolici, seguaci di Wojtyla, erano convinti che con la loro religione il capitalismo privato sarebbe stato più "umano" di quello dell'Europa occidentale. Ma questo è un altro discorso. Di fatto passarono dalla padella alla brace, e ancora oggi si chiedono se tra un regime e l'altro non ci fosse una terza via diversa da quella illusoria della religione cattolica.

**Encomiabile prudenza dei nostri generali**

Dopo il generale Fabio Mini e il generale Marco Bertolini, anche il generale Giuseppe Morabito considera irresponsabile chi alimenta l'ipotesi di un contrattacco di Kiev, cioè che l'Ucraina possa vincere questa guerra.

"Gli ucraini non possono respingere i russi contrattaccando, nemmeno se li armiamo, e possiamo armarli solo con armi difensive". L'obiettivo di queste armi può essere al massimo quello di "resistere, consolidare le posizioni e possibilmente evitare di perderne di nuove". Non certo quello di vincere, anzi sarebbe meglio trattare il più presto possibile, se non si vogliono perdere ulteriori territori.

Insomma la domanda da farsi è molto semplice: Possiamo continuare a vivere in un mondo rovesciato, dove i generali invitano alla prudenza e mettono in guardia dal rischio di iniziative avventate, mentre giornalisti, influencer e illustri sconosciuti convertiti improvvisamente in esperti di geopolitica nei salotti dei talk show inneggiano all'invio di armi e all'escalation contro Mosca, arrivando a ipotizzare persino l'intervento diretto della NATO?

Fonte: ilsussidiario.net

## La NATO va ridimensionata o abolita?

Il generale Giuseppe Cucchi ha concesso un'intervista a "Il Riformista" degna di nota.

Alla domanda su come interpretare il fatto che secondo il segretario generale della NATO, Jens Stoltenberg, la guerra in Ucraina potrebbe durare ancora a lungo, mesi, se non anni, così ha risposto, senza peli sulla lingua: "Stoltenberg è un segretario della NATO debolissimo, che è stato messo lì unicamente perché era prono ai voleri americani. E infatti non solo l'hanno tenuto lì per un lungo periodo, ma gli han dato prima un rinnovo di due anni, poi hanno approfittato di questa occasione per dargli un ulteriore rinnovo di un anno. Quando parla Stoltenberg è l'America che sta parlando, non è la NATO in realtà".

Poi ha aggiunto: "la NATO ufficialmente è una struttura di parecchi Paesi che agiscono tutti a parità, in cui ognuno ha un diritto di veto. Ma tutto questo è solo sulla carta. Più o meno dall'anno 2000 in poi, la NATO è diventata una specie di stella che ha gli americani al centro, dove ci sono solo dei rapporti bilaterali, oltretutto con ognuno di noi in concorrenza con tutti gli altri, per affermare che il mio rapporto bilaterale con gli americani è più forte del tuo. Sono gli americani che decidono sostanzialmente tutto all'interno di questa struttura".

Io però gli avrei chiesto: "Lei pensa che per l'Europa sia davvero possibile dotarsi di una struttura militare indipendente dalla NATO? Cioè lei pensa che anche nel caso in cui la UE si metta d'accordo nel realizzare una struttura autonoma di questo tipo, gli USA glielo permetterebbe? Oppure alla fine saranno i cittadini europei a dover pagare per entrambe le strutture?".

Fonte: ilriformista.it

### Esame di coscienza

Non basta la pace se non risolvi il problema della giustizia, e non puoi risolvere questo problema senza la verità che fa luce sui fatti. Questa è una verità banale, che chiunque può arrivare ad ammettere.

Gli stessi ucraini che si sentono vittime di questa guerra dovrebbero chiedersi: "che cosa abbiamo fatto per impedire in 8 anni le discriminazioni che hanno patito i russofoni e i massacri che i filorussi del Donbass hanno dovuto subire da parte dei neonazisti?".

Cioè voglio dire, senza fare il moralista: non è possibile non assumersi dei concorsi di colpa in questa tragedia. Non è possibile che la popolazione ucraina si trinceri dietro il fatto che, siccome le nazioni europee non han fatto nulla per pretendere l'applicazione degli accordi di Minsk, allora l'indifferenza al problema da parte della popolazione era giustificata o comunque era inevitabile. Non è possibile sostenere che, siccome il popolo aveva a che fare con un governo di violenti neonazisti, qualunque opposizione era impossibile. I cittadini del Donbass si erano opposti al golpe del 2014, e tutti gli altri cittadini cos'han fatto per sostenerli? O forse hanno evitato di sostenerli perché appunto erano filorussi del Donbass?

## In nome dell'ideologia...

Siamo andati in Algeria (col bambino Di Maio e l'affarista Draghi) a supplicare che ci vendano più gas al posto di quello russo (al momento si aggira sul 31% del nostro fabbisogno, mentre ne riceviamo dai russi oltre il 40%), senza sapere che quello è un Paese filorusso, dotato di impianti russi e che ha rifiutato di aderire alle sanzioni. Si può essere più ridicoli?

Abbiamo fatto la stessa gaffe col Qatar, senza sapere che questo Paese non è in grado di rimpiazzare il gas russo col proprio gas liquefatto. Non solo, ma la maggior parte del gas liquefatto che il Qatar destina all'export è vincolata da contratti a lungo termine con acquirenti asiatici (principalmente); di conseguenza, solo il 10-15% del combustibile qatariota potrà essere inviato in Europa.

Insomma in nome dell'ideologia stiamo facendo cose senza alcun senso.

## Rapporti energetici tra Italia e Algeria

Trovato un art. significativo de "L'inkiesta" sui rapporti tra Mosca e Algeri.

La Russia è stato il primo Paese al mondo ad aver riconosciuto, nel 1962, il governo provvisorio della Repubblica algerina dopo la guerra d'indipendenza.

Tra il 1962 e il 1989 Mosca ha fornito 11 miliardi di dollari di equipaggiamento militare all'Algeria.

Nel 2001 l'Algeria è diventato il primo Paese arabo a firmare un accordo di partenariato strategico con la Russia.

Vladimir Putin, in visita ad Algeri nel 2006, ha annunciato la cancellazione del debito algerino verso Mosca (4,7 miliardi di dollari) e un contratto da 7,5 miliardi di dollari per la vendita di armi.

Nel settore delle armi l'Algeria si conferma uno dei primi tre clienti di Mosca insieme a Pechino e New Dehli. Fanno persino esercitazioni militari congiunte nell'Ossezia del Nord.

Negli anni '70 l'URSS ha contribuito alla costruzione di impianti metallurgici, centrali termiche, gasdotti e dighe.

Nel 2006 la compagnia russa Gazprom e la compagnia di

Stato algerina Sonatrach hanno firmato un protocollo d'intesa per la produzione del gas e l'ammodernamento degli impianti.

Nel 2014 i due Paesi hanno firmato un accordo di cooperazione nel settore dell'energia nucleare, aprendo la strada alla possibile costruzione di una centrale in Algeria.

L'Algeria è stato uno dei primissimi Paesi a usare e produrre il vaccino russo Sputnik e non ha votato a favore delle sanzioni economiche contro la Russia.

La suddetta Sonatrach ha detto che può sì venderci più gas, ma solo dopo aver soddisfatto la crescente domanda interna (oltre il 6% all'anno) e aver onorato gli attuali impegni contrattuali con altri Paesi.

Senza considerare che in soli tre anni la Sonatrach ha cambiato quattro presidenti e affrontato scandali di corruzione.

Inoltre il Paese deve affrontare continue manifestazioni di piazza del movimento Hirak.

Insomma l'articolista dice che nessun Paese, oggi, sembra capace di prendere il posto di Mosca come principale fornitore di gas per l'Europa. Il gas non è un rubinetto che si apre esi chiude. Non si può deviare la fornitura da un giorno all'altro o da un Paese all'altro. Certe operazioni richiedono soldi, tempo, spazio. Non solo per la produzione, ma anche per il trasporto del materiale.

Sicuri d'aver bussato al fornitore giusto?

Io avrei concluso dicendo che questo governo se ne deve andare il più presto possibile, perché ci sta portando alla catastrofe.

Fonte: linkiesta.it


### Che figura di emme


Persino il quotidiano turco "Aydınlık" è arrivato a dire che la situazione a Bucha è stata inscenata dall'occidente per aumentare la pressione su Mosca.

Vergognoso è stato l'atteggiamento del delegato inglese del Consiglio di sicurezza dell'ONU che non ha permesso alla Russia di dimostrare la propria innocenza.

Inoltre l'editorialista ha affermato che la data di ripresa delle immagini satellitari di Maxar Technologies è stata truccata, sulla base del fatto che il satellite Maxar in quel momento si trovava in un luogo completamente diverso e ha sorvolato la regione indicata il 28 febbraio e il 1 aprile. (Da notare invece che per Mentana quella era la prova "schiacciante"!)

Inoltre i dati meteorologici del programma SunCalc (l'angolo del Sole sopra l'orizzonte, le ombre, ecc.) confermano che l'immagine del satellite NYT è stata scattata alle 11:57 GMT del 1 aprile. Cioè 2 giorni dopo che i russi hanno lasciato la città!

- Sai Zelemsky cosa ti avrebbe detto Fede in un caso come questo: "Che figura di m…!".

Fonte: aydinlik.com.tr

### Puntuale la Veneziano

Il presidente Giuliano Amato ha dichiarato che l'invio di armi in Ucraina da parte del governo italiano è legittimo e conforme al dettato costituzionale, nonché alle norme dei trattati internazionali.

A tal proposito ha richiamato l'art. 5 del Patto Atlantico, che considera l'attacco armato a uno dei Paesi aderenti come attacco diretto contro tutte le parti, e l'art. 42 del Trattato sull'Unione Europea istitutivo della clausola di difesa reciproca tra i Paesi membri, e infine l'art. 51 dello Statuto delle Nazioni Unite, che sancisce il principio di legittima difesa in caso di attacco armato a un Paese facente parte dell'ONU.

Riferendosi alla nostra Costituzione, ha osservato che la disposizione dell'art. 11 va necessariamente letta insieme agli artt. 52 e 78, che evidentemente prevedono la possibilità dell'entrata in guerra dell'Italia.

Tuttavia l'Ucraina non fa parte né della NATO né della Unione Europea e dunque il richiamo all'art. 5 del Patto Atlantico e all'art. 42 del Trattato UE non appaiono conferenti.

L'art. 51 dello Statuto ONU permette a uno Stato vittima di un attacco armato di "reagire" con l'uso della forza in assenza di intervento del Consiglio di Sicurezza. Anche tale disposizione non pare invocabile nel caso di specie per giustificare l'invio di armi da parte del governo italiano, ma semmai solo dall'Ucraina quale diritto alla legittima difesa contro l'attacco russo.

Quanto agli artt. 52 e 78 della Costituzione, il primo indica il dovere sacro del cittadino di difendere la Patria, e appare finanche scontato sottolineare come si tratti di un dovere nei confronti della propria patria, e non certo di quella altrui.

L'art. 78, infine, conferisce alle Camere un potere di carattere emergenziale, di deliberazione dello stato di guerra, che si giustifica con la minaccia di un pericolo incombente alla nazione, attualmente non sussistente.

Ebbene, se così è, allora nessuna delle norme richiamate dal prof. Giuliano Amato può, nell'attuale situazione relativa al conflitto Russia-Ucraina, giustificare un intervento militare e armato dell'Italia, né consentire una lettura diversa dell'art. 11 della Costituzione, secondo cui l'Italia ripudia la guerra "come mezzo di risoluzione delle controversie internazionali".

Così parla l'avv. Antonietta Veneziano nel canale Avvocati Liberi di Telegram.

### Zelensky dovrà ringraziare Putin

Alla fine Zelensky dovrà essere grato ai russi se sarà riuscito a ridurre il peso dei neonazisti sulle forze armate e sullo stesso governo ucraino. Il problema resterà la corruzione, ma quella lui ce l'ha nel sangue. Neanche una bomba atomica riuscirebbe a toglierla, né a lui né allo staff del suo governo. Persino tra gli occidentali che lo sostengono, qualcuno comincia a stufarsi delle sue frasi offensive relative alla mancanza di coraggio nell'estendere il conflitto contro la Russia, e anche delle sue frasi pompose sul coraggio delle sue truppe (ne han di più i soldati russi a intraprendere delle battaglie casa per casa).

Piuttosto dica alle sue truppe di non ammazzare i prigionieri russi, di non torturarli, di non gambizzarli, di non evirarli, di non amputargli le mani, di non far esplodere depositi di materiali chimici, di non buttare missili sui civili, di non inscenare assurde rappresentazioni hollywoodiane, di non ammazzare i civili quando protestano per le case requisite o per il cibo rubato o per l'impossibilità di usare un corridoio umanitario, o quando si oppongono alla messa in posa delle mine intorno alle loro abitazioni, o quando semplicemente si dichiarano filorussi, e tante altre cose disonorevoli, indegne per qualunque esercito.

**Chi non rientra in patria finisce male**

Il parlamento ucraino ha deciso di obbligare i cittadini residenti all'estero, soggetti a mobilitazione (fissata dai 18 ai 60 anni all'inizio della guerra), a tornare nel Paese entro 15 giorni dall'introduzione della legge marziale.

Il mancato rispetto dell'obbligo comporterà il deferimento alla Corte marziale. Sono previsti fino a 10 anni di reclusione. Si segnala che validi motivi di mancato ritorno possono essere il divieto di lasciare il Paese ospitante, un viaggio di lavoro, cure ospedaliere o calamità naturali.

Se non è nazismo questo, che cos'è? Chi può decidere che tutti i cittadini maschi debbano per forza partecipare a una guerra? debbano obbedire a un governo neonazista? debbano condividere la sua linea politica o ideologia? debbano sottostare a chissà quali forme di ricatto se disubbidiscono?

E se questi cittadini tornassero per rovesciare il loro stesso governo, non farebbero meglio?

E in ogni caso queste direttive valgono anche per i neonazisti e per i politici, i funzionari, gli amministratori che sono già fuggiti all'estero o solo per la gente comune?

**La guerra fantasma**

A Senigallia (provincia di Ancona), si doveva svolgere la presentazione del libro di Sara Reginella *Donbass, la guerra fantasma*. All'arrivo dell'autrice la sala era occupata da numerosi ucraini di orientamento chiaramente nazionalista, intenzionati a impedirle di parlare. Tra minacce e insulti la situazione è stata poi sedata dall'intervento delle forze dell'ordine.

Ecco a cosa sta portando il continuo sdoganamento degli estremisti di destra.

**Speculazione alle stelle sul gas russo**

Ieri sera su Rai 3 a "Report" è andata in onda una puntata sul gas russo e sull'aumento pazzesco del suo prezzo, tutto dovuto alla speculazione finanziaria, senza alcuna responsabilità della Russia, come invece sostiene il *mainstream* pubblico e privato.

Infatti nel mercato cosiddetto "spot", soggetto a speculazioni finanziaria quotidiana alla Borsa di Amsterdam, hanno guadagnato di più:

1) gli olandesi di VITOL sono passati da un fatturato di 140 miliardi del 2020 a 279 miliardi nel 2021 (aumento del 99%);

2) gli svizzeri con base a Singapore di TRAFIGURA sono passati da 147 a 231 miliardi (aumento del 57%);

3) GLENCORE, la multinazionale anglo-svizzera con sede in Svizzera e gli uffici nell'isola di Jersey, da 143 a 207 miliardi (aumento del 41%);

4) ENI solo nell'ultimo trimestre del 2021 ha ottenuto un profitto di 2,1 miliardi di euro (lo Stato prende il 30% dei dividendi. Il resto se li prendono 3 fondi d'investimento americani Blackrock: 116 milioni di euro di dividendi, Vanguard 108 e Massachusetts Financial Services 53 milioni. Tra gli italiani Mediolanum, holding della famiglia Berlusconi, ha incassato 19 milioni).

Siccome carenza di gas in Europa non c'è mai stata, l'aumento del prezzo è tutto dovuto alla speculazione privata. Il picco del prezzo è stato raggiunto a dicembre del 2021, quindi 2 mesi prima dell'inizio del conflitto ucraino.

La UE al momento versa 700 milioni di euro al giorno alla Russia per il gas. Una parte di questi soldi (1,5 miliardi di dollari) finisce come *royalties* all'Ucraina per il transito dei tubi. Paga la Russia, che non a caso aveva realizzato i gasdotti 1 e 2 del Nord Stream: si sarebbe risparmiata le *royalties* in euro e in dollari (che costituiscono l'1% del PIL ucraino), essendo i tubi posti in fondo ai mari.

Il gas russo indirizzato alla UE (il 49% di tutto il nostro fabbisogno) non ha mai smesso di fluire attraverso l'Ucraina. La Russia ha sempre rispettato i contratti e non ha mai bombardato le condutture. D'altra parte l'export del gas costituisce il 40% del PIL russo.

Dall'inizio della guerra la UE ha già pagato alla Russia 36 miliardi di euro, e Putin ne ha spesi per finanziarla circa 20 miliardi.

Come noto, il gas russo costa meno di tutto il gas del mondo, è di ottima qualità e tutte le infrastrutture sono state completamente ammortizzate. Molti politici europei sono andati a lavorare alla Gazprom.

Viceversa il gas che acquisteremo dagli USA sarà più costoso, perché venduto al migliore offerente, senza contratti fissi a lunga scadenza, sarà inoltre di peggiore qualità e assolutamente devastante per l'ambiente, per non parlare del fatto che è più pericoloso nel momento in cui lo si maneggia e lo si trasforma. Di rigassificatori ne abbiano solo 3 in Italia. Per costruirne uno nuovo ci vogliono circa 5 anni.

Questo governo deve andare a casa il più presto possibile. Sta operando scelte che ci portano al suicidio economico.

Fonte: rai.it

**[13]**

### La fine dei topi

Camion di pompieri si stanno dirigendo verso l'acciaieria Azovstal nel sud di Mariupol. Qui infatti, nei vasti sotterranei sotto l'impianto, sono rintanati gli ultimi 3.000 nazisti del Reggimento Azov.

Se non si arrendono, i camion saranno usati per pompare acqua nell'impianto, per stanarli o annegarli. I russi infatti han rinunciato a bombardare l'impianto, essendo uno dei più grandi d'Europa.

Per reperire l'acqua si userà il vicino fiume Kal'mius a nord dell'impianto e il vicino Mar d'Azov a sud.

Si pensa che tra i neonazisti vi siano anche ufficiali della NATO. Infatti son loro che coordinano l'esercito straniero in Ucraina, cioè l'addestramento e l'arruolamento dei "volontari".

### Il mondo delle sanzioni

In risposta alle sanzioni globali da parte degli Stati Uniti contro la Russia, il portavoce del Ministero degli Esteri, Zhao Lijian, ha indicato che gli Stati Uniti sono l'unico "impero delle sanzioni" che utilizza questo strumento per mantenere la propria egemonia e difendere illegalmente i propri interessi.

Le sanzioni non hanno mai posto fine ad alcuna guerra, non hanno mai rovesciato alcun regime politico, e le ha sempre pagate la gente comune.

Si può sanzionare politicamente o giuridicamente, mediante organismi internazionali, accusando i governi di compiere abusi, violazioni ecc., ma farlo sul piano economico e finanziario è un crimine vero e proprio.

### L'ultimo senno in Finlandia

Più intelligente del soldatino Stoltenberg e del premier finnico è Erkki Tuomioja, uno degli uomini politici più influenti del partito socialdemocratico finlandese e ministro agli affari Esteri dal 2000 al 2007 nel Governo Katainen. Ha detto infatti che per la Finlandia sarebbe meglio creare un'alleanza di difesa con la Svezia piuttosto che entrare a far parte della NATO. Questo perché il Paese è già relativamente sicuro, avendo una riserva militare addestrata di 280.000 soldati. Cosa che nemmeno i Paesi più grandi d'Europa hanno.

Gli Stati Uniti potrebbero svolgere soltanto un ruolo di terzo partner esterno nell'alleanza.

La Finlandia confina con la Russia. Che facciamo: creiamo una Ucraina bis?

Intanto anche la Moldavia e la Georgia vogliono entrare nella UE. Speriamo non chiedano di entrare anche nella NATO.

L'Ucraina ci ha insegnato una cosa molto importante: quando individui un tumore (in questo caso il neonazismo), devi estirparlo subito, altrimenti – come dice il categorico Draghi – muori.

### Liberati 35.000 bambini

L'esercito russo ha liberato 35.000 bambini incarcerati in Ucraina dalla servitù a contratto in quello che Putin ha definito (telefonando a Trump) "il nesso dell'Europa orientale per la vendita mondiale di bambini particolarmente piccoli, neonati".

Il fenomeno delle madri surrogate è molto esteso nel Paese, più del previsto. Sono state già individuate 150 congreghe di trafficanti. In molti luoghi i trafficanti sono fuggiti a causa della guerra, lasciando i bambini a badare a se stessi. Non tutti i covi dei trafficanti erano nascosti in aree remote e inaccessibili della campagna ucraina. Secondo Putin le forze speciali Spetznas han trovato un vasto sindacato di traffico di bambini in un edificio per uffici a soli due isolati dalla sede del governo di Zelensky, nel centro di Kiev.

A Mariupol è stato trovato un registro da un deposito nel porto, in cui risulta che i trafficanti di bambini avevano convertito l'edificio in un centro di elaborazione da cui i bambini erano stati spediti dentro e fuori l'Ucraina. Il libro mastro conteneva nomi inventati, date, sesso ed età dei bambini che i trafficanti avevano spedito fuori dal Paese. La prima data nel libro mastro era il 2 marzo 2005.

Esistono addirittura accampamenti di pedofili nell'Ucraina centrale. Cioè i bambini non vengono venduti solo a coppie sterili e facoltose.

**La sinistra ha smesso di dormire?**

Il nome "guerra in Ucraina" è fuorviante. Effettivamente il territorio del conflitto armato è ucraino e ucraina è la maggioranza della popolazione civile che lo subisce (ci sono anche russi, rumeni e altre minoranze più o meno consistenti), ma a combattere sul campo – e non da ora – non c'è tanto "l'esercito ucraino", quanto i battaglioni di mercenari neonazisti (Azov, Aidar, Dnipro 1, Dnipro 2 e altri minori) addestrati dalla NATO fin dal 2006, che usano armi della NATO e della UE per difendere il sistema politico imposto col colpo di Stato del 2014 e per massacrare la popolazione del Donbass e della Crimea in rivolta contro di esso: 14.000 morti in sette anni.

In Italia la propaganda di regime fa letteralmente carte false per presentare l'esercito ucraino alla stregua dei partigiani della Resistenza che hanno sconfitto il nazifascismo, ma non c'è niente che giustifichi un simile accostamento. La Resistenza fu effettivamente una guerra di liberazione condotta dalla classe operaia e dalle masse popolari dirette dal Partito Comunista; in Ucraina, al contrario, i battaglioni neonazisti combattono per far diventare il Paese un avamposto della NATO nella guerra contro la Federazione Russa.

Quindi Zelensky non può essere neppure lontanamente paragonato ad Allende, come invece hanno fatto i giornali italiani, così come il battaglione Azov non ha niente a che spartire con le Brigate Internazionali che raccolsero combattenti da tutto il mondo contro il fascismo in Spagna: ne è, anzi, l'opposto.

Che una cantante ucraina abbia stravolto "Bella ciao" in un canto nazionalista, guerrafondaio, xenofobo e reazionario è solo la dimostrazione del livello infimo raggiunto da questa messinscena.

Bandiere della pace accanto ai simboli nazisti, bandiere della pace sostituite da quelle ucraine che sventolano sotto il maxischermo attraverso cui il presidente fantoccio Zelensky arringa la folla "pacifista" (raccolta dal PD a Firenze il 13 marzo) per chiedere più armi, più guerra, per giustificare il macello verso cui manda il popolo ucraino per servire gli interessi degli USA.

Nel mondo alla rovescia costruito dai media per intruppare le masse popolari a favore del governo fantoccio ucraino, politicanti di ogni tipo (da Di Maio a Roberto Fico, da Salvini alla Meloni), assieme a nuovi e vecchi tromboni (come Manconi), sgomitano per prendersi la scena. In molti casi sono gli stessi che negli ultimi 30 anni han contribuito, attivamente o da spettatori, allo smantellamento dei diritti e delle conquiste dei lavoratori e delle masse popolari italiane, così come alle tante "missioni umanitarie" che hanno raso al suolo interi Paesi; sono quelli che hanno permesso ai sionisti di fare ai palestinesi quello che i nazisti facevano contro gli ebrei; sono gli stessi che hanno accusato di terrorismo il popolo basco, il popolo corso, afghano, iracheno o curdo. Tutti oggi si fanno paladini di giustizia, invocano la guerra e rivendicano la giustezza morale della resistenza armata in Ucraina.

Non è vero che tutte le guerre sono uguali. È vero invece che esistono guerre giuste. Sono quelle combattute dalla classe operaia e dalle masse popolari contro la classe dominante del proprio Paese; sono quelle combattute dalle masse popolari dei paesi oppressi contro le forze occupanti; sono quelle combattute dai governi dei Paesi che non si sottomettono e resistono alle aggressioni politiche, economiche, commerciali e militari della Comunità Internazionale degli imperialisti (USA, sionisti, UE e Vaticano).

Il governo fantoccio dell'Ucraina che si è reso strumento

della Comunità Internazionale degli imperialisti per attaccare la Federazione Russa (e la Repubblica Popolare Cinese), sta facendo massacrare il popolo ucraino e tutte le minoranze presenti nel Paese, conduce una guerra ingiusta.

I lavoratori e le masse popolari del nostro Paese non hanno alcun interesse a mettersi al carro della classe dominante (e sostenere il governo ucraino e la NATO), ma non ce l'hanno neppure nel limitarsi "a tifare" per la Federazione Russa. Dobbiamo superare questo schematismo e dobbiamo rompere con la posizione "né con la NATO, né con la Russia", che porta acqua al mulino della NATO.

Non è la Russia ad avere impiantato ovunque nel nostro Paese basi militari e arsenali nucleari.

Non è la Russia a occupare parte del nostro Paese per usarlo come poligono di tiro, usando munizioni che devastano e inquinano il territorio.

Non è la Russia a pretendere che una fetta consistente del PIL italiano sia destinata alla NATO e alla corsa agli armamenti.

Non sono "gli oligarchi russi" a stringere il cappio delle speculazioni del debito pubblico attorno al collo delle masse popolari italiane. Non sono questi oligarchi a speculare sulle fonti di energia e a causare l'aumento incontrollato delle bollette.

Fonte: carc.it

### Scambio di prigionieri altolocati?

L'ucraino Viktor Medvedchuk, leader del partito filorusso Piattaforma di opposizione-Per la vita, è stato arrestato. Lo ha annunciato il presidente Zelensky tramite la propria pagina Instagram. Medvedchuk era il più importante e popolare leader filo-russo del Paese, che prima della guerra contava almeno 11 partiti considerati amici di Mosca (poi l'attività di questi partiti è stata sospesa da Zelensky).

Potrebbero chiedere uno scambio col tenente generale dell'esercito americano Roger L. Cloutier catturato a Mariupol. La notizia della cattura è stata pubblicata sul portale statunitense "Hal Turner Radio show".

Il generale ha radici di famiglia francesi, e ci sono prove

evidenti che i mercenari della legione francese operassero a Mariupol. Di qui le lunghe telefonate di Macron a Putin per la loro liberazione e i tentativi di fuga tramite elicotteri, però abbattuti dai russi.

Anche il "Gallia Daily" ha parlato di due funzionari francesi di alto rango morti a Mariupol. Alcuni giornalisti cinesi hanno confermato la presenza di documenti francesi sui corpi: risulta che lavorassero nella DGSE, la direzione generale per la sicurezza esterna della Francia.

Se tutte queste news venissero confermate, Macron perderà al ballottaggio.

### Armi chimiche

Questi neonazisti ucraini non si rendono conto che non è vero che se continui a mentire, la gente arriva a crederti, perché può essere vero anche il contrario: se sei abituato a mentire, la gente non ti crederà neppure quando dici la verità.

I russi non han bisogno di usare le armi chimiche per vincere a Mariupol. Non l'han fatto fino adesso, non lo faranno ora che i nazisti sono a un passo dalla resa. E poi le hanno smantellate già nel 2017. L'uso di questo tipo di armamenti è bandito ai sensi della Convenzione sulle armi chimiche, entrata in vigore il 29 aprile del 1997 e attuata dall'Organizzazione per la proibizione delle armi chimiche, ente di cui fanno parte 193 Stati.

Potrebbero dire la stessa cosa gli Stati Uniti, che producono in tanti laboratori sparsi nel mondo persino le armi batteriologiche? Gli Stati Uniti sono l'unico Paese facente parte della Convenzione sulle armi chimiche che non ha adempiuto ai propri obblighi internazionali.

### Torniamo al carbone?

Anche Germania, Bulgaria e Cekia, come l'Italia, si sono dichiarate disposte a prolungare l'uso delle centrali a carbone. Ecco un'altra bella conseguenza delle sanzioni alla Russia. Ci tornano indietro come un boomerang.

Non dovevamo puntare sulle fonti rinnovabili? E in questa

transizione il gas russo non era forse il male minore? Non era meglio investire in queste fonti invece che nelle armi? Non lo sanno i nostri politici che le rinnovabili richiedono una spesa annua di almeno 170 miliardi di euro (l'1,3% del PIL). Non sono forse queste fonti che ci garantiscono maggiore stabilità e sicurezza?

La Germania voleva raggiungere il 100% di elettricità prodotta con energia rinnovabile entro il 2035, ma ora come farà col 2% del PIL dedicato al riarmo?

Di questo passo andremo verso un aumento delle temperature di 3,2°C entro fine secolo: più del doppio di quell'1,5°C che gli Stati si sono ripetutamente impegnati a raggiungere, l'ultima volta alla COP26 di novembre. Lo dice l'ultimo rapporto della Nazioni Unite.

Ma come fanno i governi a non prevedere le conseguenze delle loro azioni scellerate? È perché siamo talmente abituati all'interdipendenza che non abbiamo la più pallida idea di cosa voglia dire vivere nell'autarchia?

Intanto in Italia le sanzioni alla Russia si ritorceranno tutte contro i cittadini. Chiudere il gas russo ci costerà 40 miliardi di PIL, una vera catastrofe per il nostro Paese. Sono già a rischio 184.000 imprese, più di 1 milione di lavoratori dovrà tornare a casa. Almeno 13 miliardi di euro finiranno nelle tasche delle industrie belliche americane.

### Dacci oggi il nostro pane quotidiano

La crisi ucraina porterà alla fame molti Paesi del Medio Oriente e del Nord Africa, grandi importatori di grano (l'80% del grano proviene dall'Ucraina o dalla Russia).

L'Egitto, il più grande importatore di grano al mondo, ha ancora 9 mesi di riserve e ha già annunciato un incremento del prezzo del pane. In Libano, che importa il 60% del suo consumo di grano, non ci sono più riserve di questa materia prima. L'ultima spedizione arrivata dall'Ucraina era piena di umidità, quindi è andata perduta.

Lo Yemen, che importa il 22% del grano, dopo 7 anni di guerra, nel 2021 era già sull'orlo della carestia. La Siria prima della guerra produceva grano sufficiente a sfamare la sua popolazione, ma ora i raccolti sono praticamente ridotti a zero. In Marocco non è assicurato nemmeno il minimo di produzione locale. L'Algeria ha perso il 40% della sua produzione. In Tunisia le navi che trasportavano grano si sono rifiutate di scaricarlo nel porto di Sfax perché non erano state pagate. In Iraq nel 2018 la costruzione di diverse dighe in Turchia ha fortemente diminuito la produzione di grano; nel 2022, a causa del calo del prezzo del petrolio, lo Stato dovrà importare ancora più grano e certamente non riuscirà più a distribuire il pane ai più poveri.

Le cosiddette "rivolte del pane" erano già state causate dalle politiche della Banca mondiale e del Fondo Monetario Internazionale, che incentivano, dalla metà degli anni '80, la produzione di frutta e verdura per l'esportazione, a scapito della produzione locale di grano. Il pane infatti è sempre stata la richiesta primaria nelle rivoluzioni della primavera araba e anche in Sudan la rivoluzione del 2019 è cominciata subito dopo che il prezzo del pane era triplicato.

Ora che succederà dopo questa crisi in atto? Quanti profughi? Quante rivolte?

**[14]**

### Pensierini sparsi

Olena Tregub, direttrice del coordinamento dell'assistenza internazionale presso il Ministero dell'Economia ucraino, Capo della Commissione Difesa Anticorruzione-NAKO (ex Ministero dell'Economia), esperta di industria della difesa e integrazione euro-atlantica, riformatrice della Difesa ucraina, ha rilanciato una *fake news* (poi l'ha rimossa) secondo cui l'Armenia fosse pronta a inviare i propri sottomarini nucleari in supporto della Russia. Peccato che l'Armenia, Paese estremamente piccolo e povero, non abbia nemmeno accesso al mare. I suoi 10 anni in cui ha vissuto negli USA a cosa sono serviti? Solo a gestire un portafoglio di oltre 10 miliardi di dollari?

Il capo dell'Istituto di economia tedesca, Michael Hüter, ha detto che la Germania non può far a meno del gas russo, a meno che non si voglia bloccare la produzione per circa due anni e mezzo. Non solo, ma se la produzione si ferma anche solo per un anno o più, questa situazione non può più essere risolta con l'aiuto di benefici e sussidi. In questo caso circa tre milioni di persone diventeranno disoccupate in Germania e la situazione dei problemi dell'industria e del mercato del lavoro sarà più grave che durante la pandemia.

Anche il CEO della Bosch, Stefan Hartung, in un'intervista al quotidiano "Handelsblatt" ha detto la stessa cosa. L'azienda copre il 20% del proprio fabbisogno energetico attraverso il gas russo. Se Berlino rifiuta queste risorse energetiche s'interromperà la produzione negli stabilimenti e si minaccerà di distruggere la potenza economica dell'industria tedesca.

Certo che il capitalismo non è poi un sistema così efficiente, se bastano 1-2 anni per andare a picco. Fanno rimpiangere il feudalesimo…

Germania: l'inflazione annuale sale del 7,3% annuo a marzo. Mai vista una cosa così dai tempi dell'unificazione tedesca.

Se crolla la Germania, locomotiva della UE, crolla tutto. Come pensano i tedeschi di risolvere questo problema? Coi 102 miliardi di euro riservati alla difesa?

Su "Die Zeit" Klaus Müller, presidente della Bundesnetzagentur, l'Agenzia federale tedesca per la gestione della rete energetica, ha detto: "Attualmente abbiamo abbastanza gas fino alla fine dell'estate o all'inizio dell'autunno. Ma in caso d'interruzione completa del gas parliamo di costi aggiuntivi da 1.500 a 2.000 euro per famiglia in media, forse anche 2.500 euro o più. Questo non sarebbe sostenibile per una parte della popolazione senza una qualche forma di compensazione da parte del governo. Per rendere la Germania indipendente dalla Russia per il gas, in maniera sopportabile per la popolazione, ci vogliono almeno 4 anni di contingentamento".

Ma i tedeschi, che ci tengono così tanto a saper fare i conti meglio degli altri e che con Wolfgang Schäuble erano così inflessibili nel mettere in ginocchio la Grecia, dove hanno la testa?

Benedetto Della Vedova, sottosegretario agli Esteri, ha appena detto su "Tgcom24" che l'intervento di Putin non c'entra niente con la NATO. Ha espresso un parere per il quale qualunque generale italiano gli avrebbe dato un ceffone come Will Smith.

È abbastanza fastidioso sentire uno come Biden accusare Putin di genocidio quando gli USA sono responsabili del più grande genocidio della storia, compiuto contro i nativi, che nessun governo americano ha mai ammesso, altrimenti avrebbe dovuto provvedere a lauti risarcimenti.

Vien da pensare che quando gli USA alzano il livello delle accuse è perché si stanno preparando a compiere qualcosa di obbrobrioso, per indurre i russi o i bielorussi a fare un passo falso.

Il PIL della nostra scuola passa dal 4 al 3,5%. Anche la sanità giù di un punto. Poi si fa presto a portare la difesa al 2%.

La Federazione scacchistica di L'viv ha sospeso le sorelle Maria e Anna Muzychuk, entrambe gran maestri, dalla partecipazione al campionato nazionale per essersi rifiutate di firmare una lettera aperta alla Federazione scacchistica internazionale con la proposta di vietare ai giocatori russi e bielorussi di partecipare alle competizioni.

Queste forme di russofobia ricordano tanto l'antisemitismo dei nazisti. E poi dicono che l'Ucraina è un Paese democratico perché si vota. Ma anche nei Paesi nazifascisti si votava! Anche negli USA si vota, benché la metà se ne stia a casa, e questo non impedisce loro di esportare la democrazia in tutto il mondo coi "bombardamenti umanitari".

Il soldatino Stoltenberg vuole un esercito permanente della NATO ai confini della Russia. Non se la può prendere che gli USA escano sconfitti dal conflitto ucraino e già medita la vendetta.

Lo Sri Lanka è fallito. Non è più in grado di pagare i debiti esteri. Incredibilmente per risolvere i suoi problemi alimentari ed energetici si è affidato al Fondo Monetario Internazionale. È come farsi installare l'antifurto da un ladro.

La nostra intesa energetica con l'Algeria è in un certo senso fallita prima ancora di nascere. Infatti han detto che prima di far andare a regime il contratto ci vorrà il biennio 2023-24.

Nel frattempo come ci regoliamo? Un maglioncino in più? Legna per cuocere? Una doccia in meno?

In Spagna l'inflazione annua sale al 9,8% a marzo: non la si vedeva dal 1985. È aumentata di oltre due punti in un mese.

Di qui l'astio per il nostro accordo energetico con l'Algeria. Fortemente dipendente dal gas algerino, la Spagna teme di ricevere meno gas. E soprattutto vede vanificata la possibilità di diventare un hub in grado di distribuire tutto il gas algerino all'Europa.

A questi livelli sarebbe auspicabile che la Russia vincesse il più presto possibile in Ucraina e si ricominciasse tutto da capo. Ma bisognerà vedere se sarà possibile. Putin non perdona i traditori, cioè noi europei. E la UE rischia davvero di ridursi a una mera espressione geografica, in cui ognuno marcia per conto proprio.

A marzo l'inflazione negli USA è all'8.5%, il livello più alto mai raggiunto dal 1981. Ma Biden se ne frega. Come ogni presidente che si rispetta userà la politica estera e quindi la guerra come arma di distrazione di massa.

Magari anche qualche attentato terroristico interno non guasta, come p.es. quello recente al metrò di NYC.

A Firenze il Comune non è in grado di pagare le bollette energetiche, a meno che non rinunci a scuole, nidi, mense, servizi sociali agli anziani e pulizia delle strade.

L'aumento del 400-500% è insostenibile.

Ieri l'aveva detto il sindaco di Milano.

Per me il governo non arriva all'estate.

Quando sento i nostri giornalisti (come p.es. la Myrta Merlino) che dicono che il battaglione ucraino Azov è stato dipinto come un mostro, poi però si è scoperto che sono dei professionisti, per cui bisognerebbe misurare le parole, mi sale il sangue alla testa.

Possibile che un giornalista non sappia che essere "nazista" non vuol dire essere dilettante o sprovveduto? Come se gli hitleriani non fossero stati super addestrati! Come se il fatto d'essere un professionista impedisca d'essere nazisti! La puoi mettere come ti pare, ma qui la logica si prende a pugni da sola.

L'ex generale tedesco di brigata Erich Vad rifiuterebbe categoricamente la consegna di armi pesanti agli ucraini e afferma che bisogna uscire "da questa logica di escalation militare" e avviare nuovi negoziati.

Tali consegne sono potenzialmente una "via verso la terza guerra mondiale". In ogni caso "è impossibile utilizzare sistemi d'arma complessi come il carro armato Leopard o il veicolo da combattimento della fanteria Marder senza anni di addestramento".

Abbiamo generali più sensati di tutti i politici e i giornalisti occidentali messi insieme. Non s'è mai vista una cosa del genere. (No, non è vero, a fianco di Hitler e Mussolini c'erano generali sensati che non furono ascoltati.)

### I cinesi cominciano a piacermi

L'Ambasciata della Repubblica Popolare Cinese in Italia si è stufata del soldatino Stoltenberg e non gliele ha mandate a dire.

In risposta alle sue affermazioni secondo cui Pechino pone "una sfida sistemica" alla sicurezza delle "democrazie", il portavoce del Ministero Esteri Zhao Lijian ha dichiarato:

"Da tempo il capo della NATO ha ignorato i fatti e confuso il nero col bianco, lanciando accuse, diffamazioni e attacchi infondati contro la Cina. Condanniamo duramente queste critiche.

La NATO ha aderito da tempo a un concetto di sicurezza obsoleto, impegnata in uno scontro a blocchi secondo un manuale da vecchia Guerra Fredda. Pur affermando di essere un'organizzazione difensiva, ha costantemente creato problemi e scontri.

Se da un lato chiedeva ai Paesi di attenersi alle norme di base che regolano le relazioni internazionali, dall'altro ha condotto guerre contro Paesi sovrani, sparando indiscriminatamente proiettili che hanno portato alla morte di civili e allo sfollamento.

Negli ultimi anni la NATO è arrivata nell'Asia-Pacifico per

mostrare i muscoli e provocare tensioni chiedendo a gran voce una nuova Guerra Fredda di confronto di blocco. Ciò fornisce ampie ragioni per una ferma opposizione da parte della comunità internazionale.

La Cina è sempre stata un costruttore di pace, ha contribuito allo sviluppo globale custodendo l'ordine internazionale.

La NATO dovrebbe smettere di diffondere disinformazione e osservazioni provocatorie e abbandonare l'approccio conflittuale di tracciare linee ideologiche.

La NATO ha sconvolto l'Europa. Dovrebbe smettere di cercare di destabilizzare l'Asia e il mondo intero".

I cinesi mi piacciono quando sono così diretti.

### Di nuovo la grandeur de la France?

Dice Marine Le Pen:

"La Francia può essere utile a regolare l'ordine mondiale solo se è indipendente. Non sarò mai d'accordo sul fatto che le nostre truppe siano subordinate al comando NATO o al comando europeo. Questo è uno dei motivi per cui voglio che la Francia lasci il comando militare unificato della NATO".

Questa sembra non capire che essere contro la NATO non vuol dire essere contro la UE.

Essere anche contro la UE vuol dire far tornare la Francia a quella proiezione di potenza imperialistica che aveva nel passato.

A questo punto meglio Macron, anche se sul conflitto ucraino s'è bevuto la narrativa americana.

### Sanna Marin troppo giovane per fare la statista

Chi è Sanna Marin, la più giovane statista del mondo, la nuova premier socialdemocratica finlandese in carica dalla fine del 2019 che vuol far entrare il suo Paese nella NATO e creare una Ucraina bis?

Dicono che non sia stata eletta direttamente dal popolo. Semplicemente quand'era ex Ministro ai Trasporti del governo precedente, sfiduciato dal Parlamento di Helsinki, è stata messa lì da una maggioranza risicata di partiti che dai sondaggi pare non godano di grande consenso. Un po' come in Italia, insomma.

Questi non eletti sono i più pericolosi, proprio perché, non avendo consensi popolari, sono debolissimi, influenzabili da forze estere, se non addirittura eterodiretti, come appunto i nostri premier.

Questa ragazza irresponsabile si sta lasciando intortare dal soldatino Stoltenberg, che non vede l'ora di portare la NATO a 32 Paesi (l'altro candidato è la Svezia). Questo perché se anche gli USA perdessero la guerra in Ucraina, potrebbero sempre rifarsi la prossima volta.

**Chi avrà il coraggio di comprare i quotidiani?**

Dopo la fine di questa guerra i nostri quotidiani subiranno un salasso, poiché si sono troppo esposti a favore degli USA, della NATO e di Zelensky, portando alla rovina il nostro Paese.

"Repubblica" p.es. definisce il generale russo Dvornikov un "macellaio", mentre quello ucraino, Zaluzhnyi, un "eroe nazionale". "Zelensky ha consegnato le chiavi delle forze armate a Zaluzhnyi, che combatte nel Donbass dal 2014 e ha più volte ribadito di ritenere necessario condurre operazioni offensive per liberare i territori occupati. Nel 2014 guidava una brigata motorizzata a Debaltseve, dove si combatté una delle battaglie più drammatiche e sanguinose per le forze armate ucraine" (13 aprile).

Il che, detto altrimenti, abbiamo a che fare con una specie di nazista fatto passare per un grande stratega. Che poi in realtà fu sconfitto dai separatisti nel 2015.

A dir il vero anche Giovanni Floris a "DiMartedì" su LA7 sembra giustificare qualunque forma di nazismo ucraino quando dice che loro sono "europei" come noi, per cui non potevamo esimerci dal mandargli le armi, a differenza di come ci siamo comportati con altre popolazioni non europee (p.es. kurdi, palestinesi...). Un ragionamento del genere non è solo guerrafondaio ma anche razzistico. Spero vivamente che finita la guerra possa togliersi di mezzo e cambiare mestiere.

A parte questo, dovrebbe ricordare che anche in Jugoslavia erano "europei come noi" e però abbiamo permesso alla NATO di comportarsi nella maniera più vergognosa possibile. E comunque il problema è un altro: europei o non europei, non si mandano aiuti finanziari e militari ai neonazisti. Qui non serve appellarsi all'art. 11 della Costituzione: basta il buon senso.

### Paolo Flores d'Arcais coi paraocchi

Paolo Flores d'Arcais di "MicroMega" mi ha deluso molto sul conflitto ucraino. Di recente se l'è presa con l'ANPI quando il 4 aprile scorso diceva che sul massacro di Bucha ci voleva una commissione d'inchiesta, in quanto i fatti non erano chiari. Non a caso infatti è stata tutta una montatura organizzata dagli inglesi, che hanno impedito di svolgere qualunque indagine nella sede del Consiglio di sicurezza dell'ONU.

D'Arcais ha accusato l'ANPI "d'infangare i valori della Resistenza". Quali valori? Quale Resistenza? Qui abbiamo a che fare con neonazisti strumentalizzati dalle potenze occidentali (in primis angloamericane), che non vedono l'ora di far la guerra alla Russia e d'indebolire in maniera decisiva la UE.

D'Arcais ha parlare di "barbarie delle truppe di Putin", di "crimini di guerra" come di una "normalità", di "Fosse ardeatine dell'Ucraina", di un nuovo "processo di Norinberga" per questi "boia".

Ecco un altro giornalista che non ha capito niente dell'attuale conflitto. Ma quanti ne abbiamo? È impressionante il loro numero. Non hanno neanche avuto il tempo d'influenzarsi a vicenda. Un coro unanime frutto di una narrativa consolidata da lungo tempo di anticomunismo più viscerale e di russofobia più becera. Per certi giornalisti scrivere riviste definite prestigiose o fare chiacchiere al bar o dal barbiere è la stessa identica cosa.

Fonte: micromega.net

[15]

### Matrimonio indissolubile tra USA e Regno Unito

Secondo i registri del bilancio della difesa degli Stati Uniti per l'anno fiscale 2023, i bunker militari nel Regno Unito sarebbero in fase di ristrutturazione in modo che possano essere nuovamente utilizzati per immagazzinare armi nucleari statunitensi dopo una pausa di 14 anni.

Nel 2008 gli Stati Uniti avevano rimosso le loro bombe nucleari B61 dalla base aerea di Lakenheath (100 km a nord-est di Londra), ponendo fine a più di mezzo secolo di mantenimento di un arsenale nucleare nel Paese. Questo tipo di bombe a caduta libera erano considerate militarmente obsolete al momento del ritiro. Lakenheath negli anni '90 aveva 33 depositi sotterranei utilizzati dall'aeronautica americana. All'inizio degli anni 2000 c'erano 110 bombe a gravità B61 nei sotterranei pronte per essere usate dagli aerei F-15E della 48ma Fighter Wing.

Fino ad oggi e per 13 anni i programmi infrastrutturali sono stati fatti in siti di stoccaggio di "armi speciali", afferenti a Belgio, Germania, Italia, Paesi Bassi e Turchia, tutti Paesi in cui gli Stati Uniti immagazzinano circa 100 bombe nucleari B61. Oggi invece anche il Regno Unito è stato aggiunto all'elenco dei Paesi in cui sono in corso investimenti infrastrutturali della NATO.

Le nuove bombe B61-12 verranno dotate di un sistema di alettoni e di guida che entrerà in piena produzione a maggio e le renderà direzionabili e non più a semplice caduta libera.

Ora la RAF Lakenheath si prepara a essere la prima installazione dell'aeronautica americana in Europa a ricevere il jet da combattimento F-35A Lightning con capacità nucleare, poiché dal dicembre 2021 sono pronti i primi di questi cacciabombardieri di quinta generazione.

Alla base militare il 495mo Squadrone della 48ma Fighter Wing sarà composto da 24 F-35A. Entro il prossimo anno la US Air Force prevede d'iniziare ad addestrare unità nucleari in Europa in preparazione per i nuovi B61-12.

È probabile che le prime bombe B61-12 saranno consegnate in Europa nel 2023, sostituendo le bombe B61-3/-4 ora in uso.

### Varie ed eventuali

Le due premier finnico-svedesi chiederanno di entrare presto nella NATO. La svedese Magdalena Andersson presenterà domanda di adesione nel giugno di quest'anno.

La finlandese Sanna Marin deciderà nel giro di qualche settimana.

Ricordiamo che tra Finlandia e Russia il confine è di 1.340 km. E che se anche la Svezia entra nella Nato, l'accesso al mar Baltico per la Russia sarà impossibile.

È evidente che la NATO vuole occupare la Russia.


Il 9 marzo 2022 Volodymyr Zelensky aveva firmato una legge che consentiva l'uso delle armi a tutti i cittadini ucraini, stranieri e apolidi. A tutt'oggi sono già state distribuite indiscriminatamente più di 25.000 armi da fuoco a chiunque lo desiderasse, compresi criminali rilasciati dalle carceri dalle autorità di Kiev e formazioni armate irregolari. Questo certamente aumenterà i rischi di estremismo e terrorismo e non solo in Ucraina.


La Danimarca ha fatto un discorso intelligente: vuole eliminare il riscaldamento a gas per diventare "indipendente" non solo dalla Russia ma anche dallo stesso gas. Una decisione che nessun nostro politico sarebbe in grado di prendere.

Cioè approfitta di un momento negativo per accelerare qualcosa di molto positivo. Non vanno a cercare il carbone o altri Paesi per il gas. Il gas andrà sostituito con fonti energetiche rinnovabili il più presto possibile, al massimo entro qualche anno. Questo perché le bollette per un certo target familiare sono assolutamente insostenibili. Vogliono partire da ben 400.000 famiglie.

Noi siamo troppo corrotti, troppo divisivi e ideologici per fare discorsi così pragmatici.


L'Ucraina insieme alla Gran Bretagna sta preparando delle provocazioni nella regione di Sumy per incolpare l'esercito russo, ha affermato il colonnello generale Mikhail Mizintsev, capo del centro di controllo della Difesa nazionale russa.

Ricordiamoci il nome di questa città: Seredina-Buda e di questo villaggio: Nizhnyaya Syrovatka, vicino a Sumy, che in precedenza era sotto il controllo delle forze militari russe. La sceneggiata dei registi britannici avverrà qui per accusare i russi di genocidio di civili ucraini.

Per nascondere la provocazione e impedire che venga smascherata da testimoni reali, nella città è stato introdotto il coprifuoco, mentre la popolazione locale è stata rimossa con la forza dai luoghi delle riprese.

Le truppe russe hanno lasciato questo insediamento tre settimane fa, il 20 di marzo.


La Polonia si aspetta dalla UE, per l'accoglienza dei profughi ucraini, gli stessi aiuti finanziari che ha concesso alla Turchia per i profughi siriani.

L'ha detto il premier Mateusz Morawiecki, esibendo la sua carità pelosa.

Al momento i principali aiuti finanziari arrivano da Giappone e Regno Unito.


La prima nuova nave per rigassificare il Gnl, ha annunciato sabato 9 aprile il ministro della Transizione ecologica, sarà operativa nel primo semestre del 2023. Quindi vuol dire che il prossimo inverno staremo al freddo.

Ricordiamo che l'Algeria ci fornirà 9 miliardi di metri cubi annui in più solo tra il 2023-24, attraverso il gasdotto TransMed. E lo pagheremo di più di quello russo anche se di meno di quello americano.

Intanto il Parlamento europeo ha chiesto un embargo immediato e totale su carbone, petrolio, combustibili nucleari e gas russi. Questo farà aumentare l'inflazione a livelli stellari, non solo per i prodotti energetici ma anche per quelli alimentari. Gli effetti negativi della pandemia saranno stati noccioline.


Prendiamo un esempio banale di cosa vuol dire inflazione causata da questa guerra.

I costi della produzione di vino in Italia sono cresciuti del 35%, fa sapere la Coldiretti.

Nel dettaglio:
- bottiglie: +30%;
- tappi: da +20% a +40%;
- cappe a filo: +20%;
- etichette: +35%;
- imballaggi: +45%.

Sono inoltre aumentati anche i costi di spedizione.

La statua di San Nicola donata dal presidente russo Vladimir Putin alla città di Bari nel 2007 divide i baresi. Nei giorni scorsi è stata lanciata una petizione online, che ha raggiunto 17.000 firme, per chiedere la rimozione della targa firmata da Putin. Qualcuno chiede addirittura lo spostamento della statua.

Bari dice addio alle migliaia di pellegrini che ogni anno dalla Russia vanno a visitare la città.

### Coraggiosi i kenioti

Il governo di Nairobi ha rifiutato la richiesta di Zelensky di tenere un discorso al parlamento keniota, poiché non vuole danneggiare gli ottimi rapporti con Mosca.

Le autorità han fatto capire che è nell'interesse del Kenya "vedere la fine delle ostilità" e che il Paese ha preso decisioni di sani princìpi da un punto di vista africano.

Andrey Pravednyk, l'ambasciatore ucraino in Kenya, ha cercato invano per due mesi d'incontrare il segretario di gabinetto per gli affari esteri del Kenya, Raychelle Omamo.

Straordinario questo modo autonomo di vedere le cose. Per noi italiani, pecore di professione, è impensabile.

Come noto il Kenya ha condannato l'intervento armato russo, ma ha sempre chiesto una situazione diplomatica al conflitto, che però l'occidente non vuole. In tal senso ha evitato di discostarsi dalla posizione dell'Unione Africana, che si oppone alle sanzioni economiche imposte contro la Russia.

Nairobi si è astenuta dal voto dell'Assemblea Generale delle Nazioni Unite, che proponeva la sospensione della Russia dal Consiglio per i diritti umani delle Nazioni Unite. Lo stesso han fatto Sud Africa, Egitto e Nigeria, tra i maggiori Paesi africani.

### Fondi distratti

Molto criticata la decisione del governo di edificare una base militare in un'area protetta nel Parco di san Rossore Migliarino Massaciuccoli (Pisa), a pochissimi km dalla già esistente base americana di Camp Derby, che da 30 anni è una piattaforma per gli interventi militari in Africa e Medio Oriente, e per le esercitazioni nel Mediterraneo e nel mar Nero, e che al momento si sta ampliando ulteriormente per un costo stimato tra i 30 e i 45 milioni di dollari a carico degli Stati Uniti.

Da qui sono partite le armi per la prima e la seconda guerra in Iraq, per il Libano e per lo Yemen, e da quando è scoppiata la guerra in Ucraina i trasporti di armi si sono spostati verso l'aeroporto di Pisa, dove dall'inizio di marzo gli aerei cargo vengono riempiti di armi e munizioni destinate all'esercito ucraino. Un'attività che si è estesa anche al confinante scalo civile.

Il suddetto Parco regionale toscano è un'area protetta, in cui verranno recintati circa 730.000 metri quadrati di terreno dai militari per la costruzione di 440.000 metri cubi di nuovi edifici. Il progetto presentato al presidente del Parco, Lorenzo Bani, prevede una pista d'atterraggio per elicotteri, due poligoni di tiro, caserme, centri di addestramento, laboratori, magazzini, palestre, piscine, uffici, officine e 18 villette a schiera. L'operazione è stata deliberata con Decreto del Presidente del Consiglio in data 14 gennaio 2022, ma è stata pubblicata in Gazzetta Ufficiale soltanto il 23 marzo.

L'ex Centro Radar di Coltano sarà la casa dei reparti dell'Arma dei Carabinieri del Gruppo Intervento Speciale, dei gruppi cinofili e dei paracadutisti del Tuscania. La finalità è l'impegno nell'attività antiterrorismo e nella sicurezza delle rappresentanze diplomatiche a rischio, e per le operazioni speciali delle Forze armate. Viene definita "opera destinata alla difesa nazionale" e quindi "sottoposta a procedura semplificata", cioè può essere completata in una zona sottoposta a vincoli ambientali senza l'autorizzazione paesaggistica. Al presidente del Parco è stato tolto ogni potere di veto. Infatti il DPCM di Draghi e del ministro della Difesa Guerini non ha tenuto in alcuna considerazione la volontà della popolazione locale, degli ecologisti e del direttore, per i quali l'impatto ambientale sarà "devastante" in un'area già fra le più militarizzate del Paese: saranno abbattuti 937 alberi, tra i quali 380 lecci, 164 querce e 96 pini.

Non è dato sapere quanto costerà la realizzazione della cittadella: le stime parlano di centinaia di milioni di euro. La base sarà realizzata non coi fondi per la Difesa, ma con quelli del Piano Nazionale di Ripresa e Resilienza, stanziati dalla Commissione Europea per risollevare l'economia italiana dopo la pandemia.

Qui è forse il caso di ricordare che le risorse investite nell'ambito del PNRR ammontano a 191,5 miliardi di euro, ripartite in missioni dedicate a digitalizzazione, innovazione, competitività e cultura (40,32 miliardi), rivoluzione verde e transizione ecologica (59,47 miliardi), infrastrutture per una mobilità sostenibile (25,40 miliardi), istruzione e ricerca (30,88 miliardi), inclusione e coesione (19,81 miliardi), salute (15,63 miliardi). La trasformazione in base militare di una riserva naturale, che da oltre 40 anni è riconosciuta come area protetta per decisione della Regione e dello stesso Stato, va contro la missione "green" e non ha nulla a che vedere con la vocazione di "resilienza", ora prontamente sacrificata a esigenze militari.

L'Ente Parco, come stabilito dall'art. 2 dello Statuto, ha per finalità la conservazione e la valorizzazione del patrimonio naturalistico-ambientale. È quindi dovere di tutti i cittadini una difesa responsabile delle preziose risorse ambientali di un ecosistema sempre più fragile. Fra le proprietà di parchi e riserve naturali vi sono la regolazione del clima, la mitigazione dei fenomeni idrologici e il mantenimento della biodiversità.

### Sergey Lavrov, un grande

Sergey Lavrov ha mostrato d'avere una pazienza infinita. Ha detto: Putin "ha più volte sottolineato che preferiamo i negoziati. Durante il primo round dei negoziati, quando è stata la parte ucraina a proporre e noi ad accettare di mettere in contatto le delegazioni, il presidente ha ordinato una sospensione delle ostilità e dell'operazione militare speciale. Tuttavia, quando ci siamo resi conto che gli ucraini non avevano intenzione di fare lo stesso, è stato deciso che nei successivi round dei negoziati non ci sarebbe stata alcuna pausa, fino al raggiungimento e alla firma di un accordo definitivo".

Un tale atteggiamento è praticamente sconosciuto ai ministri degli Esteri europei. Loro quando vanno a trattare sono sbrigativi perché pensano sempre di avere il coltello dalla parte del manico. Sono convinti che la parte avversaria (p.es. la Russia) sia in condizioni d'inferiorità e quindi più disposta a cedere. Chissà che con questa guerra non si siano convinti del contrario.

Mi preoccupa soprattutto quella nullità assoluta di Di Maio, che ancora minaccia sanzioni dopo aver visto che la Russia se ne infischia e che si ritorcono tutte contro gli italiani. Siamo dei microbi pronti ad andarci a schiacciare contro il parabrezza di una macchina che ha improvvisamente fatto un'inversione a U sulla strada unidirezionale degli Stati Uniti.

### Il Canada non è diverso dagli USA

Le forze armate canadesi (CAF) hanno speso oltre 890 milioni di dollari per addestrare soldati ucraini dal 2014, compresi membri del battaglione nazionalista ucraino Azov. L'ha detto "Radio Canada", esibendo molte prove documentali.

Tuttavia il governo canadese ha sempre smentito d'avere mai addestrato combattenti del battaglione Azov, proprio a causa dei loro profondi legami con le derive neonaziste.

Il Dipartimento della Difesa Nazionale canadese si è arrampicato sugli specchi, ammettendo che i militari canadesi che hanno tenuto l'addestramento non erano stati incaricati di ricontrollare se i membri del battaglione Azov fossero tra i loro tirocinanti. Bastava guardare i tatuaggi, come fanno i russi nei check point.

Di fatto il Canada ha formato 33.346 militari ucraini, incluso, a quanto pare, un numero imprecisato di nazionalisti del battaglione Azov.

È facile immaginare che anche gli istruttori canadesi abbiano addestrato i neonazisti a usare la popolazione locale delle città ucraine come scudi umani contro i soldati russi.

Ricordiamo che il battaglione Azov venne creato nel 2014 come un'unità paramilitare composta principalmente da membri dei gruppi di destra radicale, come Pravy Sector (Settore Destro), che non hanno mai nascosto le loro tendenze suprematiste e spesso hanno usato simboli dichiaratamente nazisti nei loro loghi e sul loro equipaggiamento.

### Della serie: "russofobia"

Una studentessa russa ha scritto all'Università di Bologna

sottolineando la difficile situazione in cui si trovano numerosi studenti russi in Italia: carte bloccate, conti correnti bloccati, senza possibilità di prendere un volo e tornare a casa.

Inoltre esiste un diverso approccio che ha avuto la dirigenza universitaria: totale appoggio alle iscritte ucraine; nessuna risposta per quelle russe e bielorusse.

Chi pensava che la tragicomica censura di Dostoevskij al Politecnico fosse solo un piccolo equivoco o una grande gaffe, deve purtroppo ricredersi.

A Bologna sono almeno 300 le ragazze russe, bielorusse e ucraine. Il 18 marzo han chiesto un incontro urgente al rettore dell'Ateneo per esporre i loro pressanti problemi. La prorettrice le riceve, ma separatamente: prima il gruppo delle studentesse ucraine, poi le studentesse russe. Alle prime esprime la vicinanza e la solidarietà di tutto l'Ateneo bolognese. Promette la pronta istituzione di Borse di studio a loro dedicate e la sospensione dell'obbligo di pagamento delle rate universitarie. L'Università è anche disposta a prestare a ognuna di loro 3.000 euro. Un prestito senza interessi, da restituire "con comodo".

Quando è il turno del gruppo numeroso delle studentesse russe e bielorusse, una di loro interviene dicendo che la loro situazione è disperata, "come essere in pandemia". "No – risponde la Prorettrice –, la pandemia è provocata da un virus, mentre qui c'è uno Stato che bombarda un altro Stato". E decide di non offrire alcun aiuto, alcun sussidio o prestito agli studenti russi.

È passato quasi un mese e da allora la situazione è rimasta invariata. Anzi il copione si è ripetuto, con qualche variante, in diverse città e università italiane.

Fonte: ferraraitalia.it


### La Mannocchi e Bersani mi fanno rabbia

"L'evacuazione di tutte le persone è stata effettuata dalle truppe russe. Non un solo militare ucraino ci ha portato fuori dalle cantine. Ci stavano sparando. Ci hanno bombardati". Queste le principali frasi che si sentono dagli ucraini dei villaggi o città occupate dai russi.

Bisognerebbe dirlo alla Francesca Mannocchi che al Tg di

LA7 attribuisce tutti i morti civili ai russi. Il bello è che lei non sta sul divano ma è un'inviata speciale. Va nei territori di guerra, guarda le cose coi suoi occhi e però non le vede come sono. Non capisce che l'esercito ucraino, regolare o meno, si comporta come i nazisti, compiendo sui civili tutte le nefandezze che vuole al fine di attribuirle ai russi, spesso è diretto o consigliato da esperti stranieri (prevalentemente americani), non ha più niente da perdere e ha l'ordine di non arrendersi, poiché il governo, manovrato dagli USA, spera di allargare il conflitto a tutta Europa.

Quando sento Pier Luigi Bersani che dice: "Certo, se Zelensky si fosse arreso, avrebbe risparmiato al proprio Paese immani sofferenze, ma siccome ha deciso di resistere, è stato giusto aiutarlo con le armi", mi viene da pensare che Bersani non abbia capito assolutamente nulla della natura nazista di questo governo, che aveva da tempo progettato di smantellare militarmente le due repubbliche del Donbass, di riprendersi la Crimea e di entrare nella NATO, puntando i missili su Mosca. L'autonomia decisionale di Zelensky è pari a zero.

## [16]

### Francesi coinvolti come tutti gli altri

Soldati francesi del Comando delle operazioni speciali sono attualmente a Mariupol, a fianco del reggimento Azov.

"France-Télévision", che fino a oggi ha negato il carattere ideologico del reggimento Azov, il 31 marzo 2022, durante il telegiornale di "France 2", ha diffuso un reportage sulla notizia.

La televisione pubblica, citando uno dei fondatori, Andriy Biletsky, ha ammesso che nel 2014 il battaglione Azov era infiltrato da elementi neonazisti, affermando però che in seguito è diventato una "rispettabile" forza di difesa.

"France 2" non ha però citato un altro fondatore, Dmytro Yarosh, oggi comandante principale dell'esercito volontario ucraino e quindi consigliere speciale del capo delle forze armate ucraine. Tanto meno ha spiegato cosa rappresentano i banderisti nella storia dell'Ucraina, riducendone la rilevanza alla semplice esibizione della croce uncinata. Aggirando il problema, il telegiornale pubblico ha ridotto il pericolo neonazista a 3-5.000 uomini. L'agenzia Reuters afferma invece che oggi i paramilitari banderisti sono 102.000, suddivisi in molte milizie, incorporate nella Difesa Territoriale.

Secondo il quotidiano "L'Opinion", il generale Eric Vidaud, direttore dell'intelligence militare, è stato sospeso il 29 marzo 2022. Ebbene, Eric Vidaud è l'ex comandante delle operazioni speciali.

Il 30 marzo cinque elicotteri ucraini hanno cercato di lasciare Mariupol, il feudo del reggimento Azov. Due sono stati abbattuti. I sopravvvissuti sono stati fatti prigionieri dall'esercito russo e hanno immediatamente parlato.

Per tutte le questioni logistiche i soldati del Comando delle operazioni speciali sono agli ordini del capo di stato-maggiore, generale Thierry Burkhard, ma prendono ordini direttamente dal capo delle forze armate, il presidente Emmanuel Macron.

## La fine della globalizzazione neoliberista

L'era della globalizzazione neoliberista è finita. Si sta formando un nuovo ordine economico mondiale.

L'intero occidente ha sequestrato le riserve in valuta estera della Banca centrale di Russia, appartenente a una nazione del G20; ha minacciato di confiscare tutto l'oro russo su cui poteva mettere le mani; ha imposto sanzioni unilaterali e del tutto illegali, senza precedenti, su individui, aziende e istituzioni russe.

A cosa è servito tutto questo? In soldoni a spaventare a morte i banchieri centrali di tutto il mondo, poiché ora sanno che anche le loro riserve potrebbero un giorno essere sequestrate se si allontanassero dalle decisioni degli USA. I quali sicuramente non restituiranno ai vari Paesi del mondo le riserve auree ricevute in custodia.

Nuove monete internazionali stanno emergendo: rublo, yuan, rupia. I petrodollari non esisteranno più: ogni Paese sarà libero di pagare i prodotti energetici nella moneta che vuole. La moneta sganciata dall'oro o dalle materie prime perderà di credibilità. Le sanzioni economiche e finanziarie non avranno alcuna efficacia. Proprio perché ogni Paese potrà decidere con chi aggregarsi.

Agli USA, per tornare a imporsi, non resta che il militarismo, che però dalla seconda guerra del Golfo del 2003 è entrato in crisi. Di qui la necessità di compiere guerre ibride, per procura.

Il sistema finanziario occidentale e la valuta di riserva mondiale sono entrati in aperto declino. Il dollaro non è più sostenuto da un'economia reale ma solo dalla fiducia di chi lo usa (e questo vuol dire fidarsi della FED, che crea soldi col *quantitative easing* senza preoccuparsi minimamente dell'inflazione e del debito pubblico). Questa fiducia ora sta venendo meno, proprio perché gli USA agiscono in maniera irrazionale: bloccano i depositi, scatenano guerre, sanzionano arbitrariamente, creano un caos incredibile nelle borse, sui mercati delle materie prime, fanno salire i prezzi in modo astronomico.

Il sistema post-1971, quando gli USA sganciarono il dollaro dall'oro, presumendo di voler dimostrare che la loro economia era così florida da non aver bisogno di alcuna garanzia fisica, è finito.[7]

La Russia non solo ha agganciato il rublo all'oro (*gold standard*) ma anche alle sue riserve energetiche e a tutte le sue fondamentali materie prime per l'economia mondiale.

L'attuale guerra finanziaria alla Russia ha fatto capire che le valute più dure non sono USD o EUR, ma piuttosto petrolio, gas, grano, oro, metallo e acqua. Tant'è che il 28 marzo la Banca Centrale russa ha deciso che avrebbe comprato oro da istituti di credito a un prezzo fisso di 5.000 rubli al grammo, almeno fino al 30 giugno. Dopodiché il prezzo di acquisto dell'oro può tener conto dell'equilibrio tra domanda e offerta nel mercato interno. Questo impegno incentiva i russi a risparmiare in rubli.

Gli europei stanno protestando a gran voce perché Putin ha insistito che gli "Stati ostili" paghino le loro importazioni di gas in rubli (piuttosto che in dollari o euro), ma Putin ha aggiunto la clau-

---

[7] Si noti che il dollaro è da tempo una moneta fuori controllo, stampata senza la supervisione di nessun altro che la FED, la quale non comunica nemmeno quanti dollari ci sono in circolazione. Il dollaro è stato usato fino ad oggi come moneta di scambio energetico per monopolizzare il prezzo del petrolio. Saddam e Gheddafi furono ammazzati dalla CIA anche perché volevano creare un'altra moneta per il petrolio. Ora con la guerra ucraina sembra davvero giunta la fine del primato del dollaro, in quanto tenderanno a emergere nuove monete regionali, connesse non solo all'oro, ma anche alle materie prime e a nuovi organismi internazionali, come p.es. il BRICS.

sola che gli europei potrebbero anche pagare in oro, ottenendo persino uno sconto supplementare. (Altri Stati hanno un'ulteriore opzione per pagare in Bitcoin, un sistema di pagamento basato sulle moderne tecnologie digitali *blockchain*).

Tra l'altro Russia e Cina possono controllare efficacemente il prezzo dell'oro e del petrolio. Il che è molto più sicuro di quanto possa fare il Tesoro degli Stati Uniti, la cui moneta non è altro che uno strumento di debito non garantito dell'entità emittente, che in ultima istanza presume di poter fare ciò che vuole dei debiti propri e dei crediti altrui. Chi vorrà usare la valuta di un Paese irrazionale come valuta di riserva? Alcuni Stati e banche private stanno perdendo il loro monopolio privato sull'emissione di denaro. Sta arrivando l'era delle valute regionali. E le più sicure saranno quelle emesse da Paesi che hanno un'economia forte e avanzata, finanze pubbliche sane e un sistema monetario affidabile. L'avvento di una valuta di riserva globale basata sulle risorse significa, in poche parole, che il 13% del pianeta non dominerà più l'altro 87%.

## Meglio dividersi che ammazzarsi

L'Ucraina è una società altamente polarizzata sia politicamente che geograficamente. Con un nazionalismo estremista e filo-occidentale nell'ovest e nel centro del Paese, e un segmento russofono e filorusso nell'est e nel sud, è molto difficile mantenere l'integrità territoriale del Paese. E non credo che dopo questo conflitto sia possibile farlo limitandosi a un cambio di governo.

I confini post-indipendenza dell'Ucraina sono stati creati artificialmente da Lenin per ragioni politiche legate al desiderio di placare vari gruppi d'interesse dopo la guerra civile tra bianchi e rossi. Stalin ha poi ampliato ulteriormente i confini verso ovest, dopo che Lenin aveva già incorporato terre storiche russe in questa nuova creazione subnazionale. Krusciov ha poi trasferito arbitrariamente la Crimea a quello che può essere oggettivamente descritto come l'innaturale mini-impero di Lenin.

La svolta ultranazionalista dell'Ucraina post-Maidan verso il fascismo ha polarizzato la società e ha spaventato non solo i filo-russi, ma anche le minoranze identitarie non russe, come gli ungheresi, i polacchi e i rumeni, i cui territori storici passarono sotto il controllo dell'Ucraina sovietica dopo la II guerra mondiale.

Il governo di Kiev non ama le minoranze. Preferisce aggrapparsi disperatamente a una forma autoritaria di centralizzazione per tenere insieme il Paese, proprio perché sa che non ha sufficiente consenso popolare, essendo composto da leader violenti e corrotti.

In tal senso non è escluso che se vince la Russia e l'Ucraina viene divisa, queste minoranze arrivino a rivendicare porzioni di territorio da collegare alle loro madrepatrie. La stessa Repubblica di Crimea ha già chiesto di unirsi alle antiche regioni di Zaporizhia e Kherson nella provincia di Tauride all'interno della Federazione Russa.

A Kiev si devono rendere conto che non c'è futuro per nessun Paese al mondo se non rispetta le minoranze al proprio interno. Se l'avesse fatto subito con le due repubbliche del Donbass, non ci sarebbe stata né la guerra civile né l'intervento armato della Russia. Ora invece anche la regione del Kherson sta preparando un referendum per la creazione di una propria "Repubblica popolare". Questa guerra ha dato la stura ai secessionismi locali e regionali, come è giusto che sia quando il governo centrale è incapace di riconoscere e tutelare le identità territoriali.

## Le guerre ibride

La forma privilegiata d'intervento armato degli Stati Uniti nel XXI secolo è diventata la "guerra ibrida", senza un intervento diretto nei conflitti. È qui che entrano in gioco le "rivoluzioni colorate", la "guerra non convenzionale" e la politica del *lead from behind*.

In Ucraina han fatto la stessa cosa, trasformandola artificialmente in una "anti-Russia", il che è voluto dire armare lo "Stato profondo" permanente di questo Paese e poi la sua società, al fine di sfruttarla come piattaforma *proxy* per minacciare la sicurezza nazionale della Russia.

Il primo passo è stato quello di mettere i neonazisti al potere, cosa che si è verificata dopo la conclusione positiva del colpo di stato della rivoluzione di "EuroMaidan". Poi sono andati a prendere il controllo di tutte le istituzioni e gli apparati del Paese.

Una volta aperte le porte (ufficiosamente) alla NATO, questa ha stabilito infrastrutture militari clandestine, laboratori per armi biologiche e ricerche per lo sviluppo del nucleare bellico.

Lo "Stato profondo" controllato dai fascisti filo-statunitensi ha iniziato naturalmente a imporre la sua ideologia radicale anti-russa alle masse.

In definitiva gli USA speravano che un'Ucraina dotata, prima o poi, di armi di distruzione di massa potesse minacciare la Russia in modi non convenzionali, in particolare attraverso la guerra biologica, e soprattutto dopo che il Pentagono avesse neutralizzato le capacità nucleari di secondo colpo della Russia attraverso il continuo dispiegamento di "sistemi anti-missile" e armi d'attacco non molto lontani dai suoi confini.

Queste trame sono state rovinate dalla decisione tempestiva del presidente Putin d'iniziare l'operazione militare speciale, con cui ha subito distrutto l'infrastruttura militare clandestina della NATO, bloccando altresì le attività nei laboratori batteriologici.

L'obiettivo di Putin era però anche quello di denazificare il Paese, riportandolo alla normalità.

In tale situazione qualunque aiuto militare a Kiev non fa che favorire i neonazisti e l'arroganza degli USA e della NATO, scaricando sui civili il peso di queste decisioni insensate. Anche la UE finisce col rimetterci, poiché sul piano delle materie prime è più debole della Russia e s'illude di poter imporre delle sanzioni economiche da posizioni di forza.

### Di qualcuno bisogna sempre aver paura

Indubbiamente all'epoca di Trump gli USA sembravano avere più paura della Cina che non della Russia (si pensi solo alla guerra dei dazi o alla rete 5G). Ora con Biden sembra il contrario. Forse perché il suo governo è fortemente influenzato dal *Deep State* che sosteneva Obama, che a sua volta dipendeva dalla strategia geopolitica di Zbigniew Brzezinski, consigliere per la sicurezza nazionale dell'ex presidente democratico Jimmy Carter. Questo spiega perché l'ondata di terrorismo urbano noto come "EuroMaidan" si è verificato sotto Obama, così come l'ondata teatrale di rivoluzioni colorate note come "primavere arabe", anche se attivamente preparate già sotto l'ex presidente Bush.

Il complotto di Brzezinski per innescare un intervento militare russo in Ucraina si è realizzato quasi mezzo decennio dopo la sua morte, solo che la Russia oggi è molto più forte rispetto al momento del golpe neonazista del 2014. E Putin non può certo permettersi di passare alla storia come il presidente che ha perso l'Ucraina due volte.

Quanto agli USA è evidente che per loro è molto importante avere un nemico esterno da sanzionare, minacciare, intimidire e possibilmente combattere. Ne han bisogno per motivi interni, essendo un Paese altamente conflittuale.

Non si capisce però se davvero considerino la Russia più pericolosa della Cina (sul piano economico di sicuro non lo è, visto che i cinesi commerciano qualunque cosa in tutto il mondo), o se invece pensano che, una volta smembrata la Russia in più parti, sarà relativamente facile mettere i cinesi all'angolo.

Se è così, la Cina dovrebbe realizzare un'alleanza militare con la Russia, che nello statuto preveda qualcosa di simile al famoso art. 5 della NATO. Sarebbe vantaggioso per la stessa Cina, soprattutto per quando dovrà affrontare la ritorsione americana dopo essersi ripresa Taiwan.

### Mi aspettavo più generosità

Certo che se i grandi Paesi che non si sono allineati con l'occidente nel voler imporre alla Russia le draconiane sanzioni economiche e finanziarie (ci riferiamo a Cina, India, Turchia, Brasile, Iran, Pakistan...), si limitano a osservare il conflitto ucraino dall'esterno, senza svolgere un'intensa attività politica e diplomatica a livello internazionale contro il mainstream mediatico occidentale, la Russia non riuscirà da sola a sostenere tutto il peso di un possibile conflitto militare direttamente con gli USA e la UE.

In questi due mesi han fatto troppo poco. Indubbiamente la Turchia ha svolto un importante ruolo mediativo, inaugurando un tavolo per le trattative di pace, ma nel complesso ci si è limitati all'astensione nelle risoluzioni dell'ONU o a trovare delle alternative alle sanzioni economiche e finanziarie pretese dall'occidente. Peraltro si tratta di soluzioni più che altro favorevoli agli stessi

Paesi dichiaratisi neutrali, che, in tal senso, sembrano voler approfittare del momento di debolezza della Russia (ottenendo p.es. fonti energetiche a prezzi di favore).

Ancora non si sono viste dichiarazioni congiunte o prese di posizioni esplicite all'ONU o in altri organismi internazionali contro i diktat occidentali. Nessuno tra i grandi Paesi neutrali ha minacciato d'inviare aiuti militari o addirittura volontari per sostenere i filorussi del Donbass, come invece stanno facendo gli occidentali per gli ucraini. Evidentemente tutti temono di dover subire delle gravi sanzioni da parte dell'occidente.

Non si può certo dire che il mondo non allineato pecchi di eccessiva generosità nei confronti della Russia. Ci si lascia troppo condizionare dalle immagini truci, violente della guerra, che inducono sì a ritenerla assurda sul piano umano, ma che di fatto non servono a niente per trovare una soluzione politica al problema. Peraltro questa è una guerra che possiamo vedere in diretta, quasi fin nei minimi particolari, e però la cosa non impedisce alle forze ucraine, manipolate dagli occidentali, di farci credere in situazioni inverosimili, del tutto inventate.

### Quali alternative aveva Putin?

Supponendo che la Russia abbia ragione quando sostiene che se non fosse intervenuta militarmente, prima o poi l'avrebbe fatto la NATO, una volta insediatasi in Ucraina. Che alternative c'erano a una soluzione del genere?

È chiaro infatti che l'esercito di Kiev stava per attaccare il Donbass e riprendersi la Crimea. È altresì evidente che se la Russia l'avesse lasciato fare, ci sarebbe stato un bagno di sangue, oltre che una vittoria degli ucraini e un sicuro ingresso nella NATO. A quel punto la situazione per la Russia sarebbe stata drammatica. Mosca è troppo vicina al confine ucraino per restare indifferente.

Dunque perché Putin sostiene che non avevano altra scelta? Il motivo sta nel fatto che l'Europa occidentale (prima ancora che diventasse UE) non si è mai opposta, neanche una volta, all'espansione della NATO verso est. Putin sapeva che se anche avesse lanciato l'allarme, nessuno l'avrebbe ascoltato. Ha temuto una riedizione di quella situazione anteriore alla II guerra mondiale, quando la Russia di Stalin, non trovando alcun Paese europeo disposto a stipulare un'alleanza per fermare l'espansione del nazismo, fu indotta a firmare il trattato di non belligeranza Ribbentrop-Molotov, che ancora oggi, ipocritamente, viene considerato dalla storiografia occidentale come il lasciapassare per l'occupazione tedesca della Polonia.

La Russia non si sentiva pronta da sola a fronteggiare la Germania. Poi Stalin, facendo uno dei suoi soliti calcoli sbagliati, si convinse che Hitler, avendo firmato quel trattato, non avrebbe mai attaccato la Russia.

Ecco, probabilmente, vedendo che la NATO, nonostante tutte le promesse di non farlo, era col tempo arrivata a insediarsi in ben 30 Paesi europei (invece di sciogliersi come il Patto di Varsavia), Putin ha avuto paura che la parte occidentale dell'Europa, tradizionalmente bellicosa, e ancor più pericolosa proprio in forza della NATO, avrebbe potuto sferrare un nuovo attacco, e questa volta letale.

La Russia è un impero: di fronte ai grandi pericoli che han messo in forse la sua esistenza ha sempre reagito con lentezza. E ne è sempre uscita a testa alta. Ora per la prima volta con Putin ha giocato d'anticipo, prendendo in contropiede i suoi storici avversari: USA e UE. I quali hanno avuto una reazione scomposta, compiendo un atto illegale dietro l'altro, sul piano economico e finanziario, e minacciandola continuamente di voler portare l'umanità alle soglie d'un conflitto nucleare mondiale.

Gran parte del mondo s'è lasciato convincere dalla narrativa occidentale, maestra nello stravolgere la realtà dei fatti, secondo cui l'attacco russo all'Ucraina non aveva alcuna giustificazione. Questo dimostra che dal 1991 (anno dell'implosione dell'URSS) ad oggi, le preoccupazioni della Russia nei confronti della NATO non sono mai state prese in considerazione. Addirittura all'Europa occidentale non è mai interessato né che col golpe del 2014 si sia insediato a Kiev un governo filonazista, né che questo governo abbia scatenato contro il Donbass una guerra civile durata 8 anni che ha comportato 14.000 morti. Né all'ONU sono mai interessati i report allarmanti dell'OSCE sulla situazione del Donbass. Né Francia e Germania si sono mai preoccupate di verificare i motivi per cui gli accordi di Minsk non venivano rispettati da Kiev.

A questo punto appare del tutto comprensibile che Putin abbia deciso d'intervenire militarmente. Non gli era stata data alcuna alternativa. La Russia peraltro sapeva benissimo dell'esistenza di infrastrutture militari clandestine in Ucraina, gestite dalla NATO, con cui venivano addestrati i neonazisti, e che gli USA stavano aiutando quel Paese nella ricerca di armi biologiche e nucleari. E soprattutto sapeva bene che gli USA, non avendo mai accettato l'idea di non utilizzare per prima l'arma nucleare (esattamente come è disposta a fare la Russia), sono in grado d'impedire un colpo di ritorsione.

Ora è evidente che se non si accettano queste premesse per capire il conflitto ucraino, non si esce dal mero ambito della propaganda. In un certo senso si potrebbe dire che è stato proprio questo intervento preventivo a porre un freno all'espansione del neonazismo in Europa e all'escalation della NATO verso una guerra mondiale. Certo è che se l'intero occidente continua a inviare armi ai neonazisti, mirando altresì a far entrare nella NATO anche Svezia e Finlandia, il rischio di una catastrofe nucleare resta elevatissimo.

## [17]

### Finlandia nella NATO?

Chi capisce la logica dei finlandesi è bravo. Vogliono entrare nella NATO perché si sentono minacciati. Da chi? Loro dicono dalla Russia. Possono forse esibire delle prove di questa minaccia riferite agli ultimi 10 o 20 anni? Nessuna. Anzi la loro neutralità è per i russi così importante che l'han proposta come modello per una trattativa di pace con l'Ucraina. Che poi, a dir il vero, dopo il golpe del 2014 furono gli stessi Brzezinski e Kissinger a proporre il modello finnico: far entrare l'Ucraina nella UE ma non nella NATO.

Se si escludono gli anni 1939-40, in cui i finnici divennero alleati dei nazisti, i rapporti tra i due Paesi, da quel momento, sono sempre stati ottimali, nonostante che i finnici non abbiamo mai nascosto la propria assurda russofobia e il proprio viscerale anticomunismo. Non lo sanno che se sono una nazione lo devono proprio ai russi, che li sottrassero dal dominio svedese? E che furono i bolscevichi a riconoscere la loro indipendenza?

È noto che i finnici si sono serviti di tedeschi e inglesi per allargare il loro territorio verso la Carelia sovietica. Sono poi entrati nella UE nel 1995. Hanno supportato concretamente le operazioni militari occidentali in Afghanistan e nei Balcani e aderito alle sanzioni economiche contro la Russia sin dal 2014. Un sondaggio del dicembre 2019 vedeva solo il 20% dei finlandesi a favore dell'adesione alla NATO.

Ora invece sembra tutto cambiato. Ma perché? Lo sanno i finlandesi che coi 1.340 km di confine comune con la Russia (quello russo-ucraino è di 1.576 km), le relazioni pacifiche verranno gravemente compromesse. Per difendere San Pietroburgo i russi non si faranno tanti problemi ad attaccare la Finlandia e, poiché non sono imparentati come con gli ucraini, non combatteranno con un braccio legato dietro la schiena.

## La rinascita del neonazismo

Con la dissoluzione del Patto di Varsavia e l'indipendenza degli Stati ex sovietici, milizie banderiste, ustascia e naziste sono ricomparse nello spazio pubblico, ottenendo il sostegno degli occidentali, specie degli anglosassoni.

In Bulgaria, a Sofia, da una quindicina d'anni si svolge una manifestazione annuale in ricordo del generale fascista Hristo Lukov.

In Estonia, nel 2009, sono state rimpatriate le ceneri del colonnello SS Alfons Rebane (il Rommel estone). Successivamente è stata posta una targa commemorativa, col sostegno palese del presidente Toomas Hendrik Ilves (2006-16). Nel 2012 il ministro della Difesa, Urmas Reinsalu, ha partecipato sull'isola di Saaremaa a una cerimonia dell'Alleanza dei combattenti per la libertà dell'Estonia dall'URSS (collaboratori dei nazisti).

In Lettonia la presidente Vaira Vike-Freiberga (1999-2007) ha affermato che le "SS sono eroi della lotta contro i sovietici". Ha fatto modificare i manuali scolastici di storia e autorizzato manifestazioni per commemorare questi "eroi". La Lettonia, la cui popolazione è per un quarto russa, ha vietato l'uso della lingua russa nelle scuole secondarie. Inoltre, nel 2018, insieme all'Estonia, ha costruito un muro lungo il confine russo.

Anche in Ucraina sono stati modificati i manuali scolastici di storia. Ora si deve sostenere la tesi secondo cui il Paese è diventato indipendente grazie ai nazisti e che la popolazione ucraina non ha geni in comune coi russi, giudicati una razza inferiore. Sono 30 anni che si dicono tali corbellerie.

Prima dell'attuale guerra ogni anno decine di migliaia di bambini e adolescenti venivano mandati nei "campi di vacanza" dei banderisti, come accadeva alla gioventù hitleriana, ove scandivano lo slogan "Gloria all'Ucraina!". Questi giovani, ragazze e ragazzi, trovano oggi asilo in Unione Europea. Domani alcuni di loro potrebbero anche compiere degli attentati, visto che sono così radicalizzati.

Fino a ieri i banderisti reclutavano cadetti in Germania, Canada, Francia, Regno Unito e Stati Uniti, nonché ufficiali nelle accademie militari di questi Paesi. Avevano già creato nel 2019 un ordine segreto, "Centuria", attraverso cui diffondevano la loro ideologia, contraria alle procedure democratiche e al suffragio universale.

I politici occidentali non hanno mai preso sul serio questa deriva nazifascista. Anzi il 18 novembre 2020 quando all'ONU si dovette a favore di una risoluzione contro il razzismo e la xenofobia (Nazioni Unite A/C.3/75/L.49), Stati Uniti e Ucraina han votato contro, e i Paesi membri della Nato e dell'Unione Europea si sono astenuti.

Fonte: voltairenet.org

**Destinati a fare la fame**

Alla luce degli sviluppi in Ucraina, i leader di strutture come il Fondo Monetario Internazionale, la Banca Mondiale, il Programma Alimentare delle Nazioni Unite e l'Organizzazione Mondiale del Commercio hanno esortato la comunità internazionale ad adottare urgentemente misure atte a garantire la sicurezza alimentare nel mondo. Questo perché l'impennata dei prezzi dei generi alimentari di base e le interruzioni nelle forniture dei beni stanno "portando alla fame milioni di persone".

Secondo le Nazioni Unite la Russia è al primo posto nel

mondo per esportazione di fertilizzanti azotati e seconda per esportazione di fertilizzanti fosfatici e potassici.

Nell'ultimo pacchetto di sanzioni anti-russe sono comprese, tra le altre cose, il divieto d'importazione di fertilizzanti dalla Federazione Russa. Ma la carenza di fertilizzanti minaccia le forniture alimentari globali, che sono già limitate dalle interruzioni nelle forniture di cereali provenienti da Ucraina e Russia.

C'è da scommettere che prima o poi l'occidente darà tutta la colpa a Putin non solo della pesante inflazione che sta colpendo mezzo mondo, ma anche della fame che presto colpirà l'altra metà.

### La pifferaia Le Pen

Marine Le Pen ha affermato di vedere tuttora la Crimea come parte della Russia. Già nel 2017 l'aveva detto. Esclude che ci sia stata un'annessione illegale, in quanto il distacco da Kiev e quindi l'unione volontaria alla Russia sono dipesi da un referendum. "Non c'è stata alcuna invasione della Crimea. La Crimea è sempre stata russa. È stata data all'Ucraina al tempo di Krusciov. Non possiamo essere democratici quando ci fa comodo e rifiutare la democrazia quando non è il caso", così diceva. Per questa sua passata dichiarazione, è stata bandita dall'Ucraina.

Mi chiedo se direbbe la stessa cosa della Corsica, appartenuta agli italiani per molto più tempo che non ai francesi. Cioè sarei curioso di vedere come si comporterebbe se con un referendum i corsi decidessero di unirsi all'Italia o di dichiararsi indipendenti.

In ogni caso è curioso che gli ucraini rifiutino il referendum della Crimea quando usarono lo stesso strumento per staccarsi dalla Russia sovietica.

Interessante che anche la Le Pen abbia rifiutato, come Macron, di chiamare genocidio la crisi in Ucraina, e che abbia paventato, diversamente da Macron, l'uscita della Francia dalla NATO.

Stai a vedere che riesce a vincere grazie al voto dell'estrema sinistra: una sorta di pifferaia magica, capace d'incantare tutti con la sua melodia persuasiva. Bisognerà poi vedere quanto ciò è propaganda per ottenere voti e quanto invece rientra in un effettivo programma di governo. Dubito che una abituata a frequentare dalla nascita ambienti xenofobi e razzistici, possa fare qualcosa di utile alla democrazia.

### Anche Zelensky va processato

Il regime di Kiev sta completando la formazione di tre nuovi battaglioni nazionalisti ("Slabozhanshchina", "Kharkovshchina-1" e "Kharkovshchina-2") grazie a criminali piuttosto pericolosi rinchiusi in carcere.

I compiti principali di questi battaglioni includono il blocco di Kharkov, cioè impedire l'uscita della popolazione locale dalla città, ma anche eliminare le stesse forze armate ucraine che decidono di ritirarsi o addirittura di arrendersi. I maschi dai 18 ai 60 anni in condizioni di combattere sono costretti a difendere il Paese.

Non meno grave è la situazione nel monastero Nikolo-Vasilyevsky del distretto Volnovakhsky della DPR. I neonazisti hanno bloccato più di 450 civili. Il monastero e l'unica strada che vi conduce sono costantemente bombardati dai loro mortai.

Le forze armate ucraine continuano a equipaggiare postazioni di tiro nelle scuole (Zaporozhye), negli ospedali e nelle stazioni di trasfusione di sangue (Kramatorsk). I residenti locali, il personale medico e i pazienti sono tenuti con la forza come scudi umani.

Insomma una narrazione che nei media occidentali non esiste. Per queste ragioni non è possibile trattare con Zelensky. Deve semplicemente arrendersi senza condizioni e aspettarsi d'essere processato come criminale di guerra, se non riesce a fuggire in tempo.

[18]

### I grandi limiti della democrazia

Questa guerra improvvisa ha messo chiaramente in luce alcune cose particolarmente gravi. Anzitutto l'irresponsabilità dei leader politici, che, non sapendo distinguere le considerazioni etiche da quelle politiche, cioè lasciandosi determinare dai propri pregiudizi ideologici, sono arrivati a compiere azioni del tutto autolesionistiche nei confronti degli interessi vitali della nazione che dovrebbero rappresentare.

In secondo luogo la totale incapacità dei gestori dell'informazione di approfondire sul piano storico le cause che generano i conflitti militari. Il che li porta inevitabilmente a rendere uniforme la narrazione dei fatti, ad accettare qualunque informazione che la avvalori, a non ascoltare seriamente chi la pensa in maniera diversa.

I giornalisti han creato una bolla mediatica in cui i politici han potuto fare ciò che volevano, senza neppure aver bisogno di distinguersi tra destra e sinistra, tra maggioranza e opposizione.

Questa guerra ha indubbiamente messo in luce le gravi carenze della nostra democrazia, anche se ha favorito la nascita di nuovi canali informativi, liberi dalla censura dei media dominanti.[8]

## Il rublo a picco?

L'agenzia di valutazione Standard & Poor's raggiunge una nuova soglia di ridicolo e declassa il rublo, ventilando un rischio di "fallimento", a causa dell'aumento dei rischi che Mosca non sarà in grado di onorare i suoi impegni nei confronti dei detentori di debiti esteri.

Non si comprende però come potrebbe fallire il rublo dal momento che questa è una valuta sovrana emessa dalla Banca centrale russa, il cui valore ora è per di più strettamente collegato all'oro e alle principali materie prime del Paese.

La facoltà di creare moneta è nella disponibilità della Russia. Semmai chi si trova nelle condizioni di un reale rischio di fallimento sono i Paesi dell'eurozona, poiché non hanno la facoltà di emettere l'euro, e devono affidarsi ai mercati di capitali per procurarsi questa moneta finanziaria. Da notare poi come sui mercati di cambio il rublo non si stia affatto indebolendo, ma rafforzando sia sul dollaro che sull'euro.

La finanza internazionale è affetta dalla stessa dissonanza cognitiva da cui è affetta la UE e tutto l'occidente neoliberistico. Crede che la realtà sia quella che si trova nella sua immaginazione,

---

[8] A proposito di libertà di stampa, nel giro di poco più di un anno l'Italia è passata dal 41° al 58° posto a livello mondiale. Tra *fact checkers* e professionisti dell'informazione siamo insieme alla Nigeria e al Ghana.

quando nel mondo reale tutta l'impalcatura del sistema finanziario concepito dai Rothschild sta andando in frantumi.

*Rebus sic stantibus*, sarebbe quasi meglio che un creditore si facesse rimborsare in rubli. E in ogni caso chi vuole esserlo nella moneta con cui ha concesso il prestito, dovrebbe prendersela col governo del proprio Paese, che ha bloccato i fondi esteri della Banca centrale russa. L'ultima alternativa è quella di reinvestire in rubli nella stessa Russia il credito che si è concesso. Attenzione che se la facciamo troppo grande, Putin potrebbe comportarsi come Lenin l'indomani della rivoluzione, quando annullò tutti i debiti contratti dall'impero russo e dal successivo governo provvisorio!

Fonte: reuters.com

### Non è disonorevole arrendersi

Qualche dato tecnico sull'acciaieria Azovstal, giusto per capire le difficoltà incontrate dai russi nel cercare di stanare gli ultimi neonazisti di Mariupol (ma dentro vi sono anche una struttura segreta della NATO con relativi ufficiali e un bio-laboratorio segreto con armi biologiche).[9]

- La superficie è di quasi 11 km quadrati.

- Ci sono 41 officine e altri 80 grandi edifici sul suo territorio.

- La parte sotterranea dell'impianto si sviluppa in 5-6 piani, la lunghezza totale delle gallerie è di 24 chilometri. Lo spessore delle pareti dei rifugi sotterranei raggiunge i 4 metri, quindi vi è un sistema di bunker blindati.

E, in più, la volontà dei russi è quella di non bombardare a tappeto questo grande complesso industriale. Hanno dato un ultimatum, promettendo salva la vita a tutti, anche ai mercenari stranieri (evitando quindi di torturare o mutilare o ammazzare i prigionieri, come invece fanno i neonazisti). Siccome la guerra non è un gioco, anche se a molti, abituati ai videogiochi, sembra che lo sia, ora ognuno dovrà per forza assumersi le proprie responsabilità. Ivi

---

[9] Da notare che nelle intenzioni originarie di Putin i russi vogliono eliminare i battaglioni neonazisti operanti non solo a Mariupol ma anche a Odessa e Kharkov, nonché in varie strutture del territorio, per cui è da escludere che la guerra possa terminare il 9 maggio, come si pensa in occidente.

inclusi gli specialisti occidentali che han condotto test biologici nei laboratori di questa struttura, usando migliaia di residenti di Mariupol come cavie.

Quello che più fa rabbia però è Zelensky, che ha negato l'autorizzazione alla resa. La dice lunga sulla lucidità dell'uomo. Gli ucraini non hanno alcuna possibilità realistica: o si arrendono o moriranno con i polmoni bruciati dalle bombe termobariche. Ovviamente senza avere la minima possibilità d'infliggere perdite ai russi.

La posizione di Zelensky è più criminale di quella di Hitler su Stalingrado. Ha senso trasformare l'Europa in un campo di battaglia per difendere un burattino affetto da megalomania, eterodiretto da un malato di demenza senile che sta a Washington, per il quale gli stessi parlamentari repubblicani han chiesto alla Casa Bianca di sottoporlo a un test cognitivo? Posso capire soltanto i Ferrara che, resi ciechi dalla loro ideologia guerrafondaia e anticomunista, rendono onore alla resistenza del Battaglione Azov... Li capisco, anche se mi fan venire il voltastomaco, soprattutto perché i loro giornali, il cui valore è prossimo allo zero, viene pagato dalle tasse dei cittadini.

p.s. Che Biden sia ormai fuori controllo è dimostrato anche dal fatto che sta facendo correre al suo Paese il rischio di esaurire in modo significativo le proprie scorte di armi, fornendo assistenza militare quotidiana all'Ucraina. In particolare ha già fornito a Kiev 1/3 del suo arsenale di sistemi anticarro Javelin.

**Onore ai militari realistici**

Il colonnello in pensione dell'esercito americano Douglas McGregor dice che siamo nelle fasi finali della guerra. Ora 40-60.000 soldati ucraini rimangono nell'Ucraina orientale in un'area di circa 150-200 miglia quadrate (518 kmq). Sono inchiodati in trincea sulla difensiva, non hanno carburante, hanno munizioni per resistere per un paio di settimane, non hanno abbastanza acqua e cibo. Sono circondati.

Temo che molto presto sarà chiaro che tutte quelle affermazioni sulla distruzione dell'esercito russo, sull'incapacità strategica dei suoi generali e sui grandi vincitori ucraini andranno in pezzi e la gente vedrà che era vero il contrario.

Che figure faranno giornalisti come Mentana, la Mannocchi o geopolitici come Dario Fabbri? Da sotterrarsi. Ci vorranno mesi e mesi prima di tornare alla ribalta. E che dire di tutti quelli che hanno attribuito ai russi la volontà di sterminare i civili ucraini? Questi andrebbero processati per diffamazione. Tanto è evidente che alla fine della guerra saranno i russi a fare un nuovo processo di Norimberga e lì sarà difficile che non vengano alla luce le responsabilità criminali dei neonazisti e dei politici che li hanno protetti e dei giornalisti che hanno mistificato i fatti.

### L'irresponsabile Borrell

Quando un alto rappresentante della UE per gli affari esteri e la politica di sicurezza, Josep Borrell, afferma che la soluzione del conflitto ucraino si deciderà sul campo di battaglia, la missione pacifista del nostro continente è definitivamente morta. Non esistono più gli ideali democratici dei padri fondatori della UE, che si adoperavano per garantire che una nuova guerra in Europa sarebbe stata "impensabile e impossibile".

Un soggetto del genere dovrebbe dimettersi, poiché sta minando le basi fondamentali dell'Unione Europea. Lo stesso dovrebbe fare la presidente della Commissione Europea, Ursula von der Leyen, anch'essa totalmente irresponsabile. L'intero continente, intenzionato a versare 1,5 miliardi di euro in assistenza militare, senza mai parlare di negoziato, si sta trasformando in uno strumento aggressivo di espansione esterna verso est, come già successo nel passato.

Di nuovo abbiamo a che fare con un occidente preoccupato di realizzare un dominio globale illimitato su coloro che considera inferiori a se stesso (persino a livello genetico). E che finge di non vedere che sono i neonazisti ucraini a organizzare direttamente stragi di civili (come quelle di Bucha e di Kramatorsk), o indirettamente, impedendo loro di utilizzare i corridoi umanitari.

Nessuno dei membri della UE si è preso la briga di visitare i territori del Donbass, nemmeno una volta dal 2014. Oggi addirittura l'assistenza a Kiev per aiutare i neonazisti ucraini a continuare a uccidere viene fornita attraverso la Fondazione Europea per la

Pace.

I veri valori dell'occidente "illuminato" sono evidenziati dall'uso diffuso da parte dei politici della UE dello slogan nazista "Gloria all'Ucraina" di Stepan Bandera, che è un calco del saluto usato nella Germania nazista, "Sieg Heil" ("Saluto alla vittoria").

### Saviano sembrava serio

Roberto Saviano ha pubblicato la foto di un bambino ucraino mutilato, accostandola a quanto sta accadendo adesso in Ucraina, cioè facendo intendere che sono stati i russi o i filorussi.

La foto tuttavia risale al 2015, quando il conflitto era in atto soltanto nel Donbass, ed è stata scattata a Montreal in Canada, perché qui venne trasferito da un'équipe di medici canadesi giunti nel Donbass per curare civili e soldati feriti. Il bambino rimase mutilato dopo aver raccolto una granata inesplosa in un campo vicino alla sua abitazione a Mariupol: perse entrambe le gambe e il braccio destro, mentre il fratellino di appena 4 anni morì.

Nonostante le proteste, Saviano non ha rimosso l'immagine, anzi ha ribadito il contenuto del suo post.

Fonte: ilprimatonazionale.it

### Il "Secolo d'Italia" dovrebbe essere bannato

Per il "Secolo d'Italia" i nazisti del Battaglione Azov sono eroi da celebrare, un corpo d'élite che ignora la resa, una specie di "spartani alle Termopili", che 10.000 russi vogliono sconfiggere per unire il Donbass alla Crimea, con tutta la brutalità di cui sono capaci.

Siamo di nuovo alla follia mediatica. Questi neonazisti addestrati dalla NATO sono particolarmente truci, violenti e anche sadici. Si sono macchiati di crimini indicibili sulla popolazione civile, usandola come scudo umano, e hanno torturato non pochi soldati nemici catturati.

Che senso ha ritenere un eroe chi, in condizioni d'inferiorità numerica, subisce un assedio o un attacco da parte di chi ha maggiori forze e mezzi a disposizione? Possibile che non si sappia distinguere, sul piano etico, chi combatte rispettando le regole e chi no? Possibile che si sia così superficiali nell'esaminare le cause di questa guerra?

Lo stesso atteggiamento i media l'han nutrito nei confronti del governo di Kiev. Continuamente si è ribadito che c'è un aggredito e un aggressore, quando invece le parti andavano rovesciate.

Tutti questi mezzi di comunicazione sembrano pagati dai poteri forti dell'occidente, e quindi impossibilitati per motivi oggettivi ad avere uno sguardo obiettivo sulla realtà. In particolare la stampa italiana è una semplice cassa di risonanza della propaganda di Kiev, che porta alla ribalta tutte le *fake news* che quel governo s'inventa. Il livello dei nostri giornalisti, in merito alla politica estera, alla geopolitica, alle relazioni internazionali, è assolutamente vergognoso. Siamo di un provincialismo disarmante.

Fonte: secoloditalia.it

**[19]**

### La storia si ripete

Dicono che l'Ucraina si divida in tre parti fondamentali. L'Est russofono-ortodosso con le città industriali e minerarie di Kharkov e Donetsk. Il centro politico-amministrativo di Kiev con l'Ucraina centrale delle terre nere, il cuore agricolo del Paese, anch'esso ortodosso. E l'Ucraina dell'Ovest, povera, montuosa e con una percentuale di emigrazione elevata, di religione cattolica o uniate.

Tuttavia quando si tratta di combattere contro l'Est sia il Centro che l'Ovest si trovano perfettamente d'accordo. Perché? Forse perché qui ci sono maggiori tradizioni comuniste, filorusse, operaiste?

Io penso che ci sia anche un'altra motivazione, più culturale. Nella parte Est sono di mentalità più arcaica, meno disposti a farsi condizionare dallo stile di vita europeo. È vero, vi sono molti operai, ma come mentalità si sentono più vicini alla civiltà russa, che per molti aspetti è antieuropea, cioè non consumistica, non venale, legata ai valori del mondo russo-ortodosso del passato (un passato quasi pre-borghese). Il fenomeno degli oligarchi è solo un'eccezione, e comunque essi sono presenti anche in Ucraina.

Viceversa, nel Centro-Ovest ambiscono a entrare nella UE proprio perché vogliono emanciparsi velocemente dal proprio passato dirigistico-sovietico, forzatamente collettivistico sul piano rurale. La religione non sembra essere decisiva, poiché nel Centro sono ortodossi come nell'Est, anche se in maniera scismatica rispetto al patriarcato di Mosca: sono degli ortodossi nazionalisti, vicini addirittura ai neonazisti, esattamente come i cattolici o gli uniati.

Ho l'impressione che in Ucraina si sia verificato un fenomeno simile a quello avvenuto quando l'Europa pretendeva di colonizzare il mondo intero. S'incontravano civiltà molto diverse dalla nostra, ritenute culturalmente arretrate solo perché non avevano i nostri standard tecnico-scientifici, economico-finanziari, militari. E quando esse non si piegavano ai nostri diktat, venivano semplicemente sterminate. Ecco, in Ucraina si è assistito a un desiderio di emancipazione economica borghese nell'area Centro-Ovest, la cui irrealizzazione veniva attribuita alla mentalità arretrata della parte Est.

C'è però una differenza: per il governo neonazista di Kiev il Donbass è decisivo per la propria emancipazione economica proprio perché è una regione industrializzata, ricca di risorse minerarie, che va sfruttata cacciando o sottomettendo le popolazioni filorusse. Si pensi che con la sola chiusura degli impianti siderurgici di Mariupol a causa dei combattimenti, l'Ucraina ha perso il 30-40% delle sue capacità produttive. Senza il Donbass, senza Mariupol e senza Odessa l'Ucraina avrà un destino da Terzo mondo.

È incredibile come gli economisti ucraini non sappiano fare i conti della serva e si lascino soggiogare dall'ideologia neonazista.

### I soliti due pesi e due misure

In vari video abbiamo visto che nel corso del golpe neonazista del 2014 erano presenti tra la popolazione insorgente sia la Victoria Nuland, vice del ministro degli Esteri John Kerry, che l'ambasciatore statunitense Geoffrey Pyatt, le eminenze grigie dietro il colpo di stato.

La Nuland, poco mesi prima, aveva intimato a Yanukovich di firmare l'accordo con la UE, poiché gli USA avevano già speso per l'Ucraina 5 miliardi di dollari in 5 anni di lavoro per portarla sotto la UE e la NATO. Ma Yanukovich decise di rivolgersi alla Russia.

Poi durante il golpe la Nuland in piazza Maidan distribuiva il pane ai manifestanti, in una maniera assolutamente ridicola, solo per dimostrare che avevano gli USA dalla loro parte.

Ebbene, non c'erano solo questi due spregevoli rappresentanti degli USA, ma anche la baronessa inglese Catherine Ashton, Alta rappresentante per gli affari esteri e la politica di sicurezza dell'Unione Europea (2009-14), come risulta da questo video www.youtube.com/watch?v=G11mqSMbiKo di cui Wikipedia non parla assolutamente.

Vedendola, così spudoratamente, incontrare a Kiev la leadership neonazista, dando di persona la benedizione alla rivolta di Euromaidan, mi viene da chiedere: immaginiamo solo per un momento se il ministro degli Esteri russo Lavrov avesse osato presentarsi ad Atene in piena rivolta contro l'Europa della Merkel a dare di persona il suo appoggio ai rivoltosi? Cosa avremmo detto?

**Di Maio accorto e lungimirante**

Ha detto Di Maio, col suo solito acume e la sua spocchia: "Ci opporremo a un intervento militare della NATO nella guerra in Ucraina, perché questo porterebbe a una guerra mondiale militare. Siamo già in una guerra mondiale ma fortunatamente non dal punto di vista militare".

In realtà una guerra mondiale militare esiste già, solo che non potendo essere nucleare, è ibrida, cioè condotta dagli occidentali per procura, facendone pagare il prezzo agli ucraini.

Vi sono già militari della NATO in Ucraina. È stato persino arrestato un tenente generale americano, Roger L. Cloutier. Un altro generale, Éric Vidaud, capo dell'Intelligence militare francese, è stato licenziato per non aver previsto in tempo l'invasione russa in Ucraina.

Il ministero della Difesa russo ha fatto il censimento degli stranieri che combattono in Ucraina. Dall'inizio della guerra Kiev ha attratto 6.824 stranieri da 63 Stati. I più numerosi sono polacchi: 1.717 persone. Circa 1.500 "mercenari" provengono dagli USA, dal Canada e anche dalla Romania. Dal Regno Unito e dalla Georgia fino a 300 persone. 193 persone sono arrivate dalle aree della Siria controllate dalla Turchia.

Il numero di questi soggetti è in costante calo e oggi ammonta a 4.877. Durante i combattimenti 1.035 mercenari stranieri sono rimasti uccisi, altri 912 si sono rifiutati di combattere e sono fuggiti.

Di Maio avrebbe semplicemente dovuto dire, secondo il dettato costituzionale, che l'Italia ripudia la guerra come strumento di risoluzione delle controversie internazionali. Quindi niente armi, niente soldi finalizzati agli armamenti, niente mercenari, ma solo diplomazia a oltranza e aiuti umanitari. E se proprio vuoi mettere delle sanzioni, non le metti soltanto a uno dei due contendenti, ma a entrambi, e non le metti in maniera tale che finiscano per danneggiare la popolazione civile. Le sanzioni devono danneggiare soltanto chi dichiara la guerra, cioè chi la impone al proprio popolo e ai popoli degli Stati altrui. Le punizioni collettive sono vietate dalle Convenzioni di Ginevra.

### Analisi inquietante di Andrea Gaspardo

Cos'ha detto Andrea Gaspardo, esperto di questioni militari, a Stefano Tiozzo in un video del 18 aprile?

Nel video precedente aveva previsto che la guerra russo-ucraina, se fosse rimasta convenzionale e bilaterale, non avrebbe potuto durare più di 100 giorni, perché generalmente è accaduto così negli ultimi 30 anni. Ora prevede sui 6-7 mesi. E quanto più a lungo dura una guerra, tante più possibilità ci sono che si internazionalizzi.

All'inizio Putin si aspettava una guerra lampo con cui occupare l'intero territorio ucraino. Riteneva che il Paese avrebbe opposto una resistenza risibile. Quindi diede direttive sbagliate, per un conflitto molto limitato, allo stato maggiore.

Di fatto però l'Ucraina poteva richiamare in servizio circa 1,6 milioni di uomini, dai 18 ai 60 anni (forze armate vere e proprie, guardia nazionale, battaglioni, ecc.). Questa capacità è già stata raggiunta in questo momento. Il governo ucraino si attende una guerra totale contro la Russia, non a bassa intensità.

Putin invece ha impegnato solo le stesse forze dell'inizio, sostenute da alcune riserve, e sono una parte relativamente piccola della sua disponibilità. Quindi d'ora in avanti ciò che faranno i russi contro gli ucraini avrà un effetto devastante.

I russi non hanno ancora usato l'artiglieria vera e propria, in tutta la sua potenza, perché non volevano spargimento di sangue né distruzioni degli abitati. Ad oggi solo 221 pezzi d'artiglieria russi sono stati distrutti dagli ucraini: un numero ridicolo. Ma ora vogliono usarla, poiché entro il 9 maggio Putin vuole una vittoria importante, anche se la guerra continuerà. Anche perché l'obiettivo finale è quello di sottomettere tutta l'Ucraina, non solo il Donbass. Dividere in due il Paese non è una soluzione praticabile, proprio perché non può sussistere una parte dell'Ucraina con funzioni destabilizzanti.

Alla domanda se Finlandia e Svezia possono entrare nella NATO ha detto che non lo prevede assolutamente, poiché basta che vi si opponga anche un solo Stato membro dell'Alleanza. Già Cipro non può accedere alla NATO perché vi si oppone la Turchia; né la Macedonia del Nord può farlo perché vi si oppone la Grecia.

Sui danni subiti dall'Ucraina ha riportato alcuni dati ufficiali dei ministeri del Paese: il deficit a marzo era di 2,7 miliardi di $, mentre per aprile-maggio si prevedono 5-7 miliardi di $; il 30% di aziende sono state chiuse; si sono subiti 600 miliardi di $ di danni in due mesi (nel 2021 il PIL era stato di 571 miliardi di $); 1 trilione di $ di danni per le infrastrutture. Il 27% del sistema viario completamente distrutto. L'import calato di 2/3; l'export dimezzato.

Dati sociodemografici: oltre 11 milioni di ucraini sono già sfollati all'interno e fuori del Paese, di cui 5 milioni di donne, bambini e anziani finiti all'estero (quest'ultimi, entro i primi di giugno, potrebbero arrivare a 10 o addirittura a 20 milioni). Se la guerra dura 6-7 mesi potrebbero morire circa 3 milioni di ucraini (soprattutto maschi). Da notare che prima della guerra gli ucraini erano 37,5 mil (escluse le due repubbliche del Donbass e la Crimea). Quindi diventerà un Paese spopolato.

Questo è un conflitto che ci fa ritornare alla II guerra mondiale. L'Ucraina spende 500 milioni di $ al giorno solo per le munizioni. Per vincere avrebbe bisogno ora di 100 miliardi di $ di aiuti militari.

L'Ucraina aveva (sulla carta) circa 4.000 carri armati. La Russia ne ha in funzione 23.000, ma ognuna delle loro 5 fabbriche di carri armati può produrne a ritmi normali 800 carri armati a settimana (500 ne ha già persi dall'inizio della guerra).

Secondo Gaspardo una resistenza ucraina avrebbe avuto senso fino alla riconquista di Kiev, poi si doveva scendere a trattative.

Quanto alla propaganda fasulla ha affermato che in occidente è ai livelli del 70%, mentre secondo i militari di qualunque Stato non dovrebbe superare il 30% per essere credibile.

Se la guerra va avanti per 6 mesi, dell'Ucraina non resterà più nulla. Già prima della guerra era ridotta economicamente ai minimi termini.

Fonte: youtu.be/L8uvx4DlawM

**[20]**

## Cambiare strategia è un segno d'intelligenza

All'inizio il ragionamento di Putin dovette essere molto semplice e ottimistico: dopo 8 anni di guerra civile con 14.000 morti e con un governo di "tossici" (son parole sue) e filonazisti, gli ucraini – avrà pensato – ci accoglieranno a braccia aperte, per cui, dopo aver eliminato le basi militari per avere il controllo aereo, il conflitto nelle città durerà poco. Non ci sarà bisogno di usare le maniere forti, anche perché Kiev sarà completamente circondata.

Purtroppo, non essendo abituato a usare i massmedia come gli occidentali, Putin è stato costretto a cambiare strategia. Ha sottovalutato la narrativa vittimistica e orgogliosa di Kiev, la cui regia è tutta anglo-americana: i filorussi del Donbass sono terroristi e i russi in generale sono fascisti che vogliono tenere sottomesso il Paese. Questo il refrain martellante di Zelensky.

In più Putin s'è dovuto accorgere, a spese delle sue truppe, che la spietatezza dei neonazisti è assolutamente sconfinata e mistificata da una vergognosa narrativa, che è riuscita a indurre mezzo mondo a porre sanzioni senza precedenti storici, per lo più del tutto illegali. I neonazisti si sentono così autorizzati a eliminare impunemente i loro stessi concittadini, a usarli come scudi umani, a impedire loro di utilizzare i corridoi umanitari, a obbligare tutti i maschi dai 18 ai 60 anni a combattere, minacciando la corte marziale. E a scaricare sui russi qualunque tipo di strage.

Parlare di russi e ucraini "imparentati" non ha più senso per evitare una recrudescenza del conflitto. Anzi non ha più senso parlare neppure di "operazione speciale". Qui siamo entrati in una guerra vera e propria.

### Gli ultimi civili prigionieri a Mariupol

Perché tutti quei civili nei sotterranei dell'acciaieria di Mariupol ove si nascondono gli ultimi criminali nazisti dell'Azov, capeggiati da Denys Prokopenko? È semplice: perché quando vedranno che non avranno più scampo, quelli dell'Azov prima ammazzeranno i civili, poi combatteranno fino all'ultimo uomo, così il mondo saprà che i russi han fatto una strage senza alcuna pietà. Già oggi gli occidentali parlano di "Mariupol martire" (invece che di città "liberata") e rendono "onore" agli sciacalli che rifiutano la resa senza condizioni.[10]

Dentro l'Azovstal però ci sono anche mercenari stranieri e ufficiali della NATO, abituati agli agi dell'occidente. Davvero sono così fanatici da condividere l'ideologia autoimmolatrice dei neonazisti ucraini?

Davvero degli eroi questi criminali, vero Ferrara? Magari li paragoniamo agli ebrei di Masada, tanto ormai, per giustificarli, ci siamo abituati a qualunque tipo di paragone.

Non appare forse rivoltante l'appello lanciato da Prokopenko ai leader mondiali, chiedendo che intervengano per salvare i civili rinchiusi nell'acciaieria? Quei civili fatti passare per rifugiati che hanno scelto spontaneamente di restare accanto ai soldati ucraini che difendono la città dagli "invasori" che distruggono qualunque cosa, mentre in realtà sono soltanto prigionieri da utilizzare come scudi umani. E non è forse stomachevole là dove fa capire che i russi mentono quando, in cambio della resa, promettono salva la vita? Non è sintomatico che questi neonazisti attribuiscano ai russi ciò che loro stessi farebbero se le parti fossero invertite? Non

---

[10] In realtà circa 120 civili nascosti nell'acciaieria sono usciti dopo l'ultimatum russo.

è forse falso quando sostiene di non volersi arrendere perché vuole difendere come un martire il suo Paese, quando in realtà teme d'essere processato per tutte le nefandezze compiute?

Non sono forse sommamente ipocriti questi nazisti (come Serhiy Volyna) che si appellano al papa per fare qualcosa che vada al di là delle preghiere? O come Eduard Basurin, vicecapo della milizia di Donetsk, quando sostiene che i russi ricorreranno a sostanze chimiche per indurre alla resa i rifugiati nei bunker?

E non sono dei sepolcri imbiancati gli occidentali quando definiscono "controverso" il battaglione Azov, essendo passato da organizzazione paramilitare di estrema destra, xenofoba e neonazista a organizzazione integrata come gruppo autonomo all'interno della Guardia Nazionale Ucraina (sin dal 2014, checché ne pensi Saverio Tommasi), come se questo fosse sufficiente ad attribuirgli una patente di democratica umanità?

### Le precisazioni di Jacques Baud

Jacques Baud è un militare molto noto negli ambienti dell'ONU, della NATO e dell'Unione Africana. Il suo ultimo libro in francese, *Putine, maître du jeu?* (*Putin, maestro del gioco?*), ed. Max Milo, del 16 marzo 2022, merita d'essere citato, poiché pone alcune importanti precisazioni.

Anzitutto è sbagliato parlare di "separatisti" dei filorussi del Donbass. Il loro referendum prevedeva non una secessione o una indipendenza, ma solo il riconoscimento di una "autonomia" o "autodeterminazione" delle due autoproclamate repubbliche di Donetsk e Luhansk.

Il fine di questa autonomia era la preservazione della lingua russa come lingua ufficiale, in quanto il primo atto legislativo del nuovo governo golpista fu l'abolizione, il 23 febbraio 2014, della legge Kivalov-Kolesnichenko del 2012 che aveva reso il russo una lingua ufficiale al pari dell'ucraino. Un po' come se i golpisti decidessero che francese e italiano non sarebbero più le lingue ufficiali in Svizzera.

In secondo luogo non ha neppure senso parlare di "filorussi", ma al massimo di "russofoni", poiché questi referendum furono condotti contro il parere di Putin, che infatti non riconobbe per ben 8 anni quelle repubbliche. La Russia non era affatto coinvolta nel conflitto tra Kiev e quella parte di Donbass rivendicata come autonoma.

In terzo luogo i due referendum provocarono subito una feroce repressione militare contro le regioni di lingua russa (Odessa, Dnepropetrovsk, Kharkov, Lugansk e Donetsk), iniziata nel febbraio 2014, che ha portato ad alcuni massacri (a Odessa e Mariupol, in primis). Alla fine dell'estate 2014 erano rimaste solo le autoproclamate repubbliche di Donetsk e Lugansk.

In quell'anno i russi non stavano affatto armando i ribelli. Le armi infatti provenivano dalle stesse defezioni delle unità ucraine di lingua russa che passavano dalla parte dei ribelli. È questo fatto che costrinse il governo di Kiev a impegnarsi negli Accordi di Minsk.

Tuttavia, subito dopo averli firmati, il presidente ucraino Poroshenko lanciò una vasta operazione antiterrorismo contro il Donbass. Siccome però gli ucraini subirono una schiacciante sconfitta a Debaltsevo, il governo si sentì costretto a impegnarsi negli accordi di Minsk 2 (febbraio 2015).

Entrambi gli Accordi non prevedevano né la separazione né l'indipendenza delle Repubbliche, ma solo la loro autonomia nel quadro dell'Ucraina. Lo stesso Putin sosteneva che la Russia non poteva intromettersi in una questione interna all'Ucraina. E infatti nessuno ha mai potuto dimostrare la presenza di militari russi nel Donbass fino al 23-24 febbraio 2022. I russi erano presenti solo in Crimea e in maniera più che altro simbolica.

L'esercito ucraino, a causa delle proprie inefficienze, non riusciva ad avere la meglio nei confronti dei separatisti. Alla fine del 2018 aveva già perso 2.700 uomini. Questo perché era minato dalla corruzione dei suoi quadri e non godeva dell'appoggio della popolazione. In particolare i giovani ucraini si rifiutavano di andare a combattere nel Donbass e preferivano emigrare all'estero: il che spiega, almeno in parte, il deficit demografico del Paese.

Il ministero della Difesa ucraino si rivolse quindi alla NATO per dare alle forze armate un peso più significativo. E fu così che nacquero le milizie paramilitari, composte prevalentemente da mercenari stranieri, spesso attivisti di estrema destra, violenti, anticomunisti, antirussi e antisemiti. Nel 2020 costituivano circa il

40% delle forze ucraine, contando 102.000 uomini. Erano tutti armati, finanziati e addestrati da Stati Uniti, Gran Bretagna, Canada e Francia…(ci sono più di 19 nazionalità, inclusa la Svizzera).

Il più noto dei gruppi di estrema destra che hanno guidato la rivoluzione Euromaidan nel 2014, è il reggimento Azov, il cui stemma ricorda quello della 2a Divisione SS Das Reich Panzer, oggetto di vera venerazione in Ucraina, per aver liberato Kharkov dai sovietici nel 1943, prima di perpetrare il massacro di Oradour-sur-Glane nel 1944, in Francia. Tra le figure famose del reggimento Azov c'era Roman Protassevich, arrestato nel 2021 dalle autorità bielorusse, poi rimesso in libertà.

Questi neonazisti han compiuto stupri, torture e massacri in Donbass, nella più assoluta indifferenza dell'occidente. Quando sono stati integrati nella Guardia Nazionale, non è affatto diminuita la loro ideologia nazista e il loro comportamento violento. Il loro compito è quello di difendere le città casa per casa, a tutti i costi. Agiscono in maniera autonoma.

La situazione comincia a precipitare quando Zelensky il 24 marzo 2021 emette un decreto che prevede la riconquista della Crimea. Contemporaneamente vengono condotte diverse esercitazioni NATO tra il Mar Nero e il Mar Baltico, accompagnate da un aumento significativo dei voli di ricognizione lungo il confine russo. I russi non reagiscono a queste provocazioni, tant'è che il ministro della Difesa ucraina, Oleksiy Reznikov, dichiara che non ci sono cambiamenti ai confini.

Tuttavia, in violazione degli accordi di Minsk, il governo ucraino inizia a condurre operazioni aeree nel Donbass, utilizzando droni e bombardando un deposito di carburante a Donetsk nell'ottobre 2021. Gli europei non condannano queste violazioni.

È nel febbraio 2022 che la situazione precipita. Pressato dagli americani, Zelensky fa capire che non ha intenzione di applicare gli Accordi di Minsk. Putin prende atto che gli europei non vogliono farsi garanti del loro rispetto (come d'altronde non l'han fatto in 8 anni), e decide d'intervenire. Prima però dev'essere il parlamento russo, il 15 febbraio, a chiedergli di riconoscere l'indipendenza delle Repubbliche. Accetta di farlo dopo che vede che le due Repubbliche vengono pesantemente bombardate dall'artiglieria ucraina, come dimostrano i rapporti quotidiani dell'OSCE, completamente ignorati dall'occidente.

Putin fa il suo discorso il 21 febbraio, acconsentendo alla richiesta del parlamento di riconoscere l'indipendenza delle due Repubbliche del Donbass, dopodiché firma dei trattati di amicizia e assistenza. Il 23 febbraio le due Repubbliche chiedono aiuti militari alla Russia. Il 24 Putin invoca l'art. 51 della Carta delle Nazioni Unite che prevede la mutua assistenza militare nel quadro di un'alleanza difensiva. Sa benissimo che qualunque sia la sua natura o portata, l'intervento scatenerà una pioggia di sanzioni.

Nel suo discorso del 24 febbraio Putin dichiara che i due obiettivi della sua operazione sono quelli di "smilitarizzare" e "denazificare" l'Ucraina, non d'impadronirsi del Paese.

Il resto dell'articolo, molto lungo, può essere letto su cf2r.org

### Due diversi approcci alla guerra

Dice Jacques Baud, nel suo libro su Putin, già citato nel post precedente, che la Russia ha un modo di combattere molto diverso da quello occidentale.

I nostri analisti si sono meravigliati che Putin non abbia voluto occupare Kiev per eliminare Zelensky e sostituirlo con un governo fantoccio. Ma Putin non ha mai avuto intenzione di abbattere o rovesciare Zelensky. Al contrario, cerca di mantenerlo al potere spingendolo a negoziare. L'obiettivo è soltanto quello di ottenere la neutralità dell'Ucraina.

Per gli occidentali è assurdo continuare a cercare una soluzione negoziata, mentre si conducono operazioni militari, in quanto la guerra inizia quando cessa la politica.

Invece nella concezione strategica russa, fin dall'epoca sovietica, se la guerra è la continuità della politica, allora si può passare fluidamente dall'una all'altra, anche durante il combattimento. Questo crea pressione sull'avversario e lo spinge a negoziare.

Il vero problema per i russi è che Zelensky non è minimamente affidabile, in quanto un giorno promette una cosa e il giorno dopo la smentisce, lasciando chiaramente capire di non avere alcuna autonomia e di essere manovrato dagli americani, che vogliono a tutti i costi prolungare il conflitto.

Inizialmente Putin era convinto che Zelensky avrebbe accettato facilmente il negoziato, vedendo che una parte del proprio Paese, grande come la Gran Bretagna, in sei giorni era stata occupata dai carri armati russi, con una velocità di avanzamento maggiore di quella che ebbe la Wehrmacht nel 1940. Ma Putin aveva sopravvalutato la capacità autonoma di Zelensky, che infatti si rivelerà come una marionetta gestita dall'occidente.

In questo momento il grosso dell'esercito ucraino, dispiegato nel sud del Paese per un'importante operazione contro il Donbass, è già completamente accerchiato: le residue forze ucraine non hanno più una struttura di comando operativa e strategica. Caduta Mariupol, le forze russe ne completeranno la distruzione. E solo allora si potrà parlare di negoziati, ammesso e non concesso che i russi non vogliano occupare anche Odessa per unire il Donbass alla Transnistria. La Russia non sembra volersi impegnare in un'occupazione dell'intero territorio ucraino, ma solo della sua area russofona.

### Lo censure da parte di Facebook

Su Facebook – scrive Jacques Baud nel libro dedicato a Putin – il gruppo Azov era considerato nella stessa categoria dello Stato islamico (ISIS) e soggetto alla "politica di individui e organizzazioni pericolose". Era quindi vietato glorificarlo.

Ma il 24 febbraio Facebook ha cambiato la sua politica e ha consentito post favorevoli alla milizia. A marzo la piattaforma autorizzava, nei Paesi dell'ex Europa dell'Est, gli appelli per l'omicidio di soldati e dirigenti russi. Per questo la piattaforma è stata bandita in Russia.

Veramente già dall'ottobre 2020 sarebbero stati registrati "26 casi di discriminazione contro i media russi e le sue risorse informative". In particolare era stato limitato l'accesso agli account del canale televisivo Zvezda, dell'agenzia di stampa Ria Novosti, più vari quotidiani quali "Sputnik News", "Russia Today", "Lenta.ru" e "Gazeta.ru".

Come forma di ritorsione il Roskomnadzor, l'autorità preposta al controllo delle telecomunicazioni nella Federazione russa, ha tolto di mezzo l'inglese BBC, la radio e la tv internazionale tedesca Deutsche Welle, il sito russo indipendente Meduza, la Radio Svoboda e la filiale russa di RFE/RL, a "Voice of America". Bloccate anche la radio "Eco di Mosca" e la Tv Dozhd, note per tenere posizioni opposte alle scelte del Cremlino.

Infine dopo aver bloccato Facebook è stata la volta di Twitter e di Instagram. Il 4 marzo la Duma (Camera bassa del Parlamento russo) ha addirittura approvato all'unanimità una legge che modifica il Codice penale per contenere la diffusione di "fake news" sulle operazioni dell'esercito russo. Come hanno riferito le agenzie di stampa Tass e Interfax, la legge introduce una responsabilità criminale per la diffusione di false informazioni sulle forze armate russe. In base alla gravità del reato sono previste multe e anche la prigione (si rischiano fino a 15 anni di carcere).

Io stesso sono stato bannato per tre volte dallo staff di Facebook, mentre diffondevo dei video russi che mostravano l'ideologia neonazista.[11]

### Armare i civili

I nostri media diffondono un'immagine romantica della resistenza popolare ucraina. È questa immagine che ha portato l'Unione Europea a finanziare la distribuzione casuale di armi alla popolazione civile, anche di quella reclusa nelle carceri. È un atto criminale, anche perché questi civili non sono sottoposti a strutture di comando che incanalino l'uso della forza secondo un obiettivo preciso.

La UE li sta trasformando in combattenti e quindi li fa diventare potenziali bersagli. Questa gente facilmente arriverà a compiere regolamenti di conti, varie forme di banditismo e di terrorismo. Le stesse milizie paramilitari che assicurano la difesa delle città sono incoraggiate dalla comunità internazionale a non rispettare i costumi della guerra.

Stiamo ripetendo la disastrosa esperienza del Terzo Reich nelle ultime ore della battaglia di Berlino. La guerra dovrebbe essere lasciata ai militari, e quando si perde in maniera irreparabile, bisogna ammetterlo e cercare una trattativa. Una qualunque resi-

---

[11] Dicono che Pfizer finanzi i *fact-checkers* di Facebook per censurare storie e post critici sui vaccini Covid-19, ma non ho trovato riscontri.

stenza deve essere guidata e strutturata. Non si può usare la popolazione ucraina come carne da cannone.

Peraltro il vice ministro degli Esteri della Federazione Russa, Oleg Syromolotov, ha già detto che "Negli ultimi mesi Washington da sola ha fornito armi a Kiev per un totale di 1,65 miliardi di dollari, fornendo centinaia di Stinger MANPADS, migliaia di Javelin ATGM, lanciagranate e altri tipi di armi. Ma le autorità ucraine, che non controllano le azioni dei militanti, non sono in grado di garantire lo stoccaggio sicuro e la non proliferazione di queste armi, che potrebbero successivamente finire sui mercati neri di altri Paesi. Il 9 marzo 2022 Zelensky ha firmato una legge che consente l'uso delle armi a tutti i cittadini ucraini, stranieri e apolidi. Oggi, senza alcun controllo, sono già state distribuite indiscriminatamente più di 25.000 armi da fuoco a chiunque lo desiderasse, compresi criminali rilasciati dalle carceri dalle autorità di Kiev e formazioni armate irregolari. Questo certamente aumenta i rischi di estremismo e terrorismo sia nella regione europea che oltre".

## Il ruolo vergognoso dei giornalisti

I nostri giornalisti che pubblicano articoli sul conflitto ucraino dovrebbero tornare all'abc della loro professione. Infatti sembrano strabici o miopi, non sono più capaci di guardare nella direzione giusta. Quel che vedono non lo esaminano in maniera obiettiva, verificando la fonte, cercando riscontri, conferme, analizzando i dettagli, usando il pensiero ipotetico, evitando frasi categoriche o sillogismi infondati o conclusioni azzardate.

Questa totale incapacità nel dare informazioni che non siano mera propaganda, lascia pensare che i giornalisti non siano di alcuna utilità al valore politico della democrazia. Considerando che il loro stipendio dipende anche da sovvenzioni pubbliche, bisognerebbe che per ogni informazione falsa che hanno offerto alla pubblica opinione, venissero in qualche modo sanzionati. Dichiarare il falso, fare apologia di reato, produrre mistificazioni a scopo propagandistico sono crimini che dovrebbero comportare un risarcimento pecuniario alla collettività, un solenne biasimo da parte delle istituzioni, l'obbligo di scuse ufficiali, la sospensione dei finanziamenti pubblici, fino all'espulsione dall'ordine dei giornalisti.

Deve passare il principio che un giornalista non può trincerarsi dietro la libertà d'informazione, senza mai pagare alcuna conseguenza per le sue falsità o mancate ritrattazioni.

Dovrebbe essere inquisito anche solo per il fatto d'aver avvalorato il regime sanzionatorio messo in atto dalle potenze occidentali contro la Federazione Russa. Questo perché in un mondo caratterizzato da scambi commerciali su scala planetaria, le sanzioni economiche e finanziarie che colpiscono intere popolazioni, costituiscono un elemento di forte destabilizzazione mondiale, un crimine contro l'umanità, una vera e propria dichiarazione di guerra.

### Una domanda

Agli ucraini che in seguito a questa guerra dichiarano di non nutrire più nei confronti dei russi alcun legame di parentela, vorrei chiedere: visto che a noi pongono domande assurde, come p.es., se preferiamo la pace o il condizionatore, voi invece preferite la libertà dai neonazisti o l'integrità della vostra abitazione?

Ma forse la vera domanda è un'altra: se gli ucraini non avessero un Paese quasi completamente distrutto, che ormai non ha più niente da perdere, e che per essere ricostruito dovrà basarsi unicamente su risorse occidentali, non avrebbero accettato ben prima di trattare una pace coi russi?

## [21]

### Ci stiamo facendo una cultura: la Bessarabia

C'è un art. molto interessante della rivista "Internazionale" dedicato alla Bessarabia. Dove si trova questa regione? Sostanzialmente coincide con l'attuale Moldavia (o in rumeno Moldova) e la Transnistria, più una parte meridionale chiamata Budjak, nel territorio ucraino.

La regione fu conquista dai russi agli inizi dell'800 nella loro guerra contro l'impero ottomano.

Oggi la Bessarabia è abitata da russi, ucraini, bulgari, moldavi, gagauzi (cristiani ortodossi di lingua turca), albanesi e lipovani ("vecchi credenti" russo-ortodossi). La lingua prevalente è il russo, ma nella parte meridionale è l'ucraino.

Nel 1918, nel caos successivo alla rivoluzione bolscevica, la regione fu annessa alla Romania, che nutriva sogni espansionistici. Ma alla fine della seconda guerra mondiale i sovietici la riconquistarono, creando due repubbliche: una al centro-nord chiamata Moldavia; l'altra a sud chiamata Ucraina, come lo Stato omonimo con capitale Kiev.

Con la dissoluzione dell'URSS, nel 1991, la Bessarabia meridionale (Budjak) rimase entro i confini dell'odierna Ucraina; il resto andò alla Moldavia, da cui poi si separò la Transnistria (1990), che poi nel 2014 ha chiesto l'adesione alla Russia, così come ha fatto la Crimea.

La Bessarabia meridionale, dopo la fine del socialismo statale, ha vissuto un forte tracollo economico, restando lontana dalle preoccupazioni di Kiev. Di qui il desiderio di tornare a far parte della Russia, come testimoniano i forti partiti filorussi, che non hanno accettato il golpe neonazista di Maidan del 2014, meno che mai l'abolizione della lingua russa pretesa dal nuovo governo di Kiev. Anzi, si considera l'inserimento della Crimea nella Russia come qualcosa da imitare.

Nel biennio 2014-15 si sono formati dei movimenti separatisti miranti a istituire una repubblica popolare sul modello di quelle di Donetsk e Luhansk, ma il governo di Kiev è intervenuto brutalmente per sedare le rivendicazioni autonomistiche.

Tuttavia, una volta scoppiata l'attuale guerra russo-ucraina, le aspirazioni autonomistiche han ripreso vigore, soprattutto nelle campagne: si sta pensando di indire presto un referendum per poter far parte della Russia, eventualmente incorporando la regione di Odessa. E se il progetto secessionista riuscirà, sarà facile che anche la regione autonoma e fortemente filorussa della Gagauzia si voglia staccare dalla Moldavia.

Questo per dire che è alquanto improbabile che le armate russe non arrivino a occupare anche Odessa. E se questo davvero accadrà, apriti cielo: anche in Bulgaria le fasce sociali più deboli aspirano ad avere rapporti molto più stretti con la Russia, come poi è sempre accaduto nel passato. Lo stesso potrà avvenire in Ungheria e in Serbia, che han rifiutato di aderire alle sanzioni antirusse.

Fonte: internazionale.it

## Quella nullità di Michel

Il presidente del Consiglio europeo, Charles Michel, che si
è incontrato ieri con Zelensky, ha detto che l'anno scorso è stato
nel Donbass insieme a lui, e lì aveva capito che la Russia era parte
in causa del conflitto esistente tra Kiev e le due repubbliche separatiste. Naturalmente ha garantito fondi economici per la ricostruzione immediata del Paese e equipaggiamenti militari (1,5 miliardi
di euro), promettendo di far entrare il più presto possibile l'Ucraina
in Europa. Vuole espressamente la vittoria militare dell'Ucraina.
Cioè non vuole alcuna trattativa prima della fine della guerra.

Quest'uomo in realtà non ha capito niente. Se non riesce a
intravedere l'autoritarismo filonazista del governo di Kiev, il genocidio compiuto nel Donbass, la guerra civile portata avanti per 8
anni, è meglio che si vada a nascondere. Tra lui e la von der Leyen
non si sa chi scegliere.

## Le idee chiare di Daria Platonova

La giornalista e analista geopolitica russa, Daria Platonova,
ha detto che i francesi si stanno cominciando a chiedere che razza
d'ipocrita sia Macron, ora schierato apertamente coi neonazisti del
governo ucraino, mentre in un primo momento aveva assunto la
maschera del pacificatore. Cosa che ha fatto pensare a una mera
mossa elettorale.

Invia armi, impone sanzioni e manda a Kiev e a Odessa il
"ministro degli esteri ombra", Bernard-Henri Lévy, un soggetto assolutamente non raccomandabile, poiché s'interfaccia soprattutto
coi nazisti (p.es. con l'ex comandante del battaglione Aidar, Maxim Marchenko).

Il problema però è che ora la Francia sta entrando in una
grave crisi economica, nonostante la sua minor dipendenza dal gas
russo in virtù delle sue centrali nucleari. Aumentano i prezzi del
carburante, del gas, del diesel e della benzina, ma anche dei fertilizzanti. Le proteste contro l'aumento del prezzo della benzina
sono in corso dal 2018.

L'economia neoliberale del macronismo non soddisfa più

(vedi l'innalzamento dell'età pensionabile, l'aumento della tassazione), ma viene criticata anche la perdita d'influenza dell'Eliseo in Africa (vedi il vergognoso ritiro delle truppe francesi dal Mali). C'è inoltre la sottomissione del Paese a una "amministrazione straniera" (lo scandalo McKinsey ha rivelato che un certo numero di progetti di legge sulla salute sono stati elaborati da una società di consulenza americana legata alla CIA), e c'è la vendita di aziende francesi agli Stati Uniti (l'affare Alstom).

Ora, siccome i francesi non sono "pecore" come gli italiani, è facile che preferiranno la Le Pen a Macron, proprio perché incredibilmente lei ha assunto un atteggiamento più realistico: vuole rinunciare alle sanzioni antirusse, così come aveva già detto nei confronti di quelle del 2014, dopo l'annessione della Crimea. E ha sempre detto che la politica delle sanzioni è analfabeta, non ha alcun impatto sui regimi politici e danneggia solo la Francia stessa. Ha ripetutamente criticato le élite finanziarie dell'Unione Europea, che non agiscono nell'interesse dei popoli europei, ma in quello degli Stati Uniti.

Se vincesse nel ballottaggio, sicuramente il suo primo passo sarebbe quello di eliminare le sanzioni energetiche. Il che è condiviso dalla gente comune.

La Le Pen non è solo contro la pressione su Mosca, ma è anche una seguace del continentalismo europeo dall'Atlantico agli Urali, senza rinunciare ovviamente a una forte sovranità francese. Per certi versi il suo programma ricorda il gollismo, in cui l'alleanza tra l'Europa continentale e il polo eurasiatico (la Russia) era estremamente importante.

Resta tuttavia il fatto che il suo partito, Rassemblement National, rappresenta, in politica interna, quanto di peggio vi possa essere a livello parlamentare: nazionalismo economico, populismo di destra, euroscetticismo, protezionismo, conservatorismo nazionale, xenofobia (il "francese prima"), conservatorismo sociale, ecc.

Fonte: comedonchisciotte.org


**Nostri parlamentari in controtendenza**

Hanno votato contro l'invio di armi all'Ucraina:
Al Senato:

1 Angrisani Luisa (Alternativa)
2 Botto Elena (Misto ex M5S)
3 Corrado Margherita (Misto ex M5S)
4 Crucioli Mattia (Alternativa)
5 De Vecchis William (Misto, Italexit, ex Lega)
6 Fattori Elena (Sinistra Italiana, ex M5S)
7 Giannuzzi Silvana (Misto ex M5S)
8 Granato Bianca Laura (Misto ex M5S)
9 Lannutti Elio (Misto ex M5S)
10 Mininno Cataldo (Misto ex M5S)
11 Nugnes Paola (Misto ex M5S)
12 Paragone Gianluigi (Italexit)
13 Petrocelli Vito Rosario (Movimento 5 Stelle, presidente Commissione Esteri)

Alla Camera:

1 Benedetti Silvia (Misto ManifestA, ex M5S)
2 Cecconi Andrea (Misto)
3 Comencini Fabrizio (Lega)
4 Corda Emanuela (Alternativa)
5 Costanzo Jessica (Alternativa)
6 Dall'Osso Matteo (FI, ex M5S)
7 Ehm Yana Chiara (Misto, ManifestA, ex M5S)
8 Fioramonti Lorenzo (Misto, ex M5S)
9 Forciniti Francesco (Alternativa)
10 Fratoianni Nicola (Sinistra Italiana)
11 Giannone Veronica (FI, ex M5S)
12 Giuliodori Paolo (Alternativa)
13 Maniero Alvise (Alternativa)
14 Micheli Matteo (Lega)
15 Murelli Elena (Lega)
16 Raduzzi Raphael (Alternativa)
17 Sapia Francesco (Alternativa)
18 Sarli Doriana (Misto, ManifestA, ex M5S)
19 Sodano Michele (Misto, ex M5S)
20 Spesotto Arianna (Misto, ex M5S)

21 Suriano Simona (Misto, ManifestA, ex M5S)
22 Testamento Rosa Alba (Misto, ex M5S)
23 Vianello Giovanni (Alternativa)
24 Villarosa Alessio (Misto ex M5S)
25 Vizzini Gloria (Misto ex M5S)

**Cosa rappresenta l'Ucraina?**

L'Ucraina rappresenta uno Stato molto simile ad altri Stati dell'Europa orientale, generalmente ex sovietici. Nel senso che storicamente non ha le tipiche caratteristiche di un compiuto Stato democratico-borghese. Odia troppo l'ideologia socialcomunista per essere definito tale (un'ideologia che nell'Europa occidentale ha fatto la storia, prima ancora del marxismo). Odia troppo il *Welfare State* e la dialettica parlamentare. Tant'è che oggi i filorussi di tutti questi Paesi ex comunisti appartengono soprattutto ai ceti meno abbienti.

Questi sono tutti Stati autoritari, molto corrotti nei loro vertici politici, economici e militari, sempre favorevoli alla formazione di oligarchie, tendenzialmente fascisti o neonazisti, amatissimi dagli USA, che li preferiscono a quelli euroccidentali, poiché li possono manovrare meglio in funzione antirussa: è sufficiente elargire fiumi di capitali.

Tutto ciò stupisce alquanto, almeno di primo acchito, visto che per mezzo secolo sono Stati che han preteso di costruire un socialismo ideologicamente superiore al liberismo e liberalismo occidentale. Evidentemente il socialismo statale era stato avvertito come un'imposizione esterna, innaturale, da cui ci si sarebbe dovuti liberare senza tanti ripensamenti, proprio per poter abbracciare totalmente lo stile di vita occidentale. Di qui l'odio feroce nei confronti dello Stato che più ha impedito loro di emanciparsi in maniera borghese: la Russia.

Questi pseudo Stati borghesi sono quasi passati dal feudalesimo al socialismo statale, saltando quella lunga fase capitalistica che ha caratterizzato noi euroccidentali, e che loro stanno invece recuperando oggi, molto in fretta, lasciandosi colonizzare dalle potenze occidentali, che sfruttano le loro risorse, offrendo in cambio uno stile di vita privilegiato a poche categorie di persone.

Questi Stati han vissuto per molto tempo, come minoranze etnico-nazionali o regionali, all'interno di grandi regni o imperi più o meno feudali: lituano-polacco, austro-ungarico, russo e ottomano (e in parte anche quello prussiano, il più borghese di queste entità tardo-feudali).

Al tempo di questi regni e imperi non esistevano nell'Europa dell'est gli Stati democratico-borghesi, ma sistemi monarchici para-feudali, guidati da antiche dinastie e dall'aristocrazia agraria e militare. Erano sistemi nettamente condizionati dal capitalismo delle potenze occidentali, in primis da Francia e Regno Unito.

Quando nella I guerra mondiale tutti questi regni o imperi sono stati spazzati via, al loro posto si sono formati gli Stati democratico-borghesi. I quali però avevano tutti tendenze fortemente autoritarie, poiché a livello sociale mancava la mentalità borghese vera e propria, favorevole alla democrazia, seppur soltanto formale (quella delle libere elezioni, del libero mercato, del diritto civile e costituzionale, della separazione dei tre poteri fondamentali, della libertà di religione ecc.).

Di fronte alle contraddizioni sociali questi nuovi Stati borghesi, le cui Costituzioni erano state disegnate dalla Francia, usavano le maniere forti. Essendo stati abituati all'autoritarismo dei regni o imperi tardo-feudali, questi Stati, una volta divenuti capitalistici, non erano capaci di molta diplomazia. Di qui il loro centralismo esasperato e l'emarginazione se non la persecuzione delle minoranze.

Questa situazione è andata avanti fino a quando nel corso della II guerra mondiale il tentativo della Germania di far diventare la Russia bolscevica una propria colonia si è rivelato del tutto fallimentare. La Russia feudale-zarista era già colonizzata dal capitalismo europeo, ma la Russia stalinista non era un colosso dai piedi d'argilla. Non solo si difese ma inglobò anche quasi tutti quegli Stati neo-borghesi che si erano sviluppati tra le due guerre mondiali sulle ceneri degli antichi imperi tardo-feudali. E impose il socialismo statale, cioè il collettivismo forzato, che alcuni Stati arrivarono a rifiutare in maniera eclatante: Ungheria nel '56, Cecoslovacchia nel '68, Polonia nei primi anni '80, fino alla caduta del muro di Berlino.

Il crollo dell'URSS ha ridato la possibilità a questi Stati di tornare ad essere borghesi. Di qui le rivoluzioni arancioni, i colpi di stato, le adesioni alla UE e alla NATO, il ritorno a ideologie anticomuniste, più o meno nazionalistiche e nazifasciste. In tutti questi Stati ex sovietici la russofobia è una costante ideologica molto netta, poiché la Russia viene accusata di aver interrotto brutalmente un processo lineare verso il capitalismo. Ecco perché questi Paesi non hanno dubbi nel sostenere gli USA e la UE per abbattere definitivamente la potenza russa. S'illudono di poter trovare nel capitalismo privato un'alternativa al socialismo statale.

Dunque cosa sta insegnando questa guerra all'Ucraina e in fondo al mondo intero? Fondamentalmente due cose, che se vuoi essere uno Stato borghese, non puoi esserlo senza rispettare le minoranze al tuo interno, né puoi pensare, aderendo alla NATO, di minacciare la sicurezza della Russia senza pagarne gravi conseguenze.

Il socialismo statale non esiste più in quasi nessuna parte del mondo. È stata un'esperienza fallimentare, che gli stessi russi han pagato in maniera molto tragica. Nutrire sentimenti antirussi a causa di un passato che non esiste più, è quanto di più stupido vi possa essere. Dietro questa assurda russofobia si nasconde in realtà il desiderio d'impadronirsi delle risorse di quell'immenso Paese. Tale atteggiamento neocolonialistico ci riporta ai secoli peggiori del protagonismo mondiale dell'occidente, prima europeo poi americano. Un protagonismo unipolare che non può più esistere, poiché vi si oppongono con successo non solo la Russia ma anche la Cina, l'India e altri Stati che non vogliono farsi mettere i piedi sulla testa.

### Le idee economico-finanziarie di Glazyev

Negli ultimi tre anni Sergey Glazyev ha guidato il portafoglio strategico di Mosca come ministro incaricato dell'Integrazione e Macroeconomia dell'Unione economica dell'Eurasia (EAEU).

Quali scenari economici prevede in merito alla nascita del multipolarismo?

Anzitutto sostiene che l'élite dominante degli Stati Uniti ha voluto scatenare una guerra ibrida contro la Russia, limitandosi a congelare le riserve valutarie russe nei conti di deposito delle banche centrali occidentali, ma un tale atteggiamento illegale finirà col minare lo status del dollaro, dell'euro, della sterlina e dello yen come valute di riserva globali, poiché nessuno si fiderà più di queste monete e degli Stati che le emettono.

Questo farà sì che si formi un nuovo sistema economico globale basato su una nuova valuta commerciale, una valuta a sua volta basata su un indice delle valute dei Paesi liberi di partecipare a tale sistema, senza coercizioni esterne. Per dare maggiori garanzie a questa nuova valuta, si ancorerà il valore delle valute nazionali a una ventina di materie prime negoziate in borsa, e naturalmente all'oro. Un'unità monetaria basata su un paniere così esteso è in grado di dimostrare un elevato grado di stabilità.

Secondo lui gli Stati Uniti faranno la stessa fine della Gran Bretagna nel secolo precedente: cioè perderanno il dominio mondiale. Il sistema britannico basato sul lavoro degli schiavi nelle colonie fu superato dai sistemi economici strutturalmente più efficienti degli Stati Uniti e dell'URSS. Ma dopo il crollo dell'URSS sta per seguire quello degli USA. È iniziata una transizione verso un nuovo ordine economico mondiale.

I due Paesi meglio predisposti ad avviare questa transizione sono la Cina e l'India, poiché sanno combinare meglio i vantaggi della pianificazione strategica centralizzata e dell'economia di mercato, ivi incluso il controllo statale dell'infrastruttura monetaria e imprenditoriale.

La nuova valuta di pagamento digitale fondata attraverso un accordo internazionale basato sui principi di trasparenza, equità, buona volontà ed efficienza, potrebbe essere emessa da un pool di riserve valutarie dei Paesi BRICS, a cui tutti i Paesi interessati potranno aderire. Il peso di ciascuna valuta nel paniere potrebbe essere proporzionale al PIL di ciascun Paese (basato sulla parità del potere d'acquisto, ad es.), alla sua quota nel commercio internazionale, nonché alle dimensioni della popolazione e del territorio del Paese partecipante.

L'intervista prosegue fornendo maggiori dettagli, ma questi ci sembrano sufficienti per capire la sostanza della transizione prossima ventura.

Interessante che ad un certo punto Glazyev dica che la suddetta transizione sarà probabilmente accompagnata dal sistematico rifiuto di restituire, da parte dei Paesi in via di sviluppo, i crediti ottenuti in dollari, euro, sterline e yen. Questo proprio come forma di ritorsione verso i Paesi emittenti di queste valute, che non hanno avuto ritegno a rubare riserve valutarie di Iraq, Iran, Venezuela, Afghanistan e Russia per un importo di trilioni di dollari.

Al momento il problema principale da risolvere – si potrebbe aggiungere – è che mentre l'URSS è "implosa", senza far danni a nessun Paese del mondo; gli USA invece vogliono far pagare ad altri le loro contraddizioni.

Fonte: lantidiplomatico.it

### Esiste o no il nazismo in Ucraina?

Il fatto che i vari battaglioni neonazisti ucraini siano stati integrati nelle forze armate regolari viene visto dagli occidentali come un modo per rendere quei battaglioni meno "nazisti" (su questo il saputello Mentana non ha dubbi). In realtà è successo il contrario, e cioè lo stesso governo, legittimandoli e persino incorporandoli in maniera strutturale nelle proprie forze armate regolari, ha assunto chiaramente una fisionomia neonazista, con in più il vantaggio della istituzionalità politica. Senza poi considerare che, una volta inquadrati, beneficiano dei vantaggi della Convenzione di Ginevra.

Inoltre gli opinionisti ritengono che il neonazismo ucraino sia ben poca cosa, in quanto alle elezioni politiche ottiene pochissimi voti. In realtà l'ideologia neonazista, dopo 8 anni dal golpe del 2014, è presente in tutte le istituzioni, dai consigli comunali ai ministeri del governo. Non c'è bisogno che chi dirige il governo sia espressamente o dichiaratamente neonazista (benché vi siano anche soggetti del genere). È sufficiente che la cultura dominante (sin dalle scuole elementari) sia impartita in maniera russofobica, ostile alle minoranze, avversa alla lingua e alle tradizioni russe.

Questi opinionisti non riescono a distinguere la democrazia formale dal nazismo reale. Sembrano non sapere che le forze armate neonaziste addestrate dagli occidentali sono almeno 100.000, quindi, rispetto al totale, non sono affatto poca cosa. Esse inoltre hanno mano libera nel compiere qualunque eccidio, poiché sanno benissimo che nessuno di loro verrà mai processato.

[22]

## Povera Svezia e povera Finlandia

Il bambino Di Maio, non rendendosi conto del ruolo che ricopre, ha dichiarato d'essere favorevole all'ingresso di Finlandia e Svezia nella NATO. Questo perché, secondo lui, "chi vuole entrare nella NATO è perché non si sente al sicuro e ha i carri armati russi al confine. La NATO è un'Alleanza difensiva e se Svezia e Finlandia vogliono entrare sono i benvenuti, anche perché non hanno problemi di standard". E giustifica questo ragionamento assurdo, di derivazione americana, dicendo che la stragrande maggioranza dei finlandesi nutre la "richiesta legittima" di entrare nella NATO.

Semplicemente non capisce una cosa molto elementare: che quei Paesi sono tanto più sicuri quanto più restano neutrali, e che se entrano nella NATO, la prima ad essere attaccata sarà la Finlandia, avendo 1.300 km di confine con la Russia, quasi quanto l'Ucraina, che ne ha 1.500.

Far parte della NATO significa perdere sovranità in politica estera e nella difesa, tant'è che gli Stati membri della UE si sono gradualmente trasformati in uno strumento che segue obbedientemente le politiche distruttive degli Stati Uniti e della stessa NATO.

È difficile non capire queste cose. Non solo, ma l'appartenenza alla NATO farà perdere a Svezia e Finlandia il prestigio internazionale fin qui goduto come forze di pace e d'intermediazione.

## I social mondiali sono da evitarsi

Google annuncia la demonetizzazione di tutti i canali che metteranno in discussione la narrazione dominante attorno alla guerra in Ucraina. Tradotto: o porti avanti la favola dei buoni contro i cattivi, oppure, oltre a metterti in *shadow-ban* come già facciamo, ti togliamo pure il sostegno economico.

Sta succedendo la stessa cosa con Facebook, dove le pagine non allineate al verbo globalista spariscono in continuazione, e su Twitter, dove a seguito dell'elezione di Biden sono stati fatti fuori migliaia di profili, ieri accusati d'essere vicini a Trump e oggi di parteggiare per Putin.

Colossi come Google, Facebook e Twitter, attraverso cui passano i dati di miliardi di persone e il 90% del flusso delle notizie, non dovrebbero rispondere ad alcuna appartenenza politica o ideologica. Ormai l'informazione un minimo libera e obiettiva passa solo su Telegram, Quora, YouTube e l'italiano Sfero.

### Anche l'Africa è stanca del mondo unipolare

Uno strano art. ho letto su afrique-mere.com.

Anche il continente africano si è stancato del mondo unipolare dell'occidente, tipicamente colonialistico. Per questo non ha votato contro Putin nel conflitto russo-ucraino.

Si vuol superare la fase dei "micronazionalismi" per approdare a una fase di tipo federale-imperiale. Cioè si vuol essere presenti nel mondo come "continente" e non tanto come singole nazioni divise tra loro.

Il panafricanismo del XXI sec. lo si vuole allineato al concetto di "multipolarismo", che vedrebbe la presenza di più blocchi di civiltà, autodeterminati, liberi da ogni egemonia, agli antipodi dell'imperialismo atlantico-liberale o del modello yankee-schengen (euro-americano).

Che sta succedendo? Grazie a questa guerra russo-ucraina stiamo forse assistendo a una svolta epocale mondiale?

La Nuova Africa vuole sganciarsi definitivamente dall'imperialismo occidentale. Eppure anch'essa vuole definirsi con l'appellativo di "impero", esattamente come fa la Russia.

L'autore dell'art. sostiene che nel suo senso originario, l'Impero era il sistema politico e amministrativo caratterizzato dalla coesistenza di diverse comunità in un organismo superiore (la Federazione o lo Stato-Civiltà), in cui ci si riconosceva in virtù di un sentimento non nazionalista di appartenenza, ma sulla convinzione di avere valori comuni.

Viceversa l'imperialismo occidentale si è presentato come una forma parossistica, degenerata, di un concetto nobile, quello appunto di "Stato-Civiltà". Ed è stato un imperialismo basato sull'espansionismo territoriale, sullo sfruttamento delle risorse altrui, sulla subordinazione di nazioni più deboli.

D'ora in poi gli africani devono avvalersi del concetto di "Impero" nella sua originaria accezione etimologica, facendo riferimento a un modello unitario subsahariano, che ha visto prosperare in Africa le Grandi Federazioni, come p.es. l'Impero del Ghana, l'Impero del Mali, l'Impero Songhay, l'Impero Kongo, l'Impero Zulu, ecc., basati sulla coesistenza pacifica.

Nel 1884-85 la Conferenza di Berlino, organizzata dagli oligarchi delle varie cancellerie europee, diede inizio alla balcanizzazione del continente africano, distruggendo la configurazione territoriale immaginata dagli africani stessi.

Dopo l'ondata di "indipendenza politica" degli anni '60 del '900, le nazioni africane non hanno affrontato la questione dei confini artificiali imposti dall'occidente. Ma ora è venuto il momento di farlo. Pochi dirigenti, tra cui Kwame Nkrumah, Ahmed Sékou Touré, Modibo Keita, Julius Nyerere o Jomo Kenyatta, hanno ragionato in una prospettiva federalistica continentale.

Tuttavia, più passava il tempo, più il micronazionalismo delle nazioni neo-indipendenti sembrava non trovare forza di fronte a un nuovo male emergente, il neocolonialismo occidentale, quello tipicamente economico e finanziario.

Ma se fino a ieri il neocolonialismo rappresentava l'ultimo stadio dell'imperialismo – secondo il compianto Nkrumah –, oggi l'ultimo stadio da superare – come ha ben illustrato Kemi Seba nei suoi libri – si chiama globalismo neoliberale (sempre di marca occidentale).

Questo globalismo vuole distruggere, attraverso il neoliberismo culturale, tutte le civiltà non occidentali (o non moderne) radicate in una tradizione che non gli appartiene; vuole superare il nucleo identitario, etnico, sessuale, religioso (o spirituale) diverso dal proprio; vuole indebolire, attraverso il neoliberismo economico e politico, tutte le civiltà che vogliono costituirsi in blocchi per essere padrone del proprio destino e del proprio modello endogeno.

Di fronte al globalismo occidentale l'Africa deve sapersi affermare sulla via della sovranità, consapevole che solo gli Stati continentali (blocchi di civiltà o Stati federali) hanno un futuro. Una Grande Patria africana da Capo Verde al Cairo, da Antananarivo ad Algeri è quindi vitale per la sopravvivenza della Madre Africa.

Contro l'unipolarizzazione dell'atlantismo liberale vanno affermate civiltà differenti, come il panafricanismo, l'eurasiatismo, il bolivarismo (o il panamericanismo latino), ecc. L'era di un unico impero, quella della "pax americana", è finita.

L'avvento di più Imperi (africano, arabo, persiano, indiano, cinese, latinoamericano, eurasiatico ed europeo) costruiti sul concetto naturale di Stato-Civiltà e di pan-nazionalismo tradizionale dei popoli alleati, in armonia e coesione, rappresenta il futuro per un mondo "maatico" (*Maat* è un concetto filosofico africano che rappresenta l'ordine e la giustizia) e multipolare.

**[23]**

### Dall'Ucraina il terrorismo in Europa

Si teme un ritorno al terrore nel continente europeo. Infatti negli ultimi anni in Ucraina si sono riversate, e con questa guerra aumenteranno, migliaia di tonnellate di armi, che potrebbero finire in mano a eserciti irregolari, milizie mercenarie, trafficanti di armi.

Se il governo di Kiev dovesse perdere il controllo dei confini e del commercio transfrontaliero, si aprirebbe un periodo d'instabilità politica (come fu per l'Afghanistan), proprio perché l'Ucraina potrebbe diventare l'armeria d'Europa a cielo aperto, nella terra di nessuno.

A prescindere da dove inizierà il territorio russo, l'Ucraina rischia di ospitare nel suo territorio cellule del terrorismo internazionale, e, in quanto porta naturale del continente europeo, tali cellule potrebbero operare da Oriente a Occidente, senza troppi problemi.

### Libertà di parola a senso unico

Quando le autorità bielorusse hanno arrestato Roman Protasevich nel maggio 2021, il mondo è impazzito accusando il presidente bielorusso Lukashenko di aver violato la libertà di parola. Protasevich è vivo e vegeto, agli arresti domiciliari in attesa di processo. Ha partecipato alla guerra civile nel Donbass tra le file del

Battaglione Azov.

Quando sono emerse notizie secondo cui Gonzalo Lira, che viveva a Kharkov e aveva pubblicato materiale molto critico nei confronti del governo ucraino, era stato rapito, torturato e ucciso dall'unità Kraken, che fa parte del Battaglione Azov, l'occidente è rimasto in silenzio.

La libertà di parola non è una strada a senso unico. Poi per fortuna si è scoperto che Gonzalo Lira è ancora vivo, anche se non può lasciare Kharkov.

### Assange e la libertà d'informazione

La Corte dei magistrati del Regno Unito ha ordinato l'estradizione di Julian Assange negli Stati Uniti, dove dovrà affrontare una condanna a 175 anni per aver svolto il suo lavoro di giornalista.

La decisione passerà ora al ministro dell'Interno britannico Priti Patel: la difesa ha tempo fino al 18 maggio per presentare osservazioni.

Se fosse stato russo, avremmo giustamente denunciato la repressione del giornalista intento a divulgare i crimini di guerra del proprio Paese. Invece così tutto tranquillo.

### Marchenko è marcio

Maxim Marchenko, nominato il 2 marzo governatore di Odessa da Zelensky, ha ordinato di allestire postazioni di tiro nelle scuole e negli ospedali, e ha proibito di far uscire i residenti dalla città attraverso i corridoi umanitari.

L'attuale governatore di Odessa, nominato da Zelensky il 2 marzo, era il precedente comandante del battaglione neonazista Aidar, di stanza a Odessa nel 2015-17. È ricercato dai russi perché su di lui pesano accuse di rapimenti, arresti illegali e torture di civili.

Lo stesso giorno Zelensky ha nominato il generale Igor Taburets governatore delle regione di Cherkasy: è l'ex comandante dei servizi segreti militari.

Le città ucraine a livello istituzionale si stanno militarizzando e tutte in chiave neonazista.

Fonte: voltairenet.org

## Giappone minaccioso

Il Ministero degli Affari Esteri del Giappone nel rapporto sulla diplomazia "Blue Book" per il 2022 per la prima volta in 19 anni ha designato 4 isole Curili meridionali russe come territori "occupati".

Le Curili sono un arcipelago di 56 isole, che nel 1875 il Giappone ricevette dalla Russia in cambio dell'isola di Sachalin. L'URSS tornò a reclamare le Curili alla fine della II guerra mondiale in occasione del trattato di San Francisco, a titolo di risarcimento per i danni subiti dal Giappone. Il Trattato non fu firmato dall'URSS perché, in violazione degli accordi di Jalta e Potsdam, non riconosceva la sovranità sovietica sull'isola di Sachalin e sulle Curili. Sicché l'URSS le prese con la forza.

Ora il Giappone rivendica le 4 isole meridionali più vicine al suo territorio. Anche se qualche progresso diplomatico si è verificato durante la presidenza di Putin, disposto a concedere solo 2 isole (che costituiscono il 6% del territorio conteso), la soluzione della disputa è ostacolata dal fatto che le 4 isole meridionali dell'arcipelago ospitano basi militari aeree e navali della Russia, queste ultime anche per i sottomarini nucleari.

Nel settembre 1983, proprio in quest'area, l'aviazione sovietica abbatté un volo di linea coreano, il volo KAL 007, finito fuori rotta, scambiandolo per un aereo spia statunitense.

## Questa guerra particolare

Questa guerra russo-ucraina ha messo in luce l'incredibile pochezza intellettuale dei politici e dei giornalisti, soprattutto la pretesa di poterla condannare sul piano etico, senza riuscire a capirla su quello storico e politico.

I poteri costituiti sono tutti allineati sulla narrativa statunitense. Neanche che si fossero messi d'accordo preventivamente. Fa parte invece del loro dna culturale e ideologico. In fondo gli USA non sono che figli (calvinisti) degli europei, con maggiori pretese estremistiche, in quanto non hanno subìto in casa loro due devastanti guerre mondiali.

Abbiamo già visto questo conformismo istituzionale sin dalle prime guerre della NATO, condotte contro l'Iraq nel 1990-91, che aveva occupato il Kuwait. Allora ci fu il consenso dell'ONU, che invece mancò nella guerra contro la Jugoslavia nel 1999, che facemmo a pezzi. E infatti si criticò molto il governo D'Alema.

Ma quelle guerre erano particolari: si combattevano gli islamici, che l'occidente giudica sempre potenzialmente terroristi, per cui infierire su di loro appare lecito, persino in maniera preventiva (ci comportammo così anche nella II guerra del Golfo, oppure contro l'Afghanistan, la Siria, la Libia ecc.). Oppure si combattevano i serbi comunisti, che per definizione sono nostri nemici, e quindi ci apparve giusto distruggerli o destabilizzarli.

Ora invece stiamo prendendo le difese di un Paese europeo (trascurando del tutto che è guidato da filo-nazisti), per combattere un altro Paese europeo, che non è né islamico né comunista, ma di cultura slava, di religione ortodossa, da noi ritenuto politicamente "autocratico" e anti-atlantista, con un sistema economico affine al capitalismo di stato: insomma più che "europeo" sarebbe meglio dire "eurasiatico".

Nei confronti della Russia l'impatto mediatico volto a mistificare le cose è di un'ampiezza e di una profondità eccezionale. Abbiamo la possibilità di esaminare l'evolversi della guerra in maniera quotidiana, diretta, e ci inventiamo in maniera indegna le situazioni più inverosimili.

Gli americani non ci hanno mai permesso questo affronto *vis-à-vis*, a meno che le loro news non fossero completamente inventate: in questo sono maestri, avendo costruito in campo cinematografico la cosiddetta "fabbrica dei sogni". Loro preferivano bombardare a tappeto le città, senza fare alcuna distinzione tra militari e civili.

Questa invece è una guerra ibrida, per procura, in cui si confrontano tre colossi: Russia da una parte e USA e UE dall'altra. In mezzo ci sono gli ucraini, che svolgono la funzione di carne da macello, ma avrebbero potuto essere i bielorussi, i moldavi, i georgiani ecc.

Di fronte a questa guerra gli analisti occidentali non vogliono sentir parlare di golpe del 2014, di guerra civile contro il Donbass, di biolaboratori americani, di formazioni paramilitari neonaziste, di madri surrogate, di uso dei civili come scudi umani, di bombardamenti ucraini sulle loro stesse città a scopi terroristici, di obbligo per tutti i maschi dai 18 ai 60 anni di partecipare alla guerra, di divieto di fare informazione da parte dei canali non governativi e altre perle del genere (p.es. legare ai pali della luce i ladri e frustarli o evirare o mutilare i prigionieri russi).

L'unico obiettivo che vogliono perseguire è la sconfitta della Russia, l'eliminazione di Putin, le sanzioni contro tutto il popolo russo, la rimozione di tutto quanto appartiene alla cultura e alla tradizione russa e, ultimamente, si va ventilando l'uso preventivo del nucleare tattico, sufficiente a impedire un colpo di ritorsione.

È difficile spiegare da dove nasca una psicosi del genere. Probabilmente lo stress dovuto al covid-19 ha avuto la sua parte. La guerra sembra che ci serva per sfogare istinti repressi o per distrarre l'opinione pubblica dal fallimento delle nostre economie, che non reggono il passo all'exploit cinese.

Nutriamo nei confronti della Russia lo stesso atteggiamento colonialistico che avevano i nazisti tedeschi. Abbiamo bisogno delle sue risorse energetiche a titolo gratuito, poiché i poteri costituiti non sono più in grado di garantire i livelli di benessere antecedenti alla pandemia.

**[24]**

### Riconoscimento facciale

L'Ucraina utilizza, come strumento di guerra psicologica, un software di riconoscimento facciale per identificare i russi uccisi e inviare le foto dei loro cadaveri alle rispettive famiglie.

L'esercito informatico ucraino avrebbe già eseguito oltre 8.600 ricerche di riconoscimento facciale su soldati russi morti o catturati nei 50 giorni dall'inizio del conflitto, collegandoli ai loro account sui social media.

Il software è stato fornito dalla società di tecnologia di sorveglianza Clearview AI con sede negli Stati Uniti.

Finora questa forza volontaria di hacker e attivisti che prende la sua direzione dal governo ucraino, ha informato le famiglie della morte di 582 russi, inviando loro anche le foto dei cadaveri.

È una delle applicazioni più raccapriccianti della tecnologia fino ad oggi. Viene usata per fomentare il dissenso all'interno della Russia, scoraggiare altri combattenti e affrettare la fine della guerra e di Putin. Tuttavia non si rendono conto che in questa maniera l'odio dei russi nei confronti degli ucraini andrà alle stelle. Ma forse lo fanno proprio per questo motivo, così sarà più facile scatenare una guerra mondiale.

Fonte: grandeinganno.it

**Last news sui biolabs ucraini**

I

Sotto la zona industriale dell'Azovstal di Mariupol, di proprietà dell'oligarca Rinat Akhmetov, vi sono 24 km di tunnel dotati di un sistema di bunker a più piani, con protezione corazzata, a una profondità fino a 30 metri.

Vi sarebbero intrappolati circa 240 stranieri, provenienti da Stati Uniti, Canada, Germania, Francia, Italia, Turchia, Svezia, Polonia e Grecia. Vi sono anche ufficiali della NATO, il cui tenente generale statunitense Roger Clothier è stato recentemente catturato da un elicottero abbattuto (anche se gli americani continuano a negarlo: www.zazoom.it/2022-04-12/no-il-tenente-generale-dellesercito-americano-roger-l-cloutier-non-e-stato-catturato-dai-russi-2/10702157/).

Ma vi sono anche militari della Legione straniera francese, oltre naturalmente al personale del laboratorio biologico segreto (presso l'impianto PIT-404).

La sicurezza di tutte queste persone, che potrebbero arrivare fino a 3.000 unità, è stata finanziata da Akhmetov.

Il biolab è stato costruito e gestito da Metabiota, una società associata al figlio di Joe Biden, Hunter (col suo fondo d'investimento Rosemont Seneca), dallo stesso Rinat Akhmetov e, a quanto pare, anche dal presidente ucraino Volodymyr Zelensky. Metabiota, insieme a Black & Veatch, sono tra i principali fornitori di attrezzature per i biolaboratori del Pentagono in tutto il mondo.

Oltre al Pentagono partecipano al programma batteriologico militare l'Agenzia degli Stati Uniti per lo sviluppo internazionale, la Fondazione Soros e il Centers for Disease Control and Prevention. La supervisione scientifica è svolta, tra gli altri, dal Los Alamos National Laboratory, luogo di nascita della bomba atomica statunitense.

La stessa Victoria Nuland, punta di diamante del regime di Biden, ha confermato pubblicamente al Senato l'esistenza di questi importanti laboratori, temendo che possano cadere nelle mani dei russi.

Alcuni funzionari dell'Intelligence francese sono morti durante l'operazione di salvataggio dei loro connazionali rinchiusi lì dentro. Il capo dell'Intelligence francese, Éric Vidaud, è stato rimosso il 31 marzo 2022 per incapacità.

Karl Nehammer, cancelliere austriaco, ha cercato di persuadere Putin a rilasciare i membri della NATO in segreto, senza arrestarli né interrogarli, ma Putin ha rifiutato. Anche Macron ha chiamato spesso il Cremlino, chiedendo dei "corridoi umanitari", ma Putin vuole vederci chiaro sui biolaboratori.

La NATO ovviamente non può permettere alla Russia di arrestare i propri ufficiali e specialisti, poiché in tal caso verrebbe dimostrato che la NATO è già entrata in guerra, inviando i propri ufficiali a dirigere le forze armate dell'Ucraina e i battaglioni neonazisti, e non solo a titolo di consulenza e addestramento e rifornimento di armi.

II

Come noto, il 9 marzo l'Intelligence russa aveva trovato tre droni ucraini dotati di spruzzatori chimici nella regione di Kherson. Strumenti a disposizione dei circa 30 bio-laboratori finanziati dal Pentagono scoperti in Ucraina (soprattutto a Kharkov, Kiev, Odessa..., ma anche Leopoli).

Nel gennaio 2022 il governo ucraino aveva acquistato 50 dispositivi simili che potevano essere utilizzati per diffondere agenti biologici (come p.es. la peste e la tularemia) o sostanze chimiche tossiche.

Igor Kirillov, comandante delle Truppe di protezione NBC del ministero della Difesa russo, ha ora rivelato alcuni nomi dei dipendenti americani ed europei del Centro Scientifico e Tecnologico Ucraino (STCU), impegnato nella ricerca del programma biologico militare statunitense.

La carica di Direttore esecutivo dello STCU è ricoperta dal cittadino statunitense Curtis Bjelajac, che lavora in Ucraina dal 1994. Esiste uno stretto collegamento tra la STCU e il dipartimento alla Difesa statunitense attraverso l'appaltatore principale del Pentagono, la società Black & Veatch. Il ministero della Difesa russo ha la corrispondenza epistolare del vicepresidente di questa azienda, Matthew Webber, nella quale egli esprime la disponibilità a lavorare con la STCU nell'ambito delle ricerche biologico-militari in corso in Ucraina.

Dal 2014 al 2022 il Centro scientifico e tecnologico ucraino ha implementato più di 500 progetti di ricerca nelle repubbliche post-sovietiche, come Ucraina, Georgia, Moldavia e Azerbaigian. L'importo totale dei finanziamenti statunitensi per il lavoro dei biolaboratori del ministero della Difesa ucraino ammontava a 32 milioni di dollari.

Queste sono tutte attività contrarie alla Convenzione sulle armi biologiche.

III

Sul piano della ricerca batteriologica gli Stati Uniti collaborano con l'Ucraina sin dal 2005 (cioè subito dopo la "rivoluzione arancione" del 2004), facendo continuamente pressioni per la creazione di un laboratorio centrale ove raccogliere i ceppi più attivi e gli agenti patogeni infettivi particolarmente pericolosi.

Fu l'ex presidente Barack Obama, mentre era senatore dell'Illinois, a mediare nel 2005 per un accordo che portò alla costruzione di un biolaboratorio a Odessa per studiare l'antrace, la tularemia e la febbre Q, nonché altri pericolosi agenti patogeni. Vi era anche il coinvolgimento dell'ex senatore Dick Lugar, collegato con l'Aeronautica degli Stati Uniti.

I campioni di malattie infettive sono stati valutati a 2 miliardi di dollari nel 2010 e i campioni più preziosi sono stati portati negli Stati Uniti a partire dal 2014, l'anno del golpe a Kiev.

Vi erano coinvolti soprattutto i medici dell'Università di

Louisville, l'Istituto di ricerca medica sulle malattie infettive dell'esercito americano, ma anche gli esperti dell'Istituto di microbiologia Friedrich Loeffler delle forze armate tedesche e del Bernhard-Nocht-Institut für Tropenmedizin.

I cittadini ucraini, che vivevano accanto a quei biolaboratori, non erano a conoscenza dei pericolosi agenti patogeni (p.es. peste, colera e antrace), studiati nei loro quartieri. Non a caso a partire dal 2014 si è verificato un aumento del numero di focolai di malattie infettive in Ucraina (nel solo biennio 2018-19 decine o centinaia di migliaia di persone si sono ammalate e alcune sono persino morte di morbillo, una malattia scomparsa da molto tempo). Migliaia di residenti di Mariupol erano diventati "cavie" di esperimenti disumani condotti dal laboratorio sotterraneo dell'acciaieria Azovstal.

Si sa che un attacco con armi biologiche richiederebbe sforzi enormi per controllare la fonte dell'infezione e contenere la diffusione dell'epidemia, oltre a ingenti risorse per acquisire medicinali, manodopera e strutture mediche, che eroderebbero la forza economica e di difesa di un Paese.

Le armi biologiche sono prima di tutto un'arma offensiva e aggressiva, e generalmente servono per compiere atti di terrorismo.

IV

Le forze militari russe, durante il conflitto in corso, hanno scoperto che tra il 2019 e il 2021 vari scienziati statunitensi di un laboratorio a Merefa nella regione di Kharkov avevano condotto dei test di farmaci biologici, potenzialmente pericolosi, su pazienti dell'ospedale psichiatrico clinico regionale n. 3 di Kharkov.

Le persone con disturbi mentali erano state selezionate per gli esperimenti sulla base della loro età, nazionalità e stato immunitario. Sono stati utilizzati moduli speciali per registrare i risultati del monitoraggio di ogni singolo paziente 24 ore su 24. Le informazioni non sono state inserite nel database dell'ospedale e il personale dell'istituto medico ha firmato un accordo di riservatezza.

Nel gennaio 2022 il laboratorio di Merefa è stato chiuso e tutte le attrezzature e i farmaci sono stati spostati nell'Ucraina occidentale.

I testimoni di questi esperimenti sono attualmente sotto protezione russa.

V

I militari russi non si aspettavano di scoprire nei laboratori biologici e batteriologici ucraini molti uccelli inanellati. A che servivano?

Gli esperti batteriologici avevano calcolato che questi uccelli compiono migrazioni dal Mar Baltico e dal Mar Caspio al continente africano e al sud-est asiatico; altri due voli li fanno dal Canada all'America Latina in primavera e autunno.

Ebbene, questi scienziati criminali avevano pensato d'infettarli in cattività con un agente patogeno, dopodiché con un microchip e un satellite li tenevano sotto controllo una volta lasciati liberi. Lo scopo era quello di farli viaggiare insieme a stormi migratori verso quei Paesi cui si voleva causare un danno significativo. Tecnicamente l'uccello veniva ucciso in volo, tramite lo stesso chip, mentre si trovava sul Paese designato. Cadendo al suolo e venendo mangiato da altri animali o finendo in laghi o fiumi, la vittima poteva provocare lo scoppio di un'epidemia.

Come noto, l'inanellamento degli uccelli migratori è considerato un crimine dal diritto internazionale, poiché questi sono uccelli che, se portatori di patogeni, possono diventare un'arma di distruzione di massa.

Ciò induce a pensare che tutti i virus che hanno infettato l'uomo in questi ultimi tempi, come p.es. l'Ebola, che ha colpito l'Africa, l'antrace, l'influenza suina e aviaria, e attualmente il Covid-19, potrebbero anche provenire da laboratori finanziati e gestiti dagli Stati Uniti.

VI

L'interesse degli statunitensi per le armi batteriologiche e gli studi biologici per destabilizzare gli esseri umani risale almeno alla II guerra mondiale.

In quel periodo infatti i militari giapponesi istituirono la cosiddetta "Unità 731" in Cina per condurre ricerche sulle armi biologiche e chimiche. Tale ricerca provocò la morte di migliaia prigionieri di guerra e civili cinesi.

Ma dopo la guerra gli ufficiali dell'Unità 731 furono trasferiti negli USA, iniziando nuove ricerche a Fort Detrick.

## Stucchevole la critica sull'incapacità russa

È diventata stucchevole, assolutamente insopportabile la critica di chi sostiene che la Russia sia militarmente debole, impossibilitata ad aver ragione di un esercito decisamente inferiore alle sue risorse materiali e belliche.

Vorrei ribadire qui un fatto evidente ormai anche alle pietre: se i russi non hanno ancora utilizzato l'aviazione contro le grandi città, è stato perché quest'arma, nonostante sia strategica dalla II guerra mondiale in poi, è assolutamente devastante per la sorte dei civili. Anzi, dovremmo esser contenti che i russi, da subito, abbiano conquistato lo spazio aereo, poiché, se non ci fossero riusciti, sarebbero stati i neonazisti a bombardare le loro stesse città, facendo ricadere la colpa sui russi. Già lo fanno adesso coi missili, l'artiglieria pesante, l'uso dei cecchini, le esecuzioni sommarie ecc.

I russi, pur rimettendoci in termini di perdite militari, sanno perfettamente che l'uso dell'aviazione (e quindi dei bombardamenti aerei) è di tipo terroristico, assolutamente improponibile nei confronti di una popolazione con cui comunque dovranno ricostruire i rapporti una volta concluso un trattato di pace.

Gli americani non hanno mai avuto questo problema: loro bombardano a tappeto, poi mettono in piedi un governo fantoccio che fa i loro interessi e se ne vanno, lasciando come ricordino almeno una base militare (p.es. in Siria si sono tenuti quella di al-Tanf, con cui stanno reclutando nuovi terroristi islamici). La protezione dei loro soldati è sempre stata direttamente proporzionale al disprezzo razzista che han nutrito nei confronti delle popolazioni bombardate senza scrupoli di sorta (in Iraq i prigionieri venivano persino torturati). Il direttore del Centre for Research on Globalization, Michel Chossudovsky, sostiene che il numero di persone uccise dalla ininterrotta serie di guerre, colpi di stato e altre operazioni sovversive effettuate dagli Stati Uniti dal 1945 ad oggi, può essere stimato in 20-30 milioni.

Russi e ucraini sono indissolubilmente legati e spesso imparentati fra loro. La storia della Russia è in buona parte anche la storia dell'Ucraina, anche se a partire dal golpe del 2014 per la Russia è letteralmente impossibile dialogare coi neonazisti. Peraltro, se è vero che per gli ucraini in generale esiste un punto di rottura coi sovietici, risalente agli anni 1929-33, quando lo stalinismo volle imporre la collettivizzazione forzata dell'agricoltura, e di fronte alla resistenza degli agrari ucraini, scatenò una repressione durissima, consistita in deportazioni di massa e in carestia indotta che portò alla morte di milioni di persone (*Holodomor*).

È anche vero però che per i russi il momento di rottura con gli ucraini risale alla II guerra mondiale, quando, dovendo affrontare la cosiddetta "Operazione Barbarossa" scatenata da Hitler, videro che molti ucraini si misero dalla parte dei nazisti contro l'URSS.

In ogni caso, nonostante le amenità urlate dai media occidentali, la Russia non ha mai avuto nessuna intenzione di occupare tutto il territorio ucraino, ma solamente i territori russi del Donbass, della Crimea e delle aree circostanti il Mar d'Azov, che già avevano scelto di separarsi dall'Ucraina, anche se inizialmente si sarebbero accontentati di un reale statuto di autonomia all'interno dell'Ucraina se il governo di Kiev l'avesse concesso.

Praticamente Putin aveva capito che le popolazioni russofone e filorusse del Donbass non ce l'avrebbero più fatta a resistere agli attacchi dell'esercito regolare e delle formazioni neonaziste. Se il Donbass fosse stato occupato, lo sarebbe stata anche la Crimea, dopodiché l'Ucraina sarebbe entrata tranquillamente nella NATO. Tutte cose che la UE non si è mai sognata di scongiurare e che la Russia non poteva assolutamente permettersi, anche perché non avrebbe soltanto avuto i missili NATO a cinque minuti da Mosca, ma le sarebbe stato interdetto anche il Mar Nero e di conseguenza il Mediterraneo.

L'80% circa delle merci di tutto il mondo viaggia via mare e chi controlla i mari e gli oceani controlla il mondo intero. Gli Stati Uniti, che controllano *manu militare* la gran parte degli oceani e degli stretti e hanno centinaia di basi militari sparse in tutto il mondo, dall'Europa all'Asia, lo sanno bene.

È quindi evidente che la guerra in corso è essenzialmente *difensiva*: non c'è mai stata da parte dei russi alcuna volontà annessionistica, anche perché, neppure volendo, sarebbero in grado di gestire un'occupazione militare *sine die* di un territorio vasto due volte l'Italia e per di più sempre ostile nella sua parte occidentale. Quindi è una guerra che per i russi è destinata a finire quanto prima, mentre per gli USA dovrebbe durare il più a lungo possibile.

### Un mito da sfatare

È incredibile come gli analisti occidentali, quando sentono parlare di neonazismo, di guerra civile nel Donbass, di ingresso dell'Ucraina nella NATO, di discriminazione delle minoranze, non credono che questi siano problemi reali, ma argomenti che appartengono alla narrativa russa.

Chi crederebbe a Leonid Savin, analista e scienziato politico russo?

Alla domanda del giornalista: "Perché i neonazisti ucraini sono così importanti per i russi?", ha risposto: "Il caso ucraino è molto specifico, perché durante la seconda guerra mondiale molti abitanti dell'Ucraina sovietica furono uccisi, torturati e perseguitati dalle truppe naziste tedesche. Ma c'erano anche parecchi collaborazionisti ucraini che sostenevano militarmente il nazismo tedesco. Invece i loro discendenti han preso ad affermare che si voleva l'indipendenza dell'Ucraina, e non tanto sostenere la Germania nazista. Questo mito è stato ampiamente diffuso in Ucraina dal 1991 e soprattutto dopo la prima rivoluzione arancione nel 2004, quando il candidato presidenziale filo-occidentale Victor Yushenko, una volta salito al potere, cominciò ad avviare a livello ufficiale il processo di glorificazione dei collaboratori nazisti di origine ucraina (si pensi alle statue dedicate a Bandera). Questo processo è stato sostenuto e promosso da organizzazioni e fondi occidentali, principalmente dagli Stati Uniti e dal Canada, in funzione antirussa. C'è bisogno di ricordare che alcuni politici contemporanei negli Stati Uniti e in Canada (ad es. Paula Jon Dobriansky, sottosegretario di Stato per gli Affari Globali) sono figli di nazionalisti ucraini e collaborazionisti nazisti".

Fonte: geopolitica.ru

### Chi scrive i discorsi di Zelensky?

Da quando è iniziata la guerra, Zelensky ha fatto dei gran discorsi, che però non sono farina del suo sacco. Chi glieli scrive? Lo fa uno sceneggiatore di serie tv: si chiama Yuriy Kostyuk, che ha meno di 40 anni ed è uno degli esperti dello "Studio Kvartal 95", che ha creato la serie televisiva "Servant of the People".

È questa la vera arma segreta con cui Zelensky ha già stravinto la battaglia mediatica col Cremlino.

Spettacolo e realtà viaggiano confuse e parallele senza soluzione di continuità.

**[25]**

## Lo sfruttamento della religione

Abbastanza surreale, se non grottesco, vedere ieri, per la Pasqua, un filonazista come Zelensky pronunciare un discorso altamente religioso come se fosse un profeta dell'Antico Testamento. Meglio Putin, che si è limitato a seguire la liturgia, come potrebbe fare un qualunque credente di un rito tradizionale della Chiesa ortodossa.

Zelensky è di origine ebraica, ma ha fatto vedere di credere nello stesso Dio ortodosso dei russi. Solo che anche qui la narrativa è stata opposta. D'altra parte ogni Chiesa ortodossa, autocefala per definizione, difende la propria nazione di riferimento, e Zelensky col suo discorso sembrava aver preso il posto del patriarca di Kiev, scismatico rispetto al patriarcato di Mosca. Una cosa – bisogna ammetterlo – abbastanza disgustosa, poiché netto era l'uso strumentale della religione a fini politici.

Per un momento il telespettatore ha avuto l'impressione d'essere tornato indietro nel tempo, al Medioevo, quando si combattevano le guerre sante, quando dietro la fede religiosa si celavano motivazioni tutt'altro che edificanti.

Certo non viene da rimpiangere il periodo sovietico, quando l'ateismo era quasi imposto dallo Stato (come se fosse appunto una "religione"), però questa difesa del cristianesimo ortodosso, da parte di entrambe le nazioni belligeranti, appare, agli occhi di una mentalità laica, come qualcosa di vetusto, di stonato. Non riusciamo a giustificarlo neppure pensando che entrambe si rifanno a una civiltà (quella slava) diversa dalla nostra, anche se una parte, quella ucraina, si è lasciata deformare da un'identità neonazistica che ben conosciamo.

I capi di stato, soprattutto quando sono direttamente impegnati in operazioni militari, dovrebbero tenersi alla larga da qualunque manifestazione religiosa, altrimenti diventa per loro impossibile sottrarsi a un'accusa di ipocrisia. Non ha senso fare la guerra e contemporaneamente dichiararsi credenti nei valori di pace e fratellanza universale.

Anche perché le Chiese, con la loro morale astratta, valida per ogni tempo, non sono in grado d'interpretare i fenomeni storico-politici. Al massimo si potrà chieder loro, una volta finita la guerra, di ricomporre il diviso con opere di carità e di assistenzialismo. Più di così non possono fare.

### Che fare dopo il 1991?

Ormai si è capito che in origine (mille anni fa) esisteva un unico popolo russo ortodosso del Granducato di Kiev. Che poi si suddivise in tre parti: bielorusso, ucraino e russo.

Tutti e tre i rami in epoca medievale persero la loro sovranità: bielorussi e ucraini si trovarono nella struttura del pagano granducato di Lituania, e poi come parte del regno cattolico polacco-lituano; i russi del potere granducale di Vladimir e poi di Mosca erano direttamente subordinati all'Orda d'oro tataro-mongola.

Accadde però che mentre i mongoli di Gengis Khan rispettavano le tradizioni ortodosse dei russi, invece i bielorussi e gli ucraini si trovavano discriminati sotto i polacco-lituani: diventarono una specie di gruppo etnico oppresso, soprattutto sul piano religioso.

Più tardi una parte degli ucraini passò sotto il dominio islamico dell'impero ottomano e poi sotto quello cattolico dell'impero asburgico, perdendo sempre più la propria identità slavo-ortodossa e acquisendo soprattutto quella cattolico-europea, fortemente proselitistica nei confronti delle culture slave.

L'integrazione in questa cultura cattolica fu favorita dal fenomeno dell'uniatismo, creato dalla Chiesa romana per indurre gli

ortodossi (autorizzati soltanto a conservare il rito slavo) a sotto-
mettersi al papato.

La forza dell'ortodossia si concentrò unicamente tra i russi
di Mosca, soprattutto dopo che si liberarono dal giogo mongolo. E
furono loro che diventarono un grande impero, creando una nuova
civiltà.

Col tempo il regno di Mosca cominciò a sottrarre i territori
bielorussi e ucraini al regno polacco-lituano e, attraverso le guerre
russo-turche, a riportarli alle loro tradizioni slavo-ortodosse.

Solo i territori della Galizia-Volinia e della Bucovina settentrionale (inclusi nella parte austriaca dell'Austria-Ungheria) e
della Transcarpazia (dentro la corona ungherese) rimasero fuori dal
contesto tutto russo.

Poi, dopo la I guerra mondiale, la Galizia-Volinia divenne
parte della rinata Polonia, mentre la Bucovina settentrionale divenne parte della Romania, e la Transcarpazia entrò in Cecoslovacchia. Tutte queste terre furono riunite al resto della Russia sovietica
negli anni della II guerra mondiale, una volta vinto il nazismo.

Ma la Russia sovietica era ideologicamente atea, del tutto
indifferente alla religione, e comunista, cioè avversa al capitalismo.
Fu accettata questa cosa? Fino a un certo punto. Infatti nel 1956 si
ribellò la cattolica Ungheria, nel 1968 la protestante Cecoslovacchia, ai primi anni '80 la cattolica Polonia, finché, con l'avvento di
Gorbaciov, crollò anche il muro di Berlino, e col successore Eltsin
implose la stessa URSS.

Che è successo dopo il 1991? Successe che i Paesi ex sovietici, dopo aver abbandonato il socialismo di stato, e quindi il
suo ateismo, cominciarono a guardare favorevolmente allo stile di
vita occidentale, a valorizzare le proprie tradizioni religiose e a
perseguitare tutto quanto si rifaceva alla cultura russa (ivi inclusa
la lingua e la religione).

E la Russia reagì con la forza militare, per proteggere i russofoni e/o i filorussi. Lo fece in Georgia, in Cecenia, ha sventato
due colpi di stato in Bielorussia e Kazakistan, sostenuti dagli occidentali. Non ha potuto far nulla contro quello del 2014 in Ucraina,
ma oggi sta recuperando il tempo perduto, tendendo a dividere il
Paese in due parti.

Qual è il problema? Il problema è che dal 1991 ad oggi non

si vede da nessuna parte una vera alternativa al socialismo e all'ateismo di stato. Certo il neonazismo ucraino, strettamente intrecciato con l'americanismo, è un'autentica vergogna dell'umanità, ma non sarà certo usando la forza militare che lo si potrà superare. Qui è la cultura laica e la politica democratica che mancano. E mancano in tutti: Russia, Europa, Stati Uniti e Ucraina.

### La democrazia cleptocratica americana

Che quella statunitense sia una cleptocrazia non è da oggi che l'abbiamo capito. L'uso delle sanzioni che fa è qualcosa di assolutamente inconcepibile per un sistema democratico, ma nessuno lo mette in discussione.

Tuttavia che fossero dei ladri patentati gli stessi italiani han potuto sperimentarlo a loro spese.

Forse pochi sanno che un regista tedesco, Dirk Pohlmann, con un documentario di 51 minuti intitolato "Nazis in the CIA", basato interamente su documenti declassificati e interviste ad alcuni protagonisti ancora in vita, rivelò come si comportarono i vincitori americani dopo il 25 aprile 1945. È stato originariamente pubblicato in tedesco nel 2013 come "Dienstbereit - Nazis und Faschisten im Auftrag der CIA" (che è la versione visualizzabile gratuitamente su YouTube www.youtube.com/watch?v=9It65Qb3EP8).

Il documentario mette in luce 5 cose sconvolgenti.

1) Il ruolo svolto dalla CIA nel dopoguerra al fine di reclutare non solo gli scienziati nazisti ritenuti utili per sviluppare le tecnologie militari, ma anche migliaia di ex nazisti e di ex fascisti da impiegare nella lotta al comunismo, compreso l'addestramento di gruppi militari clandestini per eventuali colpi di stato. I nazisti tedeschi venivano utilizzati come "pedine" nella Guerra Fredda. In cambio del silenzio sui dettagli del loro passato, gli americani non fecero alcuno sforzo per punirli per i loro crimini, anzi offrirono ai nazisti la possibilità d'essere pagati per i loro servizi nei campi della guerra psicologica e delle operazioni segrete. Cosa che hanno fatto anche oggi coi neonazisti ucraini.

2) Il ruolo svolto da Paul Dickopf, che nel 1968 era diventato capo dell'Interpol e fino al 1971 era stato considerato il maggior combattente contro il crimine in tutta la Germania. Egli aveva

sempre sostenuto d'essere stato uno strenuo oppositore dei nazisti. Ma nel 1973, dopo la sua morte, si scoprì ch'era stato un convinto nazista e un membro delle SS. Poco prima della fine della guerra, Dickopf aveva preso a lavorare come spia degli americani, col nome in codice "Caravella". Attività che continuò a svolgere per anni dopo la guerra, informando la CIA soprattutto sul cancelliere Willy Brandt e la sua Ostpolitik (apertura politica verso Est), mal-vista dagli USA. Uno degli amici chiave di Dickopf era il famige-rato François Genoud, un finanziere nazista con sede in Svizzera, fan di Hitler. Genoud salvaguardò le fortune naziste e delle SS dopo il 1945. Ha pubblicato *I Diari di Goebbels*, i cui proventi ser-virono per pagare le spese legali di Adolf Eichmann e Klaus Bar-bie. Genoud finanziò anche numerosi attacchi terroristici, incluso il dirottamento di un volo Lufthansa, che provocò il pagamento di milioni di dollari in riscatto ai palestinesi, così come il massacro olimpico di Monaco del 1972, che provocò l'omicidio di 11 atleti israeliani.

3) Gli americani posero tra gli obiettivi primari del dopo-guerra quello d'impadronirsi dell'oro custodito nelle riserve valu-tarie della Germania nazista. Dopo avere bombardato a Berlino nel marzo 1945 la Deutsche Reichsbank, grazie alle soffiate raccolte dall'agente Allen Dulles (il futuro capo della CIA), gli americani scoprirono che 360 tonnellate d'oro e 300 tonnellate d'argento era-no state trasportate e nascoste in parte a Merker, nella Turingia, e in parte a Monaco di Baviera. Impadronirsi dell'oro a Monaco, cit-tà finita sotto il controllo USA, fu facile (grazie al nazista Kurt Georg Kiesinger, che sarebbe poi diventato Cancelliere della Ger-mania Ovest). Più complicato fu invece mettere le mani sull'oro nascosto in una miniera di sale della Turingia, zona d'occupazione sovietica. Ma con un blitz, prima che i russi se ne avvedessero, le forze armate USA presero possesso della miniera e di tutto ciò che vi era dentro: oltre all'oro della Reichsbank, trovarono numerosi tesori d'arte e le riserve auree dell'Italia. Gli USA non hanno con-segnato il bottino ai parenti delle vittime dei nazisti tedeschi e dei fascisti italiani (o ai sopravvissuti), e neppure han restituito il capi-tale sequestrato alla Germania e all'Italia. Quello fu un atto di sac-cheggio puro e semplice, un "bottino di guerra", di cui gli USA si servirono, in parte, per pagare le spese del Piano Marshall, sfaman-

do italiani e tedeschi. E nessuno seppe mai nulla.

4) Ampio spazio è dedicato al reclutamento da parte della CIA di spie fasciste in Italia e alle interferenze USA sulle elezioni politiche. L'agente della CIA James Angleton elaborò i piani per un colpo di stato nel caso in cui il partito comunista avesse vinto le elezioni del 1948. Angleton, coi soldi ricevuti dagli USA, arruolò come agente Junio Valerio Borghese, ex capo della Decima Mas fascista, col quale formò una milizia anticomunista chiamata Gladio, sotto il comando CIA. Negli anni '60 la CIA arruolò anche il neo-fascista Stefano Delle Chiaie. Fu quest'ultimo a preparare il tentato colpo di stato fascista del 1970, messo in atto da Borghese mentre Delle Chiaie era all'estero, e finito con un fiasco per l'opposizione del democristiano Giulio Andreotti e di Licio Gelli (capo massonico e agente della CIA), che allertarono la sesta flotta USA, volendo dimostrare agli americani di contare più dei golpisti, e ci riuscirono. In ogni caso a partire dagli anni '60 in Italia si sono verificati numerosi attentati terroristici, che hanno causato centinaia di vittime. Sebbene inizialmente si attribuì la colpa a gruppi di sinistra, ora è noto che gli attacchi sono stati effettuati da gruppi terroristici di destra sostenuti dagli USA.

5) Anche le Brigate Rosse, che uccisero Aldo Moro, fautore di una "terza via" sgradita agli americani (né con gli USA né con l'URSS), benché considerate una banda di terroristi di sinistra, per il documentario erano in realtà manovrate dietro le quinte da agenti della CIA e di Gladio. Moro fu ucciso perché non si lasciò impressionare dalle minacce del Segretario di Stato americano Henry Kissinger, per il quale s'egli non avesse rinunciato al non allineamento, l'Italia avrebbe fatto la fine del Cile nel 1973 (golpe contro il governo di Salvador Allende).

Fonte: zeroanthropology.net

**Imminente il crollo del regime neonazista ucraino**

Il giornalista John Helmer sostiene che gli ucraini ormai non hanno più riservisti e che il loro crollo è imminente. Inoltre sono privi di carburante. Non servirà a niente avere armi sofisticate da parte della NATO, né avere mercenari dall'estero. Si prolungherà soltanto l'agonia.

Quando i russi vinceranno le battaglie decisive a Kramatorsk e a Kharkov, il regime di Zelensky potrebbe crollare tra lotte intestine. Lui stesso potrebbe essere linciato o portato via con la forza prima dell'arrivo dei russi a Kiev.

Secondo Helmer a est si formerà una confederazione in cui comanderanno le regioni russofone e ortodosse di Kharkov, Lugansk, Donetsk, Zaporozhye, Kherson, Nikolaev, Mariupol e Odessa. Saranno gestite da nuove amministrazioni e da forze di sicurezza reclutate localmente, entrambe controllate dalla Russia.

Dniepropetrovsk, Poltava e Kremenchuk faranno probabilmente parte di questa alleanza federale, che sarà abbastanza forte da vincere le prossime elezioni presidenziali ucraine, sostituendo Zelensky, il cui mandato dovrebbe terminare nel marzo 2024, ma è molto probabile che finisca prima.

Il futuro di Kiev è ancora indeciso. Invece quello della Galizia, a ovest, è di diventare "una mini-federazione di gruppi etnici nazionali in competizione tra loro: ucraini cattolici, ungheresi, slovacchi, polacchi, rumeni e altri. Non avrà sbocchi sul mare, né risorse esportabili, tranne rifugiati, mercenari e prostitute, e resterà bloccata dalla Bielorussia a nord e dalla Russia a est. La struttura militare galiziana creata dagli USA e dal Canada intorno a Lvov sarà spogliata del suo potere politico a Kiev.

Di sicuro la stabilizzazione nell'est del Paese e la smilitarizzazione in tutto il Paese impediranno per molto tempo il ritorno delle minacce globali e delle basi NATO a est del fiume Dnieper.

Probabilmente non ci sarà uno smembramento della vecchia Ucraina, né un piano per l'incorporamento della Novorussia. Ma ci sarà un piano "per mantenere l'Ucraina spezzata" in cui le grandi linee di frattura saranno spostate a ovest – e tenute lì.

Fonte: comedonchisciotte.org

### Quale Nuovo Ordine Mondiale?

Al ministro degli Esteri Lavrov fa orrore sentir parlare di "Nuovo Ordine Mondiale" (sottinteso "Unipolare"), come invece fa Biden, secondo cui gli USA dovrebbero guidarlo. Come se fino adesso chissà cosa avrebbero fatto! È dalla fine della II guerra mondiale che l'intero pianeta non ne può più delle loro operazioni militari e golpistiche che hanno procurato decine di milioni di morti.

È necessario ribadire che la "crisi" è ciò di cui questi individui impazziti dal potere han bisogno per vedere realizzati i loro piani. Questo è stato evidente all'inizio della pandemia da Covid-19, quando Klaus Schwab, presidente del World Economic Forum e autore di "The Great Reset", aveva affermato che "la pandemia rappresenta una rara ma ristretta finestra di opportunità per riflettere, reimmaginare e ripristinare il nostro mondo".

Peraltro era stato proprio lui a organizzare, in collaborazione con la Johns Hopkins University e la Bill and Melinda Gates Foundation, il cosiddetto "Event 201", che aveva predetto, quasi nei minimi dettagli, come si sarebbe sviluppata la pandemia solo un paio di mesi dopo.

Prima c'era stato il "Project for a New American Century" (PNAC), un *think tank* neoconservatore, ormai defunto, fondato nel 1997 da William Kristol e Robert Kagan (marito dell'attuale portavoce del Dipartimento di stato americano, Victoria Nuland), che aveva svolto un ruolo importante nel sostenere l'invasione dell'Iraq del 2003.

In una delle più autorevoli pubblicazioni del PNAC, intitolata "Rebuilding America's Defenses" (2000), gli autori (molti dei quali ricoprivano posizioni politiche chiave nell'amministrazione Bush), avevano lamentato il fatto che "il processo di trasformazione, anche se porta un cambiamento rivoluzionario, è probabile che sia lungo, in mancanza di un qualche evento catastrofico e catalizzatore, come una nuova Pearl Harbor".

E così, quasi esattamente un anno dopo, l'11 settembre 2001, il PNAC aveva avuto il suo "evento catastrofico e catalizzatore" con gli attacchi terroristici a Manhattan. Quell'evento aveva inaugurato una "Guerra al terrore" decennale che avrebbe visto gli Stati Uniti lottare per recuperare il ritardo rispetto a Russia e Cina, che stavano sviluppando silenziosamente le loro capacità offensive e difensive, mentre l'esercito americano si dissanguava in conflitti inutili e dispendiosi all'estero.

Ora la domanda più importante è: che tipo di "Nuovo Ordine Mondiale" imporrebbero gli Stati Uniti al mondo intero se ne avessero anche solo una mezza possibilità? Pensando ai loro collegamenti molto stretti coi neonazisti ucraini, la risposta non è difficile da trovare. Qui ormai si ha a che fare con un occidente che sul piano etico è alla bancarotta, sul piano economico e finanziario è al fallimento e su quello politico-militare è prossimo a scatenare una guerra mondiale.

La Russia sta cercando di difendersi, ma dovrebbe farlo anche la UE, visto che ha già subito due catastrofi mondiali.

Fonte: comedonchisciotte.org

**[26]**

### Inutile libertà d'informazione

Ho l'impressione che la tanto decantata libertà d'informazione non serva a capire la verità delle cose ma solo a propagandare idee precostituite.

I media del *mainstream*, siano essi pubblici o privati, veicolano gli interessi dei poteri forti, che in occidente sono di tipo borghese o capitalistico. Tant'è che l'informazione prevalente su tutto è sempre quella pubblicitaria, poiché è a scadenza fissa: si può discutere di qualunque cosa e con qualunque persona, ma a un certo punto si è costretti a interrompersi per dare spazio allo spot. Laddove queste interruzioni hanno una frequenza minore, è perché lo spettatore è obbligato a pagare anticipatamente un canone annuale.

Il resto dell'informazione o è di mero intrattenimento, poco utile a capire e tanto meno a risolvere dei problemi, oppure è tendenziosa, cioè preventivamente schierata a favore di determinati interessi economici (e, più in generale, degli interessi strategici del mondo occidentale).

I giornalisti non cercano la verità dei fatti, che richiede sempre una loro analisi storica riguardante aspetti socioculturali, politici ed economici, ma mostrano solo quei fatti che avvalorano delle tesi precostituite. In tal senso non sono neppure tenuti ad avere una cultura di qualità: è sufficiente che siano degli imbonitori a conoscenza della tipologia specifica dello strumento comunicativo. Là dove esiste un dibattito sui fatti, chi la pensa in maniera difforme dalla narrativa dominante, è destinato ad essere deriso, emarginato, subissato di critiche, anche perché è sempre in minoranza.

A questi livelli ascoltare un qualunque canale televisivo o leggere un quotidiano non serve a niente. Le uniche informazioni utili sono quelle che uno ottiene pagandole di persona o andandole a cercare in canali che non appartengono al circuito del *main-stream* mediatico. Per es. in occasione della guerra russo-ucraina i canali più importanti sono stati quelli di Telegram. Qualcosa si può ricavare da alcuni canali di YouTube. Molto utili alcuni siti web, mentre tra i giornali il "Fatto Quotidiano" si stacca decisamente su tutti gli altri.

Tuttavia per poter incidere sul sistema, questi strumenti devono darsi una visibilità politica, formando associazioni, movimenti, costituendosi in un partito politico eversivo. Altrimenti si ritorna a fare chiacchiere, quelle che stigmatizzava Heidegger in *Essere e tempo*.

## Il significato della propaganda

La propaganda esiste ovunque ed è uno strumento che i governi utilizzano per influenzare l'opinione pubblica su ciò che a loro conviene. Tuttavia nei Paesi occidentali la parola "propaganda" viene usata solo per stigmatizzare i Paesi definiti non democratici. Pertanto quando si tratta di mettere sulla bilancia le due attuali propagande, russa e ucraina, si tende sempre a considerare "vera" soltanto quest'ultima, proprio perché si ha bisogno di considerare assolutamente "falsa" l'altra. Si arriva così al paradosso che anche quando in occidente si parla di "libertà di stampa", si sta in realtà facendo della mera "propaganda".

L'ha denunciato Ekaterina Mizulina, direttrice della Safe Internet League, che monitora oltre 240 milioni di varie fonti online, inclusi social network russi e stranieri, nonché oltre 40.000 media in Russia e in tutto il mondo.

La sua Lega per la sicurezza del web aveva già segnalato quasi 3.000 *fake news* circa i tumulti verificatisi in Kazakistan negli scorsi mesi. Tale attività si è ulteriormente intensificata in queste settimane per il conflitto russo-ucraino, raggiungendo i 5,8 milioni di *fake news*.

L'ammontare dei costi per questa disinformazione sarebbe di 1 miliardo di dollari da inizio del conflitto. Le spese giornaliere ammonterebbero tra 21 e 24 milioni di dollari. Su Youtube e AdSense di Google si sarebbero già spesi circa 5 milioni di dollari, mentre 2 milioni su Twitter. La maggior parte dei costi della disinformazione si concentra sul lavoro di esperti informatici e creatori di algoritmi che gestiscono l'indicizzazione dei siti internet sui motori di ricerca. La maggior parte di questi siti sono i primi ad apparire nelle ricerche sul web. Il lavoro di questi specialisti può costare oltre 700.000 dollari al giorno.

Ogni giorno si spenderebbero anche 2 milioni di dollari per finanziare blogger e influencer che su Instagram, Facebook, Twitter e i loro blog personali contribuiscono a diffondere *fake news* sulla Russia e le sue azioni in Ucraina.[12]

In alcuni casi vi sono stati dei blogger inviati in Ucraina per produrre contenuti falsi e poi lanciarli come veri all'opinione pubblica internazionale (vedi il caso dell'influencer ucraina Marianna Vishegirskaya, fotografata fuori da un ospedale pediatrico a Mariupol, facendo credere ch'era stato appena bombardato dai russi).

Secondo la Mizulina l'attuale propaganda non ha solo lo scopo di diffondere notizie negative sulla Russia, ma anche di coprire i crimini commessi dagli ucraini dal 2014 ad oggi, soprattutto per quanto riguarda l'uccisione di civili nel Donbass.

Fonte: byoblu.com

**La fine di un incubo a Mariupol**

Christelle Néant, giornalista francese, ha pubblicato un interessante reportage sul sito Donbass-Insider (www.donbass-insider.com), nel quale riporta le testimonianze di numerosi abitanti di Mariupol che da otto anni subiscono le angherie del governo ucraino e del suo braccio armato, il Battaglione Azov.

Il martirio della città di Mariupol non è iniziato nel 2022, ma otto anni prima, con la strage del 9 maggio 2014. Infatti in quel giorno, mentre si festeggiava la vittoria dell'Armata Rossa sulla Germania nazista, Andročuk (il capo della polizia di Mariupol no-

---

[12] Ricordiamo che gli americani in 10 anni di guerra in Vietnam (1964-75) avevano investito 150 miliardi di dollari, arrivando persino a sganciare il dollaro dall'oro. E nonostante questo furono sconfitti. Adesso in Ucraina in soli 60 giorni han speso circa 46 miliardi di dollari.

minato dopo il golpe del 2014) aveva ordinato alla polizia di Mariupol di arrestare i manifestanti. Siccome però si erano rifiutati di eseguire l'ordine, il capo della polizia aveva sparato a un suo subordinato, poi si era barricato in un ufficio e aveva chiamato la Guardia Nazionale.

Quest'ultima, che dipende direttamente da Kiev, era intervenuta sparando sia ai poliziotti che si erano schierati coi manifestanti sia ai civili venuti a sostenere i loro poliziotti. Negli scontri rimasero uccisi due poliziotti e sette civili. Due giorni dopo il massacro la popolazione di Mariupol voterà in massa al referendum dell'11 maggio 2014, che convaliderà la creazione della Repubblica Popolare di Doneck.

Ecco perché la città di Mariupol è stata bombardata in diverse occasioni dall'esercito ucraino. Negli ultimi due mesi i soldati di Azov, prima che venissero tolti di mezzo, avevano sparato colpi di mortaio contro i civili che andavano a prendere l'acqua, avevano occupato i piani superiori di un vicino ospedale, avevano sparato contro alcuni edifici per distruggerli, quando né l'esercito russo né la milizia popolare della RPD si trovavano in quell'area. E avevano compiuto molte altre incredibili nefandezze.

Anche la presenza di civili nella fabbrica Azovstal potrebbe essere una *fake news* costruita per evitare l'assalto russo all'edificio divenuto l'ultima roccaforte dei neonazisti. Questa storia sui civili è infatti uscita quando le forze armate russe e della RPD hanno preso il controllo della parte settentrionale dell'acciaieria.

Paolo Liguori sostiene che nei sotterranei dello stabilimento Azvostal "c'è un gruppo molto consistente di osservatori e consiglieri militari stranieri, di nazionalità americana, inglese e francese. Hanno partecipato a tutta questa fase della guerra: ci sono tracce trovate qua e là". Sempre secondo Liguori l'esercito russo ne sarebbe al corrente e avrebbe rallentato le operazioni per evitare "100-200 morti stranieri, soprattutto se sono militari di alto rango".

Fonte: ideeazione.com

### L'astuta Israele

Avendo capito che l'era dell'unipolarismo finanziario è giunta alla fine, la Banca centrale d'Israele sta iniziando a ridurre le sue riserve in euro e dollari per fare scorta invece di yuan cinesi, ma anche di dollari canadesi e australiani, e di yen nipponici. Una reazione immediata e intelligente al conflitto russo-ucraino in corso, che è poi tra Russia ed Euro-Atlantismo.

Ha spaventato il recente sequestro di gran parte delle disponibilità di valuta estera della Russia nell'ambito delle sanzioni internazionali per l'invasione dell'Ucraina.

Nel mondo multipolare il potere prima accumulato nelle mani di pochi centri finanziari (di cui l'asse Washington-Londra era strategico) viene ora trasferito nuovamente verso gli Stati nazionali. La stessa Arabia Saudita è in trattative con Pechino per valutare alcune vendite di petrolio in yuan. Anche i Paesi dell'America Latina hanno investito quasi 30 miliardi di dollari in attività in yuan negli ultimi cinque anni.

Se ci pensiamo l'idea di vivere in un "villaggio globale" a livello planetario, lanciata nel lontano 1964 da Marshall McLuhan, noto studioso delle comunicazioni di massa, nel suo saggio *Gli strumenti del comunicare*, non era male. Il problema è che in questo villaggio non ci può essere qualcuno che svolge il ruolo di "grande capo" con una propria narrativa esclusiva.

Fonte: bloomberg.com

**Brutta storia con l'OSCE**

A Mariupol la milizia popolare della repubblica separatista DPR ha sequestrato l'archivio dell'OSCE (Organizzazione per la sicurezza e la cooperazione in Europa). I documenti contengono informazioni sui crimini di guerra delle forze armate ucraine che non erano inclusi nei rapporti ufficiali della stessa OSCE dal 2014. Confermano anche l'interazione della Missione speciale di monitoraggio col Ministero della Difesa dell'Ucraina.

Nel garage dell'Organizzazione sono state trovate scatole con mine di fabbricazione italiana, il che indica un collegamento con la fornitura di armi a Kiev. Per un'organizzazione di monitoraggio dell'ONU la consegna di armi a una delle parti in conflitto è semplicemente vergognoso.

È stato anche arrestato un dipendente dell'OSCE nella Repubblica Popolare di Lugansk. Ha già ammesso d'aver passato informazioni riservate sulle infrastrutture della LPR, possibilmente soggette ad attacco, indicando le coordinate esatte ai servizi di Intelligence stranieri.

È stato anche scoperto che le telecamere di sorveglianza sul cessate il fuoco, appartenenti all'OSCE, sono state utilizzate per spiare i soldati della milizia popolare della LPR e per correggere il fuoco dell'artiglieria dell'esercito ucraino.

Come noto, il bombardamento del distretto orientale di Mariupol, il 16 aprile 2022, era stato chiaramente ucraino, in quanto compiuto con lanciarazzi multipli Grad e Hurricane, che avevano provocato 31 morti e 117 feriti, tutti civili, compresi i bambini. Ebbene l'OSCE l'aveva attribuito alla DPR.

La Russia aveva già rifiutato l'estensione dei poteri della missione di monitoraggio dell'OSCE perché questa offriva i propri veicoli ai neonazisti durante le ostilità.

### Un secondo fronte in Transnistria?

Durante la Pasqua ortodossa alcuni sabotatori, probabilmente ucraini o NATO, hanno preso di mira la Transnistria per creare un secondo fronte contro la Russia, che sarà costretta a intervenire, dando così modo all'occidente di dire che sta attaccando la Moldavia.

In particolare si sono udite esplosioni su una delle strutture dell'antenna del centro radiotelevisivo Pridnestroviano nel villaggio di Mayak. Questo è ancora un grande centro radiofonico sovietico, uno dei pochi rimasti attivi sulle onde corte nel territorio dell'ex URSS. Le due antenne più potenti sono state distrutte.

Inoltre a Tiraspol (capitale della Transnistria) un aeroporto militare è stato colpito da mine da 60 mm, molto probabilmente lanciate da droni della NATO. Tiraspol è a soli 100 km dalla città di Odessa.

Ricordiamo che il 60% degli abitanti della Transnistria sono russi e ucraini (in totale vi sono circa 500-600.000 persone). Hanno cercato la secessione dalla Moldova anche prima del crollo dell'URSS, temendo di unirsi alla Romania e per difendere la lingua russa.

Dopo il crollo dell'URSS e la dichiarazione d'indipendenza

nel 1992, seguita a una guerra che ha lasciato sul terreno 4.000 vittime, Mosca aveva negato l'annessione alla Federazione richiesta dal parlamento della regione secessionista.

La Russia sostiene comunque l'enclave finanziariamente e ha sul territorio una base militare di 1.500 soldati e il maggior deposito di munizioni dell'Europa orientale a Cobasna (o Kolbasna).

La Transnistria, la cui autoproclamata indipendenza non è riconosciuta dalla comunità internazionale, è fortemente dipendente dalla Russia, che fornisce gas gratuito.

Dal 2002 il Cremlino ha cominciato a rilasciare passaporti ai residenti della repubblica, scatenando le ire di Kiev e Chisinau (capitale della Moldavia).

La Moldavia è lo Stato più povero d'Europa. Alle elezioni del 2020 la popolazione ha mandato a casa il presidente filorusso Igor Dodon, eleggendo l'europeista Maia Sandu, la quale è attivamente a favore del ritiro delle forze di pace russe. A suo avviso la situazione in Transnistria costituisce un ostacolo all'integrazione europea della Moldova. E sostiene che i suddetti attacchi sono stati orchestrati dagli stessi russi per minare la sicurezza della regione e giustificare un loro intervento militare. Ha già bandito la Z delle truppe russe ma anche molti simboli della vittoria sovietica sui nazisti, come p.es. il nastro di San Giorgio.

"L'Ucraina ha il diritto legale di smilitarizzare le strutture militari delle truppe russe che ci minacciano... Ciò consentirà di catturare prigionieri russi per lo scambio, eliminare la minaccia di una svolta da parte delle truppe russe, sequestrare grandi arsenali di munizioni e rilasciare due brigate ucraine che si trovano al confine tra Ucraina e Moldavia", ha affermato Yuriy Butusov, uno dei principali propagandisti politico-militari ucraini, che nel febbraio di quest'anno, prima dell'invasione russa, prese a pugni, durante una trasmissione televisiva, il parlamentare Nestor Shufrych, che si rifiutava di condannare la decisione di Putin di schierare le truppe lungo il confine tra Russia e Ucraina.

**[27]**

### Quindi è giusto usare i civili come scudi umani?

Il saputello Mentana ha detto al Tg-speciale di LA7: La richiesta dei russi di far uscire i civili dall'acciaieria di Azovstal è irricevibile, in quanto il battaglione Azov sa che se lo facesse non avrebbe scampo.

Quindi Mentana ha giustificato l'uso dei civili come scudo umano. E ha dato per scontato che i russi si comporterebbero nei confronti dei neonazisti nella stessa maniera in cui le parti fossero rovesciate.

Se fosse stato un giornalista normale avrebbe dovuto dire, molto semplicemente: "Dei militari con un minimo di buon senso e di umanità, dovrebbero capire che in quella situazione non si può vivere in eterno, per cui la resa senza condizioni è l'unica soluzione".

Ma lui non è normale, lui è speciale. Infatti non crede che i russi resteranno fedeli alla loro dichiarazione ufficiale, secondo cui se tutti usciranno disarmati, non verrà torto un capello a nessuno. Oppure che se consentiranno ai civili di uscire, le unità militari saranno ritirate a distanza di sicurezza e assicureranno l'evacuazione, senza approfittarne per entrare nell'acciaieria.

Da notare (forse pochi lo sanno) che i civili finiti nell'acciaieria sono quasi tutti parenti dei nazionalisti di Azov, delle forze di sicurezza della SBU e dei funzionari filo-Kiev che per anni hanno deriso e umiliato i cittadini filo-russi di Mariupol.

Sono stati portati lì proprio all'inizio dell'offensiva su Mariupol, in modo che fossero al sicuro, mentre i nazisti sparavano ai civili che cercavano di lasciare la città e bruciavano interi quartieri.

Nessuno è stato portato lì con la forza, come ad es. allo stabilimento di Ilyich. È comprensibile di cosa abbiano paura. Hanno visto rapimenti, torture e omicidi per otto anni a Mariupol e ora pensano che i russi si comporteranno allo stesso modo. Fan fatica a credere che non sono bestie come loro.

### Quant'è ricco Zelensky?

Il partito olandese Forum for Democracy (che si rifiutò di ascoltare il discorso di Zelensky al parlamento) ha cominciato a interessarsi all'origine degli 850 milioni di dollari nei conti di Zelensky. Infatti la maggior parte di questo importo è successivo alla sua elezione come presidente. Quindi da dove vengono tutti questi soldi?

Dall'ultima dichiarazione dei redditi per il 2019 (anno della sua elezione) il reddito complessivo della sua famiglia ammontava a circa 860.000 euro. Su queste cifre pesavano circa 100.000 euro di tasse, tutte regolarmente versate.

Dal maggio 2019 Zelensky non si è più impegnato in attività imprenditoriali dirette. L'unica entrata extra registrata è stata la vendita di un appartamento nella città di Kiev che apparteneva alla moglie Olena Zelenska. Il ricavato dell'operazione immobiliare sarebbe stato di circa 150.000 euro.

Ogni anno Zelensky percepirebbe per la sua funzione di presidente circa 10.554 euro (un parlamentare del suo Paese guadagna circa 7.680 euro all'anno). Da notare però che la paga mensile media in Ucraina è di circa 170 euro. La moneta nazionale non vale praticamente nulla: una grivna corrisponde a 0,030 euro o a 0,033 dollari.

Secondo fonti americane Zelensky, a differenza del suo predecessore Petro Poroshenko, non è mai stato un miliardario, in quanto il suo patrimonio al massimo ammonterebbe a circa 20 milioni di dollari.

Viceversa, secondo fonti russe gli si attribuiscono fino a cinque yacht di lusso e tre jet privati, così come 60 milioni di euro in azioni in società come Saudi Aramco, Meta e Tesla. Poi avrebbe 434.000 dollari nella Privatbank in Lettonia e una villa da 4 milioni di euro a Forte dei Marmi. L'introito maggiore sarebbe la sua quota del 25% in Kvartal 95, un gruppo di società che producono spettacoli umoristici, tra cui anche la serie "Servant of the People", l'opera che lo ha reso celebre e che lo ha consacrato come vincitore delle elezioni nazionali nel 2019.

Sì, ma 850 milioni di dollari sono tutt'altra cosa. È impossibile non pensare che non abbia ottenuto milioni di dollari dagli americani per continuare a resistere a oltranza nella sua funzione di presidente ucraino.

Fonti: tg24.sky.it – quifinanza.it

**Una carestia mondiale imminente**

L'Ucraina nel 2022 sarà costretta ad acquistare farina dalla Turchia, che è stata prodotta con grano ucraino venduto in questo Paese l'anno scorso. Siamo ai paradossi.

I funzionari turchi hanno consentito l'esportazione incontrollata di grano dall'Ucraina, senza preoccuparsi di creare una riserva strategica e garantire la sicurezza alimentare del loro stesso Paese. Siamo al grottesco.

La Germania sta pensando d'importare 20 milioni di tonnellate di grano dall'Ucraina per scongiurare la più grande crisi alimentare della storia in molti Paesi del mondo. Siamo all'assurdo. Anche perché non potrà farlo via mare, poiché i nazisti han sparso molte mine nel Mar Nero. Dovrà usare la ferrovia, molte delle quali sono inagibili.

Tecnicamente poi siamo alla fantascienza. Infatti un treno è in grado di spostare fino a 52 container con diverse migliaia di tonnellate di grano. Quindi dovrebbero essere necessari fino a 20.000 viaggi. Giusto il tempo per morire di fame.

Russia e Ucraina insieme forniscono il 31% di tutto il frumento tenero del mondo. Le esportazioni sono indirizzate in maggior misura verso Egitto, Tunisia, Turchia, alcuni Paesi asiatici e alcuni africani.

Quanti profughi economici avrà l'Europa? Bisogna ammettere che gli americani sono fenomenali nei loro tentativi di destabilizzare l'intero pianeta.

### Putin si è appellato a un precedente storico

Putin ha detto ad António Guterres, alto ufficiale delle Nazioni Unite, che la Corte internazionale di giustizia, riconoscendo il diritto all'autodeterminazione del Kosovo (come han fatto molti Stati), ha stabilito un precedente che ha consentito alle due repubbliche del Donbass, DPR e LPR, di dichiarare la propria sovranità. Quindi la Russia aveva il diritto di riconoscerle come Stati indipendenti. E solo dopo averlo fatto le due Repubbliche si sono rivolte a Putin con la richiesta di fornire loro assistenza militare contro i neonazisti che le bombardavano.

La stessa Corte sostiene che i territori non sono tenuti a chiedere il permesso alle autorità centrali quando dichiarano la loro sovranità. Quindi la Russia ha lanciato un'operazione speciale nel pieno rispetto della Carta delle Nazioni Unite, come vuole l'art. n. 51 della Carta dell'ONU.

Poi ha aggiunto che se ci sono dei civili nello stabilimento Azovstal e i militari ucraini non li liberano, diventano dei terroristi che si comportano come l'ISIS.

### Il regime del silenzio

Dal 21 marzo 2022 l'esercito della Federazione Russa dichiara ogni giorno pause umanitarie, durante le quali viene introdotto un "regime di silenzio" completo per l'evacuazione di tutti i civili, senza eccezioni, in qualsiasi direzione da loro scelta.

L'introduzione di questa procedura ha ovviamente comportato un significativo rallentamento del ritmo di avanzamento delle truppe russe e al rinvio dei compiti per distruggere le formazioni ucraine e neonaziste nelle città.

Solo a Mariupol, grazie alle misure adottate, 143.631 civili e 341 cittadini stranieri sono stati evacuati, così come è stato effettuato il ritiro sicuro di 1.844 militari delle forze armate ucraine che si sono arresi. A tutti loro è stata risparmiata la vita, è stata garantita la sicurezza ed è stata fornita l'assistenza medica qualificata. Tutto ciò è stato fatto senza alcuna partecipazione delle autorità di Kiev. Se qualcuno viene ucciso mentre si arrende o mentre usa i corridoi umanitari, la responsabilità principale non può essere cercata tra i russi. Sostenere che quelli della fabbrica di Azovstal temono di finire uccisi, se si arrendono, ha senso solo se sono gli stessi ucraini ad ammazzare chi si arrende.

### Strano che l'abbiano ancora eliminato

Il cancelliere Scholz è contrario al divieto d'importazione sul petrolio e gas russo. Ha detto che "un embargo sul gas dalla Russia non porterà alla fine dell'operazione speciale in Ucraina, ma porterà solo conseguenze significative per la Germania e tutta l'Europa".

Infatti se la Germania non importa gas e petrolio dalla Russia, le sue industrie chiudono nell'arco di un mese. Quindi delle due l'una: o fanno dimettere il cancelliere tedesco, eseguono gli ordini di Washington e chiudono le aziende tedesche, e fallisce la UE; oppure non verrà fatto l'embargo al gas russo e la UE si spacca. In entrambi i casi vince la Russia.

E vincono anche gli USA, che non sopportano più la concorrenza della UE, il suo apprezzato Stato sociale e il suo benessere relativamente diffuso. Per loro non ha più senso che debbano spendere molto più di noi in armamenti riducendo il loro "burro": adesso coi loro armamenti vogliono il nostro "burro". E per fortuna siamo alleati…

### Superare il concetto di civiltà

Abbiamo capito che la Russia non tollera le pericolosissime basi NATO che la circondano in ogni dove e che minacciano di distruggerla.

Abbiamo capito che rifiuta l'idea di mondo unipolare a guida americana. E che giudica molto negativamente i Paesi occidentali quando bloccano le riserve estere delle banche centrali dei Paesi giudicati nemici. O quando emettono sanzioni economiche e finanziarie che mirano a destabilizzare i Paesi nemici.

Abbiamo capito che hanno orrore dei Paesi che usano la guerra per impossessarsi delle risorse altrui, anche perché ritengono che l'occidente sia una specie di figliol prodigo che voglia vivere al di sopra delle proprie possibilità.

Ma sul piano etico quali sono le accuse che muovono all'occidente? Se ci limitiamo a Putin, al filosofo Dugin e al patriarca di Mosca, dobbiamo dire che riguardano prevalentemente la sfera sessuale: omosessualità, transgender, LGBTQ+, pornografia, pedofilia, madri surrogate... Putin aggiunse che il governo di Kiev era composto da ministri tossici.

In questo scontro di civiltà (in cui l'Ucraina è solo una nazione casuale) tra Russia e Occidente, una appare eticamente permissiva, anarcoide, individualistica; l'altra invece vuole essere più restrittiva, più tradizionalistica e paternalistica.

Ma questo non vuol dire che noi siamo democratici, mentre loro sono autocratici. Anche in Russia si vota. E anche da noi, che pur votiamo da sempre, sono esistite dittature o leggi liberticide.

Secondo me la differenza maggiore è un'altra e riguarda i rapporti tra economia e politica. Da noi la prima domina la seconda, anche se ci diciamo che non è vero. Per noi il mercato e la proprietà privata dei mezzi produttivi sono sacri e la borsa è imprescindibile. Ci siamo prostituiti al denaro. I governi invece sono molto relativi, transitori e sul piano ideologico non vi è molta differenza in parlamento tra destra e sinistra.

Per loro invece la politica deve sempre controllare (almeno in ultima istanza) l'economia, altrimenti la società diventa ingestibile. In Cina questo è ancora più evidente. Praticamente l'etica viene decisa dal governo in carica, che si rifà alle tradizioni più consolidate della nazione, siano esse religiose o filosofiche.

Tuttavia ho l'impressione che questo scontro di civiltà abbia fatto il suo tempo. La Russia non può essere un'alternativa all'occidente. Noi, nel nostro sfrenato egocentrismo, ci sentiamo troppo avanti, anche perché siamo supportati da un'altissima tecnologia e da un militarismo da far paura. Ma il primato assoluto dell'occidente euroamericano volge al declino, che lo si voglia o no.

Qui è il concetto stesso di "civiltà" (o di "impero") che va superato. Questa macro categoria della storia basata sugli antagonismi di qualunque tipo, è diventata una gabbia da cui non riusciamo a uscire. Noi dovremmo partire dal presupposto che piccolo è meglio di grande e che senza rispetto per le esigenze riproduttive della natura, noi perdiamo la nostra stessa umanità.

[28]

### In dirittura d'arrivo?

All'Ucraina sono rimasti circa 60.000 dei 200.000 soldati regolari che aveva. Più alcune frange esplicitamente neonaziste.

La Russia attualmente controlla circa il 25% del suo territorio.

Ogni giorno sempre più soldati ucraini si arrendono, anche se devono fare attenzione perché rischiano d'essere uccisi dai loro stessi compagni.

Si fa sentire anche la mancanza di personale qualificato: su

100 soldati ucraini solo 2 o 3 sono ufficiali. Si rendono conto che la vittoria è impossibile, anche perché sono a corto di carburante e munizioni. Enormi sono i problemi logistici per la consegna di rinforzi e rifornimenti al fronte. Lo impediscono i sistemi d'alta precisione delle forze russe, in grado di distruggere installazioni militari sia in prima linea che nelle retrovie.

Una grave carenza si riscontra anche per il cibo e le medicine, tant'è che l'esercito ucraino è costretto a intimidire e derubare i propri cittadini.

Sempre più militari catturati o che hanno accettato di deporre volontariamente le armi parlano dell'assunzione di massa di sostanze psicostimolanti e anti-ansiogene nelle file delle forze armate ucraine. La sensazione di stanchezza cala di molto, diminuisce anche la voglia di mangiare e la necessità di dormire.

Allo stesso tempo però aumenta di molto il rischio di psicosi allucinatoria, si perde l'orientamento nello spazio e la coscienza di sé cambia parecchio. Questo spiega, almeno in parte, il motivo per cui gli ultimi combattenti dell'Azov non vogliono uscire dall'acciaieria di Mariupol. Ma in questo condizioni anche i mercenari stranieri hanno perso la possibilità di tornare a casa.

Ormai non basta più a nessuno quanto affermato dal portavoce del Dipartimento di Stato americano, Edward "Ned" Price Price, secondo cui "Questa guerra sarà la vittoria dell'Ucraina e la sconfitta strategica della Russia".

### Sulla Lettera aperta di Sini

Cosa c'è che non va nella Lettera aperta del 10 aprile, indirizzata al premier Mario Draghi da parte di Peppe Sini, responsabile del "Centro di ricerca per la pace, i diritti umani e la difesa della biosfera" di Viterbo?

Semplicemente una cosa: le guerre non possono essere interpretate in chiave etica, altrimenti è impossibile capirle. Se fosse possibile interpretarle solo in questa maniera, l'ONU sarebbe già dovuto intervenire, organizzando un intervento armato contro la Russia per impedirle di proseguire la sua guerra, anche a costo di far scoppiare una guerra mondiale nucleare. Cioè quando le trattative non servono, bisogna per forza utilizzare le armi.

Il problema è che se l'ONU si comportasse così, le nazioni che vincessero la Russia, finirebbero con lo smembrarla per accaparrarsi delle sue risorse, cioè ponendo in essere le motivazioni per nuove future guerre.

Ma il problema è un altro ancora. Sini sostiene che "la popolazione ucraina è stata aggredita dal folle e criminale governo russo". Eppure i russofoni e/o i filorussi del Donbass li hanno accolti come liberatori. Non ne potevano più di una guerra civile durata 8 anni, che ha fatto 14.000 morti (di cui 150 bambini).

Se l'ONU fosse un organismo davvero imparziale, non si sarebbe limitato a inviare l'OSCE (i cui report non hanno ottenuto nulla di significativo), ma avrebbe spazzato via i governi di Kiev, golpisti e filonazisti. Invece è rimasto a guardare. Quindi alla fine chi è folle e criminale? Chi cerca di porre fine con la forza a un genocidio in atto o chi non se ne preoccupa affatto?

E poi Sini non capisce che non tutte le guerre sono uguali. Ci sono quelle di aggressione e quelle difensive o di liberazione. Se la non violenza andasse presa come un concetto assoluto, valido in ogni tempo e luogo, a prescindere da qualunque considerazione, non avrebbe dovuto esserci alcuna resistenza armata al nazifascismo della II guerra mondiale, né un aiuto militare ai repubblicani spagnoli contro i franchisti. Chi invoca una pace a oltranza, si mette sempre dalla parte dell'aggressore che non intende ragioni e che, nel caso dell'Ucraina, è lo stesso governo di Kiev, sostenuto apertamente dagli USA e dalla UE.

La difesa armata è indubbiamente un mezzo estremo, ma il governo Draghi va criticato per essersi messo dalla parte sbagliata. Sostenere con le armi un governo filonazista significa diventare complici di tutte le nefandezze che ha compiuto. E qui, che il nostro governo l'abbia fatto consapevolmente, vittima di un atavico pregiudizio antirusso, o perché interpreta la guerra con lo stesso moralismo di Sini, salvo la differenza sull'invio delle armi, cambia poco. Quello che conta alla fine sono gli schieramenti delle forze belliche sul campo.

Sini può aver ragione là dove dice che si sarebbe dovuto continuare a negoziare. Ma qualcuno dovrebbe dirgli che le richieste della Russia sono sempre state chiare sin dall'inizio: riconoscimento delle due repubbliche autonome del Donbass, la Crimea alla

Russia e rinuncia alla NATO da parte di Kiev. Qualcuno le ha mai accettate? Nessuno.

A questo punto si dovrebbe considerare l'atteggiamento guerrafondaio del nostro governo perfettamente in linea con la sua ideologia antirussa di fondo. E in questo si trova in buona compagnia nella UE.

Quanto alle sanzioni, Sini fa bene a giudicarle inutili e insensate, in quanto controproducenti per gli stessi italiani. Ma qui non se la deve prendere con Draghi: in tutti i parlamenti europei la maggioranza a favore delle sanzioni è stata schiacciante.

Della sua lunga lettera mi sono piaciuti solo alcuni incisi:

- "l'Italia dopo anni ed anni non ha ancora ratificato il trattato dell'ONU per la proibizione delle armi nucleari";

- "grottesca e insensata la decisione di espellere alcuni diplomatici russi dal nostro Paese, mentre invece occorrerebbe valorizzare il più possibile tutti i canali diplomatici per arrivare il prima possibile al negoziato, che solo può porre termine alla guerra e alle stragi";

- "insensatezza del riarmo e delittuosità dell'aumento delle spese militari quando invece il nostro Paese ha estremo bisogno di incrementare le spese sociali";

- "abissale stoltezza di scelte energetiche che contribuiscono all'avvelenamento e alla desertificazione della biosfera" (in riferimento al ritorno al carbone e alla promozione del nucleare);

- "l'Italia non si è minimamente dissociata dalle decisioni scellerate degli Stati Uniti, che mirano a devastare e impoverire l'intera Europa per meglio asservirla, e dalle decisioni della NATO terrorista e stragista che degli USA è il braccio armato".

**Nato un nuovo "nazista": Giovanni Floris**

A "diMartedì" il 26 aprile Giovanni Floris invita il giornalista Rai Fulvio Grimaldi per esporre le proprie posizioni "eretiche" sulla guerra in Ucraina, considerate filo-russe, e poi chiede al pubblico in studio di non applaudirlo.

È diventato neonazista pure lui, o forse l'ha fatto perché teme di perdere il posto? Povero Floris, che andò via dalla RAI accampando motivazioni editoriali, quando in realtà chiedeva

700.000 euro l'anno contro le 150.000 che gli davano. Se perde anche il contratto con LA7, dove andrà, lui che di idee originali nella testa non ne ha mai avute, tant'è che deve sempre chiamare decine di ospiti per farsele dire dagli altri.

Grimaldi sull'Ucraina ha le idee molto chiare, ma siccome a Floris non piacciono, diventano sbagliate. Ecco un altro eloquente esempio del livello del nostro giornalismo.

Grimaldi aveva semplicemente detto che l'Ucraina ha un regime basato su forze politiche e armate naziste, non solo per la presenza del Battaglione Azov, ma anche perché lo stesso governo di Kiev è pieno di nazisti.

In particolare aveva detto: "Quelle forze naziste ne hanno fatte di tutti i colori e oggi quei fatti sono volatilizzati, anzi loro sono diventate simpatiche. Questo è un processo di odio nei confronti dei russi che è simile all'odio che si nutriva nei confronti degli ebrei alcuni decenni fa, è la stessa rimozione, la stessa categorizzazione di sotto-uomini, di putiniani inaccettabili".

"Calmi", sussurra Floris tra i sospironi di qualche altro ospite. Si solleva un leggero applauso dalle poltroncine e il conduttore ferma tutto: "Non applaudite perché francamente con tutta la simpatia per Grimaldi non trovo nulla di condivisibile in quello che ha detto". "Ma ci sono i nazisti in Ucraina o no?", ribatte Grimaldi. "I nazisti ci stanno anche in Italia, ma non è che la Francia ci invade", è la risposta di Floris. "Ma quelli hanno massacrato per 8 anni un popolo che non voleva un colpo di Stato, caspita!".

Poi Floris, con metodi nazisti, l'ha interrotto. Qua comando io!

Eh certo la Francia non c'invade, ma se Macron mandasse la flotta a reprimere l'indipendentismo dei corsi e quelli chiedessero aiuto a noi, perché si sentono più italiani che francesi, noi li lasceremmo ammazzare tutti? E se la Francia volesse riprendersi la Val d'Aosta, come tentò di fare De Gaulle alla fine della II guerra mondiale, noi che la lasceremmo fare? E poi perché la Francia dovrebbe preoccuparsi dei nostri neofascisti quando ben oltre 13 milioni di loro, il 41,3%, han votato la Le Pen?

Vedi Floris che non capisci niente! Quando i sistemi neoliberisti non riescono più a garantire un diffuso benessere, la democrazia formale si trasforma subito in dittatura esplicita. Ucraina *do-*

*cet*!

Fonte: la7.it

### Paradossi del governo Draghi

La presidenza del Consiglio rinnova l'impianto di climatizzazione della propria sede in via della Stamperia, a Roma. Lo fa comprando 57 condizionatori "split", al prezzo di quasi 40.000 euro.

Una decisione che arriva a due settimane di distanza dalla famosa e assurda frase rivolta da Draghi agli italiani: "Preferiamo la pace o i condizionatori accesi tutta l'estate?".

Evidentemente il governo preferisce la guerra e i condizionatori accesi. Gli italiani invece avranno le conseguenze economiche della guerra e quindi i condizionatori spenti.

Questo governo deve andare a casa il più presto possibile.

Fonte: iltempo.it

### Che problemi ha George Soros?

Alla Conferenza della sicurezza di Monaco del febbraio 2015 George Soros delineò uno scenario su ciò che sarebbero dovuti diventare i Paesi della zona euro.

Secondo lui il modello da imitare era proprio l'Ucraina, un Paese che nello stesso mese aveva proposto una legge (n. 2225) che vietava agli abitanti di criticare o di emettere dichiarazioni contrarie alla politica governativa. Il disegno di legge, proposto dal deputato del Fronte Popolare, Konstantin Mateyshenko, chiedeva di modificare il Codice Penale riguardo agli atti deliberati per sabotare l'autorità dello Stato e del governo.

In particolare i cittadini che avessero giudicato la politica del governo di Kiev inumana, suicida, nazista o semplicemente non conforme ai diritti fondamentali, sarebbero stati puniti con un lavoro coatto per un massimo di due anni, nonché da due mesi a tre anni di detenzione. Insomma nessuna forma di critica era ammessa nei confronti delle istituzioni.

Non so che fine abbia fatto questa proposta. In ogni caso da parte di Kiev la democrazia, come la s'intende in Europa, non ha senso (forse anche per questo i neonazisti han sempre preferito interfacciarsi con gli USA). Il partito comunista è fuori legge dal 2014, anno del golpe, nonostante l'opposizione dei giudici del tribunale amministrativo del distretto di Kiev. Di qui la volontà di secessione degli abitanti del Donbass.

La cosa curiosa è che Poroshenko partecipò alla marcia per la libertà di espressione in Francia in occasione dei tragici eventi che colpirono la redazione della rivista "Charlie Hebdo". Una bella faccia di bronzo.

Per i nostri giornalisti invece uno Stato per dirsi democratico è sufficiente che permetta ai cittadini di votare. E l'Ucraina è un Paese democratico, che merita di entrare nella UE.

Fonte: sakeritalia.it

### Interessante Andrea Zhok

Scrive Andrea Zhok, docente di Filosofia Morale all'Università di Milano: "il sistema capitalistico si conserva in equilibrio soltanto se e nella misura in cui può garantire ai detentori di capitale (investitori) una crescita futura del proprio capitale". Questo per dire che se non ci sono profitti economici o interessi finanziari, il sistema crolla.

E il sistema fino adesso non è crollato perché ha potuto avvalersi dello sfruttamento coloniale e neocoloniale del Terzo mondo. Poi si è parlato di "globalismo" (sostituendo la parola "imperialismo"). Molti Paesi colonizzati si sono emancipati politicamente ma sono rimasti intrappolati sul piano economico e finanziario. E con l'implosione dell'URSS, l'occidente ha avuto la strada spianata anche sul piano ideologico, pur incontrando un nuovo forte competitore economico sul suo cammino: la Cina, che ha iniziato a fare affari con le parti più sfruttate del mondo, fornendo condizioni di scambio migliori.

La favola neoliberista del globalismo era la seguente: quanto più gli scambi diventano internazionali, tanto più aumenta per tutti il benessere.

Ora, a parte il fatto che chi è più debole economicamente, col globalismo lo diventa ancora di più, poiché è intrappolato dai crediti che riceve, sempre molto onerosi sul piano sociale. Ma quel che è peggio è che quanto più aumenta il benessere dei più forti, tanto più aumentano gli appetiti speculativi, cioè la fretta di diventare sempre più ricchi, senza rispettare alcuna regola. Di qui gli incredibili disastri finanziari, che han rischiato di far crollare il sistema capitalistico mondiale. La bolla di Internet all'inizio del terzo millennio, la crisi dei *subprime* nel 2008 (durata un decennio), cui si sono aggiunti fenomeni catastrofici, come la recente pandemia virale, che ha avuto effetti disastrosi sull'economia mondiale; in mezzo le tante guerre regionali scatenate dagli USA, e ora la guerra per procura contro la Russia, sfruttando gli ucraini.

Sono oltre 20 anni che per risolvere le crisi economiche le banche centrali di tutto l'occidente stampano denaro non per aiutare l'economia reale, ma solo per non far crollare il sistema finanziario. E il debito pubblico diventa incontrollabile.

Da tempo gli USA, specialisti del derubare i patrimoni statali altrui, cercano di trovare una via d'uscita catastrofista per ridurre il benessere globale e la popolazione mondiale, per silenziare i concorrenti economici sullo scacchiere internazionale e per contenere le agitazioni popolari con una dittatura mediatica e militare più o meno esplicita. Sono note le simulazioni Clade-X del 2017-2018, e Event 201 del 2019. Sono noti anche i continui bisogni di trovare un nemico su cui scaricare tutte le tensioni: dai dittatori politici ai no-vax, dal terrorismo islamico alla Russia autocratica di Putin, fino alla Cina di Xi Jinping, presentata come "untore mondiale" e pericolo n. 1 per le democrazie asiatiche.

Consapevoli della loro superiorità militare (in parte minacciata dalla Russia), tecnologica (in parte minacciata dalla Cina) e finanziaria (in virtù del primato del dollaro), gli USA vogliono un conflitto mondiale, in maniera tale che possano passare dalla democrazia formale alla dittatura reale del capitale, quella che non può essere messa in discussione da nessuno (Zhok la chiama "neo-feudalesimo a base tecnocratica e plutocratica"). Hanno solo bisogno di una gigantesca montatura mediatica (relativa alla democrazia, ai diritti umani ecc.) con cui convincere l'intero occidente che i nemici principali da abbattere sono Cina e Russia. Con questo conflitto ucraino sono lì lì per riuscirci.

Fonte: lantidiplomatico.it

## Il realismo di Martin Wansleben

Sul canale "Lettera da Mosca" di Telegram un'intervista interessante concessa da Martin Wansleben, amministratore delegato dell'Associazione delle Camere di Commercio e Industria tedesche. Ha detto:

- Non solo l'energia e le materie prime diventano più costose ma tutto sta rincarando. Ci sono molte aziende che non sanno cosa potrà succedere con i clienti e i fornitori.

- Per me l'inflazione è ora del 7 o 8% e i prezzi alla produzione sono saliti del 30%. Uno dei motivi è l'aumento dei prezzi dell'energia.

- La grande massa del gas non serve per il riscaldamento o l'acqua calda ma per il calore di processo, ovvero chimica, siderurgia e farmacia. E se guardi quali materie prime vengono prodotte in chimica, è facile capire che se la chimica si ferma in Germania, gli ingranaggi dell'economia si fermano in tutta Europa. Un embargo sul gas naturale russo ora sarebbe un disastro.

- L'intero sistema di gasdotti in tutta Europa andrà a pezzi sullo sfondo dell'indipendenza dalla Russia. Non è solo questione di dove prendiamo il gas ma anche di come lo distribuiamo. Ora siamo al si salvi chi può. Gli italiani cercano di trovare gas in Africa. È positivo, ma è solo parte del problema: non abbiamo modo di utilizzare le fonti che gli italiani scoprono in Africa perché non c'è collegamento con i loro gasdotti.

- Non ha senso imporre sanzioni che colpiscono più te di chi dovrebbe essere punito.

- Molte aziende lasciano la Russia. Io parto ma il mio concorrente asiatico resta. Il tema dunque è: sto lasciando per sempre i miei affari in Russia?

Eppure, nonostante questo, il parlamento tedesco, con 586 voti a favore, 100 contrari e 7 astenuti, ha approvato la spedizione di armi pesanti in Ucraina. Non solo, ma la Germania (che per il 65% del suo fabbisogno di gas dipende dalla Russia) ha tentato di pagare le forniture attraverso un conto in rubli presso Gazprom Marketing & Trading, una società russa con sede a Londra finita sotto sequestro in seguito alle sanzioni belliche, ma la Russia ha rifiutato di ricevere il pagamento. Cioè se la Germania non si conforma alle precise regole di Putin (che chiede di aprire due conti correnti presso la Gazprombank), la Russia le chiuderà il rubinetto come ha già fatto con Polonia e Bulgaria (peraltro la Polonia ha iniziato ad acquistare gas russo, proprio comprandolo attraverso la Germania).

Siamo insomma alla follia. È come se si stesse giocando una partita a poker senza limiti al rilancio o si facesse una sfida da cow boy all'O.K. Corral.

### Molto deludente Wikipedia

I redattori di Wikipedia hanno rimosso la voce relativa alla società d'investimento e consulenza fondata da Hunter Biden, "Rosemont Seneca Partners". Il motivo ufficiale, come rivelano i commenti archiviati nella pagina di discussione, è che la voce non sarebbe "degna di nota". La società d'investimento co-fondata da Hunter Biden è stata al centro di numerose domande relative ai suoi rapporti d'affari all'estero, soprattutto in rapporto ai biolaboratori in Ucraina.

Un editore di Wikipedia, identificato solo come Alex, ha mentito chiaramente dicendo che "Questa organizzazione è menzionata solo in connessione coi suoi famosi fondatori, Hunter Biden e Christopher Heinz"; ha inoltre avvertito (senza rendersi conto che i fatti contro il figlio di Biden sono inoppugnabili) che "tenendo in giro la pagina" si correva il rischio che diventasse "una calamita per teorie del complotto su Hunter Biden".

Persino il co-fondatore di Wikipedia, Larry Sanger, ha affermato che l'enciclopedia non può più essere considerata affidabile e sta diventando mera "propaganda".

Fonte: canale "Libertà e democrazia" di Telegram


**[29]**


### Che succede in Transnistria?

In un suo lungo art. Evgeny Norin afferma che l'attuale guerra in Ucraina è stata preceduta dalla guerra in Transnistria nel 1992, una regione non riconosciuta dalla Moldavia (o Moldova).

Si tratta di un'area che si estende in direzione nord-sud lungo il fiume Dniester, al confine tra Ucraina e Moldavia, lunga circa 200 km e larga solo una ventina. Alla fine dell'era sovietica aveva una popolazione di circa 680.000 persone.

Nel 1992 vi è stato un conflitto della durata di diversi mesi, quando i ribelli, soprattutto russi e ucraini, avevano impugnato le armi contro il governo della nuova Moldavia indipendente dalla ex-URSS. Quella guerra è stata una sorta di prologo di tutta la sanguinosa storia dei conflitti armati post-sovietici.

La Transnistria era entrata a far parte della Russia durante la dinastia Romanov, quando questa era in guerra con l'impero ottomano. Fu sotto Caterina II che si costruì Tiraspol, la futura capitale della Transnistria. Poi i Romanov riconquistarono dai turchi la Bessarabia, cioè la parte orientale dell'antico principato moldavo, l'origine dell'attuale Moldavia.

Quando scoppiò la rivoluzione d'Ottobre e la successiva guerra civile, la Moldavia entrò a far parte della Romania, ma la Transnistria rimase all'URSS. Invece dopo la fine della II guerra mondiale anche la Moldavia venne annessa all'URSS.

La Transnistria non è mai stata una regione integrata con la Moldavia. La sua struttura economica industriale è molto diversa dalla struttura agraria della Moldavia. Nonostante rappresentasse solo il 17% della popolazione della Moldavia e avesse una porzione molto piccola di territorio, alla fine del periodo sovietico la sua industria forniva il 40% del PIL della Moldavia e fino al 90% delle forniture di energia elettrica.

In Transnistria era anche di stanza la 14a armata sovietica, che doveva gestire oltre 20.000 tonnellate di munizioni stoccate a Cobasna, a soli 2 km dal confine ucraino. Oggi i militari sono ben poca cosa: circa 1.500.

Va detto che la maggioranza della popolazione moldava è costituita da moldavi di lingua rumena, imparentati coi loro vicini di Bucarest, mentre in Transnistria la maggioranza della popolazione è slava, composta da russi e ucraini. Di conseguenza il nazionalismo moldavo, che auspicava la rinascita dei legami con la Romania, non ha mai trovato alcun sostegno in Transnistria. Tant'è che qui le idee filo-sovietiche sono rimaste popolari anche dopo l'implosione dell'URSS.

Intorno al 1989 la Moldavia ha iniziato a essere percorsa da un'ondata di nazionalismo populista e di romanticismo etnico. I leader dello Stato emergente disconoscevano il loro passato sovietico e volevano farlo diventare ricco come quelli europei. Inoltre volevano unirlo alla Romania, cui si sentivano molto legati.

Quando il governo volle introdurre un progetto di legge sull'adozione della lingua moldava come unico idioma di stato e il conseguente passaggio all'alfabeto latino, i transnistriani opposero un netto rifiuto, che sfociò in una guerra civile.

La Moldavia diventò definitivamente indipendente dalla ex URSS nel 1990, col nome di Repubblica di Moldavia. Ma nello stesso anno si formò la Repubblica Transnistriana Moldova. La cosa venne prese a Chisinau (capitale della Moldavia) come un tentativo insurrezionale.

Fu così che nacque la guerra civile. In Transnistria arrivarono volontari dalla Russia e dall'Ucraina. Poi arrivò anche il generale russo Alexander Lebed, che usò la 14a Armata come una mazza per colpire chiunque non volesse far cessare i combattimenti. Vi furono migliaia di morti da ambo le parti. A tutt'oggi la Repubblica Transnistriana Moldova non è stata ufficialmente riconosciuta da nessuno se non dalla Russia. Però le idee nazionalistiche moldave sono diminuite e i rapporti commerciali tra le due repubbliche sono ripresi.

Tuttavia oggi l'Ucraina ha ammassato 2.000 soldati lungo il confine con la Transnistria, dove vengono equipaggiate postazioni di tiro con cannoni e artiglieria missilistica. Si vuol creare un nuovo fronte bellico, per distogliere le forze armate russe dal Donbass. Alcuni incidenti terroristici, creati a bella posta dagli ucraini, vengono attribuiti ai russi, per far vedere che questi vogliono occupare anche la Moldavia e far entrare in guerra la Transnistria.

C'è da dire che il munizionamento dell'arsenale di proprietà russa fa gola all'esercito ucraino in quanto è perfettamente compatibile con gli standard dei sistemi d'arma in dotazione alle loro forze.

Infine la Romania è già stata accusata dal Cremlino di voler puntare all'annessione coatta della Bessarabia/Transnistria, sfruttando la crisi ucraina. D'altra parte anche la Polonia mira ad acquisire la regione di Leopoli, suo ex possedimento storico, e vorrebbe farlo da subito, in maniera autonoma rispetto alla NATO.

Fonte: comedonchisciotte.org

### Qual è il vero obiettivo di USA e UE?

Che cos'è che dà più fastidio agli USA e alla UE? Secondo Sergey Glazyev è un nuovo modello tecnologico e sociale di sviluppo, presente soprattutto in Cina e India (ma – possiamo aggiungere – con Putin anche in Russia sul piano energetico), in cui l'economia viene tenuta sotto controllo dalla politica e, nonostante questo, ha ritmi di sviluppo che l'occidente non può permettersi.

Sta nascendo un nuovo sistema di gestione dello sviluppo socio-economico che combina pianificazione strategica centralizzata e concorrenza di mercato, cioè un controllo statale sulle infrastrutture finanziarie e materiali e sull'imprenditoria privata, mediante cui lo Stato integra gli interessi di vari gruppi sociali attorno all'obiettivo comune di migliorare il benessere pubblico attraverso uno sviluppo economico avanzato, determinato da nanotecnologie, bioingegneria, tecnologie digitali ecc.

In occidente, negli ultimi tempi, si è cercato di ovviare ai limiti del vecchio sistema produttivo individualistico o monopolistico-privato, concentrandosi su uno sviluppo meramente finanziario del capitale, ma i risultati sono stati disastrosi, salvo eccezioni. La finanza ha fatto arricchire a dismisura singoli esponenti del capitale, ma ha mandato in rovina milioni di persone (si pensi p.es. alla crisi dei *subprime*). E le leve dello Stato (cioè le tasse dei cittadini) sono servite unicamente per risolvere gli enormi disastri provocati dalla finanza irresponsabile.

Di qui l'esigenza di scatenare un conflitto mondiale con cui gettare nel caos i Paesi che l'occidente non controlla. Tuttavia, se i principali rivali di USA e Unione Europea sono Cina e India, il cui tasso di sviluppo è di molte volte superiore, al momento l'obiettivo è quello di smembrare la Russia per sottrarle le sue immense risorse energetiche e naturali. L'Ucraina è solo un pretesto.

Ci riusciranno senza scatenare un conflitto nucleare mondiale? A livello mediatico sembra di sì. A livello finanziario non proprio. Infatti dopo le "sanzioni infernali" imposte alla Russia col sequestro di tutti i beni in dollari, euro, sterline e yen, queste valute han perso automaticamente il loro status di valute di riserva mondiale, poiché ora tutti gli Stati, sentendosi potenzialmente ricattabili, temono conseguenze analoghe in qualunque momento.

Di qui l'urgente necessità di creare un nuovo sistema monetario e finanziario indipendente da queste monete dominanti. Ci stanno pensando i leader dei Paesi SCO (Russia, Cina, Kazakistan e Kirghizistan, Tagikistan e Uzbekistan) e BRICS (Russia, Cina, India, Brasile e Sudafrica).

Fonte: comedonchisciotte.org

### "MicroMega" è irriconoscibile

Intervistato da "MicroMega", Elia Rosati, autore del libro "L'Europa in camicia nera", ha detto che l'Ucraina non è un Paese nazista, ma è un Paese nella cui vita politica partiti e movimenti neonazisti – attualmente molto minoritari – sono presenti da decenni, cosa non rara nei Paesi dell'Est. Il battaglione Azov conta su un gruppo di circa 3.000 volontari.

Ho l'impressione che Rosati non abbia capito niente dell'Ucraina. Questo è un Paese "nazista" vero e proprio, poiché tutti i suoi quadri dirigenti, dal semplice sindaco al governatore di una regione, fino al ministro del governo, al premier e al presidente Zelensky sono fondamentalmente proni all'ideologia russofoba dei neonazisti. Cioè non sono solo atlantisti, europeisti, americanisti, filo-capitalisti, ma anche fortemente nazionalistici, razzistici, centralizzatori di tutti i poteri statali, contro tutte le minoranze, da quella ebraica a quelle russofone, unghereresi, romene... Almeno 1/3 dell'esercito è chiaramente "nazista", in quanto addestrato da istruttori che hanno idee razzistiche, prive di qualunque etica.

Il punto è proprio questo, che si sbaglia enormemente a non ritenere nazista l'Ucraina solo perché i partiti esplicitamente nazisti non hanno molti voti a livello parlamentare. Il vero problema è che questa feccia sociale può compiere qualunque abuso senza andare incontro ad alcuna conseguenza penale. Questi rifiuti dell'umanità sono in grado di condizionare pesantemente i vertici dell'esercito e del potere politico, reprimendo qualunque forma di dissenso nei confronti del regime. Tutta la propaganda dei loro mass-media e persino l'istruzione scolastica è improntata su principi razzistici in generale e russofobici in particolare.

E tutti i politici e i militari han potuto comportarsi in una maniera così barbara proprio perché sono sempre stati sostenuti finanziariamente e militarmente dagli americani (e ora anche dagli europei).

Non sono nazisti a titolo folcloristico o solo perché si rifanno a Bandera, ma proprio come stile di vita sostenuto dall'occidente euroamericano. Sono nazisti perché sanno che, al di là della democrazia formale, al di là delle apparenze puramente esteriori (relative soprattutto alla retorica dei diritti umani), sanno benissimo che lo siamo anche noi. Cosa che abbiamo dimostrato imponendo sanzioni draconiane a tutto il popolo russo e volendo cancellare pervicacemente tutto quanto sappia di "russo" nelle nostre nazioni. E questo come premessa a una possibile guerra che riduca la Federazione russa, territorio immenso e ricchissimo di risorse, a un puzzle di regioni distribuite tra i vincitori.

Fonte: micromega.net

**[30]**

### Codacons all'arrembaggio

Il Codacons (associazione dei consumatori) ha deciso di fare ricorso a TAR contro il governo che fornisce all'Ucraina armi offensive, in quanto queste implicano una partecipazione italiana al conflitto in corso, sono in pieno contrasto con la volontà degli italiani e violano gli articoli 11 e 78 della Costituzione.

A ciò si potrebbe aggiungere:

- Anche se avessimo offerto armi *difensive*, avremmo violato lo stesso la nostra Costituzione, e non tanto o non solo perché non possiamo usare la guerra come mezzo di risoluzione di conflitti internazionali, quanto soprattutto perché la nostra Costituzione è chiaramente antifascista e noi non possiamo armare un governo che favorisce il nazismo. Poiché i destinatari di queste armi sono "nazionalisti neonazisti", la differenza tra "difensive" e "offensive" è del tutto irrilevante. Su questo il Codacons non ha le idee chiare.

- La volontà degli italiani va verificata *prima* (tramite referendum) e non dopo aver deciso di consegnare delle armi e di comminare a qualsivoglia Stato delle sanzioni economiche e finanziarie (che sono altrettante armi e che colpiscono in prevalenza la società civile di quello Stato più che il governo in carica). Al massimo si può prescindere da questa volontà popolare quando si organizzano trattative di pace o quando si forniscono aiuti umanitari destinati alla popolazione civile, che possono tradursi in forme di assistenza sanitaria, controllo dei corridoi umanitari per evacuare i civili dalle loro abitazioni-rifugio, garanzie di espatrio veloce, ecc.

- L'art. 78 della Costituzione ("Le Camere deliberano lo stato di guerra e conferiscono al governo i poteri necessari") non si riferisce a una possibile dichiarazione di guerra nei confronti di uno Stato considerato "nemico", ma si riferisce alla necessaria difesa della nostra nazione nei confronti di uno Stato chiaramente aggressore, che vuole invaderla o sottometterla, integralmente o in qualche sua parte di territorio. In una situazione del genere il parlamento e il governo devono agire in fretta, non possono aspettare il consenso popolare. Questo articolo, come quello n. 11, sono stati chiaramente violati dal nostro Paese (che dal 1945 non è mai stato minacciato da nessuno) ogni volta che ha aderito alla volontà belligerante della NATO (soprattutto quando il governo l'ha fatto senza il preventivo consenso delle Camere: p.es. l'intervento militare dell'Italia in Kosovo nel 1999 fu reso noto dal governo alle Camere quanto le operazioni belliche erano già state avviate). Cioè non è sufficiente dire – come fa il Codacons – che "lo stato di guerra deve essere deliberato con legge formale del Parlamento". Bisogna invece dire che uno "stato di guerra", per poter essere dichiarato quando il nostro Paese non è minacciato da nessuno, va sempre sottoposto alla volontà popolare.

- "L'Italia ripudia la guerra come strumento di offesa alla libertà degli altri popoli e come mezzo di risoluzione delle controversie internazionali; consente, in condizioni di parità con gli altri Stati, alle limitazioni di sovranità necessarie a un ordinamento che assicuri la pace e la giustizia fra le Nazioni; promuove e favorisce le organizzazioni internazionali rivolte a tale scopo". Così recita l'art. 11 della Costituzione, che esclude tassativamente un ruolo aggressivo del nostro Paese nei confronti di Paesi terzi. Noi possiamo solo "difenderci" e possiamo farlo solo con armi di tipo difensivo. Questo vuol dire che tutte le armi nucleari presenti nelle basi

NATO del nostro Paese andrebbero smantellate, poiché quelle sono armi chiaramente offensive e diventano un obiettivo sensibile da parte di altri Stati che volessero attaccarci con armi nucleari. L'Italia deve impegnarsi a rendere tutta la UE un continente denuclearizzato. In tal senso non dovrebbe rinunciare, seppur temporaneamente, alla propria sovranità a favore di un organismo internazionale o sovranazionale, quando tale organismo, al fine di garantire la pace, potrebbe avvalersi di armi di distruzione di massa (nucleari, chimiche o batteriologiche).

- Da ultimo dovremmo dire che non ha alcun senso affermare che l'Italia ha il dovere di partecipare a missioni di pace (sancite dall'ONU) che contemplano l'uso delle armi e che escludono l'ampliamento dei nostri conflitti nazionali. L'Italia può far parte di un'alleanza strategica di più Stati, senza sentirsi vincolata a dover intervenire in maniera automatica quando uno dei componenti dell'alleanza viene attaccato da uno Stato nemico. In ogni caso dovrebbe impedire a se stessa di vendere armi a chicchessia. Quante meno armi si vendono, tante più possibilità vi sono che le risoluzioni dei conflitti avvengano in maniera pacifica.

## La corruzione in Ucraina

Prima dell'attuale conflitto in Ucraina si parlava molto del record europeo di corruzione presente in questo Paese, che nel 2017 si trovava al 130° posto su 180 Paesi nell'indice di percezione della corruzione (un indice che utilizza una scala da 0 a 100, dove 0 è altamente corrotto e 100 è molto onesto).

Pur essendo un Paese fortemente autoritario, privo di liberà di stampa, in cui l'estrema destra è in grado di condizionare il governo, si erano registrati leggeri miglioramenti contro la corruzione grazie al fatto che nel 2017 la Procura speciale anticorruzione e l'Ufficio nazionale anticorruzione avevano inoltrato ai tribunali i primi casi di funzionari corrotti di alto rango, pretendendo che finissero in carcere e venissero licenziati e non se la cavassero pagando delle semplici multe. Ma su questo il parlamento, già a partire dal 2014, ha sempre fatto orecchie da mercante. Di qui anche il basso livello di fiducia da parte della popolazione nei confronti dei giudici e dei pubblici ministeri.

In realtà tra i motivi che avevano contribuito al suddetto miglioramento vi erano la riforma del mercato del gas (è noto che il Paese rubava il gas russo destinato all'Europa occidentale), l'efficienza del registro elettronico nelle dichiarazioni patrimoniali e la riforma elettronica (open source) degli appalti pubblici. Inoltre era diminuito il livello di corruzione nelle forze di polizia (autorizzate a intervenire nelle attività economiche) e vi era stato un minor numero di casi in cui le imprese erano costrette a pagare tangenti.

Nonostante il governo non avesse mai firmato alcun accordo col FMI sull'anticorruzione, e nonostante il Paese non facesse parte della UE, questa, a partire dal 2014, non ha fatto altro che riempirla di euro, sulla base di un semplice accordo di associazione.

Ora poi che Zelensky ha chiesto 7 miliardi di euro al mese, siamo al paradosso assoluto. Coi soldi pubblici dei cittadini europei ci siamo messi a finanziare uno dei Paesi ex sovietici, non facente parte della UE, tra i più corrotti. Il riciclaggio di denaro andrà alle stelle.

Fonte: visionetv.it

**Molta differenza tra sionismo e nazismo?**

Andrea Pitto sostiene, dopo aver detto che il battaglione Azov è un'organizzazione fascio-nazista, che nella sua composizione non possono esservi individui di etnia rom (che in Ucraina sono circa 50.000). L'Azov nutre disprezzo non solo nei confronti dei Rom, ma anche nei confronti degli ebrei, di tutti gli individui LGBT+, nonché dei comunisti, anarchici, pacifisti ecc.

Sarebbe interessante sapere, secondo lui, quanti rappresentanti parlamentari ucraini siano ebrei, visto che Zelensky lo è. Uno di sicuro lo era: il premier Volodymyr Groysman.

Ricordiamo anche che proprio nel 2014 gli ebrei di Kiev, mettendosi dalla parte dei neonazisti che avevano iniziato la guerra civile in Donbass, scrissero a Putin una lettera aperta in cui assicuravano che gli ucraini russofoni non pativano alcuna discriminazione. Tra i firmatari vi erano le massime autorità ebraiche in Ucraina.

Forse a Pitto sfugge che Israele ha fornito armi e istruttori all'Ucraina e che le questioni religiose al giorno d'oggi hanno un'importanza molto relativa nei Paesi che hanno uno stile di vita decisamente occidentale. Zelensky se ne sbatte letteralmente dell'ebraismo. In tutta la sua vita non ha fatto altro che cercare di arricchirsi e di acquisire potere. Esattamente come ha fatto prima di lui Poroshenko.

È vero che Israele si è rifiutata di vendere il sistema di difesa missilistica Iron Dome e propri sistemi di hacking ad alta tecnologia (spyware Pegasus) a Kiev per non indispettire la Russia. Ma è anche vero che mettendo sul piatto della bilancia gli interessi russi e quelli americani, Israele non avrebbe dubbi, se fosse costretta a scegliere, a quali dare il suo assenso.

In ogni caso stanno giungendo da Israele verso l'Ucraina dei volontari ebrei che si sono uniti ai nazisti di Azov per combattere contro i russi. E sono già stati accolti dal rabbino della sinagoga di Dnepropetrovsk che ha dato loro la "benedizione". Anche loro porteranno un proprio segno distintivo: la stella di David. Dunque qual è la differenza tra sionismo e nazismo?

Fonte: andreapitto.wordpress.com


**Chi sono i khazari ucraini?**


Nel 2014 (anno del golpe neonazista in Ucraina) uscì in Israele un Rapporto segreto dove si riconoscevano come ebrei di fatto i khazari di quel Paese, al punto che si pensava di trasferire qui varie comunità giudaiche d'Israele. Il tutto in funzione antirussa.

Ma chi sono i khazari?

I khazari erano un popolo turco nomade di stirpe mongola, di religione sciamano-pagana. Di esso s'inizia a sapere qualcosa verso il 455 d.C. Quando diventano sedentari, tra l'VIII e il IX sec., si convertono al giudaismo.[13] Governano un vasto territorio

---

[13] Nel 737 d.C. i khazari erano islamici perché dominati dal califfato omayyade. Tuttavia i califfi non potevano presidiare adeguatamente la Khazaria e nel giro di pochi anni i khazari erano di nuovo indipendenti. Narra una tradizione che un capo khazaro della dinastia Bulanid, nella guerra contro gli islamici, abbia conseguito una vittoria presso la città di Erbil (o Arbela), capitale del Regno dell'Adiabene (un regno teoricamente vassallo del Regno di Armenia ma in realtà molto autonomo: i confini di questo regno corrispondono all'incirca ai territori dei curdi odierni). Questo regno oltre 600 anni prima era diventato ebraico per

dall'attuale Kiev fino alla Mongolia, compresa la Crimea.

Quello che è successo loro dopo che i russi hanno distrutto quell'impero intorno all'XI sec. è rimasto un mistero. Da allora si sono mescolati con gli ebrei sefarditi.

Nel 2012 il ricercatore israeliano Eran Elhaik ha pubblicato uno studio sostenendo che l'ascendenza khazara è l'elemento più importante nel pool genetico degli ashkenaziti. In pratica circa l'85-90% degli ebrei del mondo non discenderebbero dai patriarchi biblici ma dal popolo turco-khazaro.

Prima dell'attuale conflitto ucraino si permetteva a tutti gli ebrei di tornare in Ucraina, accolti come cittadini, a maggior ragione se avessero preso parte a un'assistenza militare sponsorizzata da Israele, che comprendesse truppe, equipaggiamento e costruzione di nuove basi.

Si era addirittura convinti che se il trasferimento ebraico avesse funzionato bene, l'Ucraina avrebbe potuto ristabilire il suo pieno controllo territoriale nel Donbass e in Crimea. Anzi si voleva che l'attuale Repubblica Autonoma di Crimea (storico porto controllato dai khazari) tornasse a diventare un dominio ebraico. In tal modo si sarebbe vendicata la sconfitta della Khazaria da parte dei russi nel Medioevo.

Da notare che il golpe ucraino non fu finanziato solo dagli americani, ma anche, guarda caso, dal "khazaro" George Soros (ebreo ungaro-statunitense, agente dei Rothschild). Dietro Zelensky c'è un altro "khazaro", Igor Kolomoyskyi, potente uomo d'affari dal triplo passaporto ucraino, cipriota e israeliano, fiduciario degli USA e oligarca numero 1 in Ucraina.

Fonte: telegra.ph

## Giuste considerazioni di Carpenter

Ted Galen Carpenter, esperto analista americano di politica estera, aveva detto chiaramente nel maggio 2021 che il governo di Kiev stava diventando troppo autoritario e persino antisemitico. Era assurdo considerare l'Ucraina "una fiorente democrazia in stile

---

la conversione del re Izates II e di molti nobili e per oltre 170 anni era stato un punto di riferimento per molte comunità ebraiche. Non si conosce la data dell'effettiva conversione al giudaismo: va dal 740 all'861.

americano", come p.es. faceva William Taylor (ambasciatore ad interim degli Stati Uniti a Kiev) durante le udienze di *impeachment* della Camera contro il presidente Donald Trump.

Così scriveva: funzionari ucraini opprimono i dissidenti politici, adottano misure di censura ai mezzi di comunicazione, escludono i giornalisti stranieri che criticano il governo.

Per quanto grave fosse la situazione sotto Poroshenko, nondimeno è ulteriormente peggiorata sotto il suo successore, Zelensky, che all'inizio di febbraio 2021 ha chiuso diversi media indipendenti filorussi.

A metà aprile il servizio di sicurezza dello Stato ha arrestato 60 manifestanti nella città di Kharkiv che cercavano di protestare pacificamente contro le azioni del Consiglio comunale locale.

All'inizio di maggio la SBU (agenzia per la sicurezza dello Stato) ha effettuato perquisizioni su ampio raggio nella città di Kiev, accusando le autorità locali di appropriazione indebita di fondi di bilancio e di evasione fiscale. Sebbene il sindaco Vitali Klitschko sia stato uno dei leader delle manifestazioni di Maidan, Zelensky ora lo considera un fastidioso rivale, dal momento che il sindaco di Kiev era uno stretto alleato dell'ex presidente Poroshenko.

Il 13 maggio 2021 un tribunale ucraino ha ordinato di mettere agli arresti domiciliari l'eminente politico filorusso Viktor Medvedchuk, leader del partito Opposition Platform For Life.

Insomma secondo Carpenter l'Ucraina non aveva nulla di democratico e l'amministrazione Biden avrebbe dovuto sbarazzarsi il prima possibile di questo "Stato-cliente" sempre più odioso.

Fonte: cato.org

## L'antisemitismo in Ucraina

Nel settembre 2019 il neoeletto presidente Volodymyr Zelensky non era in grado di controllare minimamente i neonazisti ucraini. Infatti nello stesso mese era già avvenuta la profanazione di vari Memoriali dell'Olocausto, inoltre si facevano saluti nazisti nelle partite di calcio a Leopoli e si minacciavano i leader ebrei, incluso lui stesso.

Il vero "premier" dell'Ucraina era Denis Prokopenko, che

ora è a capo dei militari neonazisti che resistono nell'acciaieria Azovstal di Mariupol. Zelensky era andato al potere con la promessa di risolvere il problema della corruzione dei vertici politici e di inaugurare una de-escalation nel Donbass, ma in pochissimi giorni s'era reso conto d'essere un ostaggio nelle mani dei neonazisti, che non ne volevano sapere di trattare coi russi sulle due repubbliche autonome e sulla Crimea. E se l'erano presa anche con lui perché voleva liberalizzare completamente il mercato dei terreni agricoli.

Furono vandalizzati contemporaneamente tre Memoriali dell'Olocausto: uno a Golovanevsk (o Holovanivs'k), ove si commemora l'omicidio di circa 900 ebrei tra la fine del 1941 e l'inizio del 1942; l'altro a Bogdanovka, nel Governatorato della Transnistria, vicino a Odessa, dove, a seguito di un'epidemia di tifo nel dicembre 1941, fu presa la decisione di liquidare il campo. Circa 5.000 prigionieri malati e disabili furono rinchiusi in due stalle, che furono poi date alle fiamme. Il resto dei prigionieri fu condotto in gruppi di 300-400 persone fino al fiume, dove furono costretti a togliersi i vestiti e a inginocchiarsi. Dopodiché furono eliminati. In tutto oltre 40.000 ebrei.

Alla fine di settembre era stato vandalizzato anche un terzo memoriale dell'Olocausto vicino alla città di Vradievka, nell'Ucraina nordoccidentale, ove furono assassinati circa 7.000 ebrei nell'autunno del 1941.

I teppisti non furono mai identificati.

Fonte: jpost.com

**Wikipedia irriconoscibile**

Il quotidiano tedesco "Frankfurter Allgemeine Zeitung" ha rivelato che l'Ufficio federale per la sicurezza dell'informazione, che controlla sia i dati internet dei servizi segreti esterni che dei servizi interni, ha fatto 17.000 modifiche su Wikipedia.

Già si sapeva che Wikipedia è controllata a livello mondiale da un gruppo di "ex" agenti dell'MI6 britannico e che il governo israeliano modifica tutte le voci relative alla storia, ai Paesi e ai protagonisti del Medio Oriente, ma il quotidiano tedesco rivela che i funzionari tedeschi sono intervenuti per adattare l'enciclopedia all'ideologia occidentale.

L'intelligence tedesca ha modificato non soltanto voci relative a questioni politiche (come la dipendenza dal gas russo), ma ha preso di mira anche varie personalità, nonché giornalisti in generale.

Siamo alle solite. L'occidente è continuamente alle prese con due forme di manipolazioni della realtà: invenzione di fatti mai accaduti; falsificazione di fatti realmente accaduti. Alla fine è tutta una mistificazione della realtà, che porta soltanto a non credere in nessuna parola che viene detta.

### Miracoli

Quando c'è stato da salvare la Grecia non c'era un euro, e di quel popolo e dei suoi bisogni non è importato niente a nessuno. Eppure quel Paese era uno di famiglia, avrebbe dovuto essere aiutato, non umiliato e poi distrutto.

Poi però avvengono i miracoli, e quando si tratta di foraggiare un Paese, per giunta neonazista, che non fa neppure parte dell'Europa, improvvisamente le casse statali si riempiono di miliardi per armarlo e mandare così al massacro migliaia di vittime convinte di morire da eroi.

Nessuna mediazione, nessuna trattativa: sparatevi addosso fino all'ultimo ucraino, perché è così che vuole il padrone yankee. La guerra è tra Occidente e Russia: l'Ucraina è solo carne da cannone. Ma quelli sono troppo limitati per capirlo, troppo abituati ai pregiudizi antirussi e ai nostri miraggi di facili guadagni, troppo nazisti per ragionare come persone normali.

### Strane freccette

L'autopsia effettuata da esperti internazionali su corpi rinvenuti a Bucha ha rivelato che tutti presentano ferite causate da freccette. Si tratta di un'arma utilizzata su larga scala durante la I guerra mondiale e la guerra del Vietnam, nella giungla.

Nel 2014 l'artiglieria ucraina utilizzò la stessa arma contro i compatrioti del Donbass.

Il rapporto contraddice la versione del governo ucraino che

aveva parlato di civili uccisi da soldati russi con armi automatiche.
Fonte: voltairenet.org

# Maggio

La prima di tutte le forze che governano il mondo è la menzogna.
(Jean-François Revel)

**[1]**

### Dove finiscono tutte le armi inviate in Ucraina?

Molti Paesi hanno fornito all'Ucraina una sostanziosa parte dei propri armamenti e temono di restare sguarniti. La Grecia l'ha detto chiaramente: "Se continuiamo a mandare armi all'Ucraina indeboliremo le capacità di difesa del Paese". Anche la Corea del Sud si è rifiutata. Persino negli Stati Uniti si comincia a mostrare insofferenza verso l'invio di così tante armi, per giunta piuttosto sofisticate.

Peraltro non si sa neppure che fine facciano, visto che l'esercito ucraino ormai è ridotto all'osso. A detta di tutti infatti (anche se la cosa ovviamente fa piacere all'apparato militare-industriale, già enormemente cresciuto in borsa) l'Ucraina sta consumando le armi troppo velocemente: addirittura la fornitura di munizioni sufficiente per una settimana di combattimenti viene esaurita in un giorno appena.

Lo stesso guerrafondaio Edward Luttwak ha invitato l'Ucraina ad accettare un cessate il fuoco, un referendum in Donbass e i dialoghi di pace, sostenendo che "nessun Paese che dipende da armi regalate può considerarsi indipendente".

Ha detto che questa non è una guerra contro tribù come in Libia, in Afghanistan o Iraq. Putin può fare molto male all'occidente. Incredibile che proprio lui dica queste cose. Quando ascoltavamo il nostro giornalista Enrico Jacchia parlare dell'URSS, altro che bombe atomiche avremmo dovuto buttare su Mosca!

Insomma per finire la guerra, secondo lui (che sembra abbia scoperto l'acqua calda), bisogna smetterla di insultare il presidente eletto della Federazione Russa; bisogna dichiararsi disponibili a trattare (e Kiev da sola non può farlo). Mosca non ha obiezioni se l'Ucraina entra nella UE. E l'Ucraina ha già accettato che non entrerà nella NATO. Rimangono le due regioni del Donbass, per le quali Luttwak propone un referendum, che evidentemente le consegnerebbe alla Russia, dal momento che i cittadini sono russofoni.

C'è poi da dire che, paradossalmente, è proprio l'esercito russo che, dopo la resa di interi battaglioni ucraini, mette le mani su preziosissimi lanciamissili da milioni di dollari e tonnellate di altre armi occidentali ancora imballate.

Gli unici che continuano a coprire di armamenti Zelensky sono gli inglesi, che probabilmente puntano a far entrare l'Ucraina in Europa solo per darci il colpo di grazia.

Alcuni addirittura stanno pensando che dietro tutte queste armi ci sia un mercato nero degli ucraini.

### Jankowicz, altro soggetto pericoloso

Biden ha istituito il Disinformation Governance Board che ha il compito ufficiale di "contrastare" (in realtà di "produrre") le *fake news* riguardo alla Russia e alla guerra ucraina. A dirigere il nuovo organismo è stata chiamata Nina Jankowicz, una specialista in questo campo abominevole antirusso e filoucraino. Non a caso lei stessa ha supervisionato programmi di una di quelle ONG (National Democracy Institute) che in Russia e Bielorussia creano dissidenti e attivisti per mettere in cattiva luce i rispettivi premier e far cadere i governi.

Nella sua lotta contro i russi è inciampata in una polpetta avvelenata, avendo sponsorizzato il dossier Steele, fabbricato da un'ex spia britannica per rivelare al mondo la collusione di Trump con Mosca. Dossier che si è poi rivelato non solo farlocco, ma anche mal confezionato, essendo basato sulle dichiarazioni di un ciarlatano russo da tempo residente negli USA.

Non solo, ma la Jankowicz ha sempre sostenuto che la campagna mediatica relativa al computer di Hunter Biden fosse una falsità dei russi, quando invece è una cosa molto seria e vergognosa. Di qui l'incarico che Joe Biden le ha assegnato.

Si noti che nel nuovo pacchetto di aiuti all'Ucraina (33 miliardi di dollari), approvato dal Congresso USA, si può leggere che una parte sarà destinata a "supportare attivisti, giornalisti e media indipendenti per difendere la libertà di espressione". Non è ironica la parola "indipendenti"?

I giornalisti che in Italia difendono al 100% i neonazisti ucraini o sono incredibilmente ingenui o sono pagati dagli americani. *Tertium non datur.*

Fonte: piccolenote.ilgiornale.it

## Armi batteriologiche queste sconosciute

Secondo il Segretario russo del Consiglio di Sicurezza, Nikolaj Patrushev, la fase attiva della creazione di laboratori biologici in Ucraina sotto il controllo del Pentagono è iniziata nel 2014, subito dopo il golpe provocato dagli USA e dai suoi alleati occidentali.

In questi laboratori gli scienziati militari statunitensi hanno creato virus, batteri, tossine e una nuova arma biologica. Attività simili in Ucraina sono state svolte dall'Istituto militare di microbiologia della Germania.

La Russia è molto preoccupata di questi laboratori, poiché sa benissimo che gli USA li hanno allestiti anche in Georgia, Azerbaigian, Uzbekistan, Kazakistan e Armenia. Le armi biologiche vengono usate al posto di quelle nucleari e possono essere anche più letali di quelle chimiche.

Secondo Patrushev non è da escludere che i focolai di malattie infettive osservati in numerosi Paesi siano direttamente correlati alle attività di questi laboratori biologici. Anzi i rischi di portare agenti patogeni di malattie pericolose (afta epizootica, rabbia, peste africana, antrace...) dall'Ucraina all'estero stanno aumentando in modo significativo.

Fonte: lantidiplomatico.it

## La resa non può che essere incondizionata

Il maggiore Volyna, comandante della 36ma brigata di Marina dell'esercito ucraino, ha detto che nei sotterranei dell'Azovstal a Mariupol vi sono 600 feriti senza medicine, oltre a centinaia di bambini in precarie condizioni igieniche e quasi senza cibo e acqua. Volyna chiede una evacuazione "stile Dunkerque" degli assediati.

Difficile credere che un militare possa dire cose così insensate. Come se non sapesse che:

- a Dunkerque gli anglo-francesi si ritirarono da soli, attraversando la Manica (erano oltre 400.000 militari). Non fecero tante storie e annunci strappalacrime, appellandosi a Tizio o Caio per essere evacuati in un Paese terzo;

- gli inglesi non avevano passato i precedenti otto anni terrorizzando e uccidendo i civili francesi della zona;

- gli inglesi non avevano sequestrato centinaia di bambini e di civili per usarli come scudi umani;

- per curare i feriti e salvare i bambini basta arrendersi. Le richieste di evacuazione fatte dai neonazisti non hanno alcun senso, meno ancora quelle in cui si chiede l'intervento di un Paese terzo. Loro devono semplicemente considerarsi dei prigionieri che non hanno alcuna possibilità di uscire senza essere identificati e giudicati per i crimini compiuti tramite un regolare processo[14];

- i russi hanno offerto più volte corridoi umanitari per i civili, ma sono quasi sempre stati rifiutati dai neonazisti.

### Kiev vuole i beni russi congelati

Kiev sta negoziando coi Paesi occidentali sulla possibilità di ottenere i beni congelati della Russia, sia della Banca centrale che dei singoli oligarchi.

È una richiesta assolutamente fuori di testa. Beni "congelati" non vuol dire beni "confiscati" o "requisiti" definitivamente, ma soltanto sottratti provvisoriamente ai legittimi proprietari, in attesa di ulteriori eventi.

Già è stato un atto criminale compiere un'azione del genere senza alcun preavviso.

Già è criminale compiere un blocco dei beni senza che vi sia stata una qualsivoglia autorizzazione giuridica, una sentenza da parte di un tribunale.

Ora addirittura si vuole legittimare il furto nelle relazioni

---

[14] Bisognerebbe che qualcuno ricordasse a questi neonazisti il comportamento della 33. Waffen-Grenadier-Division der SS Charlemagne (franco-tedeschi nazisti), che combatté a Berlino fino all'8 maggio 1945, senza piangersi addosso e senza usare i civili come scudi umani: una volta sconfitta si arrese.

internazionali di tipo commerciale!

Ma non si era detto che questi neonazisti professavano l'etica kantiana? Quella secondo cui bisogna agire in modo che la propria volontà possa istituire una legislazione universale? Non sono cristiani questi neonazisti? Non lo sanno che il vangelo dice di non fare ad altri ciò che non vorresti fosse fatto a te?

### Ma non bastava la nostra criminalità?

Prepariamoci, coi 5 milioni (che a fine guerra potrebbero anche raddoppiare) di ucraini emigrati in vari Paesi europei, a un aumento della criminalità. È infatti evidente che tra loro vi saranno rappresentanti della loro comunità neonazista che stanno fuggendo dall'inevitabile procedimento penale a loro carico e che cercheranno di occupare nicchie redditizie, mettendo sotto controllo i gruppi criminali locali delle nostre nazioni.

Anche un'attività così diffusa come il commercio di orfani portati fuori dall'Ucraina per la successiva adozione illegale in Europa riceverà un "nuovo respiro" (per non parlare del fenomeno vergognoso delle madri surrogate).

Anzi l'occidente sta già affrontando il rilancio del mercato ombra per l'acquisto di organi umani da fasce socialmente vulnerabili della popolazione ucraina, per operazioni di trapianto clandestino di pazienti europei.

*Last but non least*: in Ucraina l'adesione alla vaccinazione anti-Covid è bassissima: solo il 35% degli abitanti ha fatto almeno una dose e sono molto poco diffuse anche le vaccinazioni pediatriche (epatite virale, tubercolosi, rosolia e morbillo).

Insomma avremo un bel da fare...

### Noi occidentali il fascismo non lo vediamo

L'occidente non sa come riconoscere preventivamente il proprio fascismo. Lo vede solo a posteriori, dopo immani disastri. Come mai?

Nel 1938 la rivista "Time" riconobbe Hitler come "uomo dell'anno". Ricordiamo che quasi fino al settembre 1939 si negò il pericolo del regime nazista.

Per tutti gli anni '30 l'occidente contribuì attivamente alla formazione e alla crescita del potere fascista in Germania. I grandi affari sono stati particolarmente importanti. Solo dopo la guerra gli storici occidentali hanno creato un mito sugli industriali tedeschi, che avrebbero dato il contributo principale alla creazione dell'economia di guerra di Hitler. Ma non c'erano di mezzo solo loro. Addirittura alcune compagnie americane hanno collaborato coi nazisti fino al 1943, cioè fino alla svolta decisiva della guerra.

Persino il gas Zyklon B, che i nazisti usavano per uccidere le persone nei campi di sterminio, è stato creato utilizzando tecnologie occidentali.

E non era forse sulle macchine calcolatrici dell'IBM che i nazisti registravano e pianificavano i processi di sterminio delle persone nei lager? Il suo CEO, Thomas J. Watson, ricevette un ordine commerciale da Hitler.

Se continuiamo a fornire supporto militare ai neonazisti ucraini, noi avremo un rigurgito di estrema destra in tutta Europa. La retorica di combattere la Russia fino all'ultimo ucraino è tutta occidentale. Arrendersi è vietato, anche nella situazione senza via d'uscita della fabbrica di Mariupol. Anche Hitler diceva la stessa cosa ai militari intrappolati a Stalingrado.

Non solo, ma se la Polonia riesce a riprendersi la Galizia, verranno poste le basi per la rinascita del più grande Stato fascista d'Europa.

Per che cosa tutto questo? Per favorire gli interessi del complesso militare-industriale americano ed europeo? Possibile che gli economisti e i politici non sappiano che se impiegassimo tutte le risorse dell'apparato militare nel potenziale dell'economia produttiva avremmo risolto gran parte dei nostri problemi?

## La crisi della democrazia liberale

Durante l'attacco dei Paesi occidentali contro la Libia, Gad Lerner, che allora era conduttore di un importante talk show, avallò ripetutamente la favola che Gheddafi avesse schierato i suoi "mercenari neri" contro gli indifesi ribelli filo-occidentali.

Quando un ospite gli fece notare che in tal modo copriva le violenze e i pogrom in corso nel Paese contro la popolazione di colore (violenze che, tra l'altro, da allora non sono mai cessate), lui gli tolse immediatamente la parola. A Lerner, del destino di queste persone evidentemente non importava nulla. Esse potevano interessare come simboli, durante l'attraversamento del Mediterraneo in qualità di migranti, ma non come esseri in carne ed ossa.

Oggi, con la guerra in Ucraina, è la stessa cosa. Agli occidentali preme indebolire la Russia, non interessa la sorte degli ucraini, altrimenti, vista la sproporzione delle forze in campo, le devastazioni, i profughi e le vittime, avrebbero favorito le trattative, non le sanzioni antirusse e l'invio di armi sempre più sofisticate e pericolose, nonché di contributi finanziari sempre più ingenti.

Quando giornalisti e intellettuali (gli stessi che sostennero la distruzione della Libia) vanno nelle televisioni e lanciano i loro appassionati appelli antirussi, in realtà stanno difendendo la loro carriera, i loro contratti giornalistici, la possibilità di accedere ai grandi mezzi di comunicazione, quella di pubblicare libri inutili nelle più importanti case editrici.

Dietro le loro parole piene di valori assoluti (libertà, democrazia, pace...) c'è solo cinismo, cieca ideologia, moralismo di bassa lega. Questa guerra ha messo in luce i grandi limiti di chi diceva di opporsi al sistema dominante.

Per es. nelle ultime elezioni politiche il M5S ha toccato il 35% dei voti, una percentuale cui nessun partito si era lontanamente avvicinato dalla fine della Democrazia cristiana. A questo risultato era stato trascinato da una violenta polemica antisistema, condotta da componenti NO TAV, NO NATO e NO VAX. Ebbene, una volta andato al governo, il M5S ha fatto l'esatto contrario. Di Maio è il peggior ministro degli Esteri che l'Italia abbia mai avuto, totalmente incapace di proporre iniziative di pace per porre fine al conflitto russo-ucraino.

Si ha la netta impressione che i governi italiani non rispondano più a interessi nazionali ma solo sovranazionali, che in tal caso sono prevalentemente oligarchici. Draghi che sostituisce Conte con una manovra di palazzo è l'esempio più eclatante.

L'intera democrazia liberale o formale, con le sue garanzie giuridiche, i suoi parlamenti, i suoi partiti, la sua destra e la sua sinistra, è ormai irreversibilmente entrata in crisi. Ci siamo affezionati all'idea di entrare in guerra perché in fondo non vediamo alternative alla fine del nostro benessere materiale, alla fine del declino dell'occidente euroamericano.

### Perché non riusciamo a capire il diverso da noi?

L'occidente non riesce a capire assolutamente le ragioni della grande popolarità di Putin nel suo Paese. Come se non si sapesse ch'è stato proprio lui a salvarlo in extremis dalla catastrofe economica in cui l'aveva fatto precipitare Eltsin, e a dargli una profonda dignità nazionale e una politica estera autonoma.

L'occidente non sa calarsi nelle preoccupazioni di un Paese che teme d'essere circondato da basi NATO sempre più aggressive, che organizzano colpi di stato negli ex Paesi sovietici, che minano l'integrità territoriale della Russia e che ora minacciano persino la sua popolazione coi laboratori biologici.

Il saputello Mentana, col suo collega cinico Dario Fabbri e con la sua melensa Mannocchi, quando fa vedere i tg russi, parla di versione alterata, controfattuale delle cose. "I russi se la suonano e se la cantano, ma restano al di fuori della realtà". Questi i loro commenti.

Non se ne può più di questo supponente pressappochismo. Certo, nessuno sposerebbe le tesi mistiche del filosofo Dugin, ma questo non vuol dire che non si debba rispettare una cultura che per molti aspetti è radicalmente diversa dalla nostra.

Bisogna purtroppo dire che anche la sinistra italiana, dopo la parentesi fanatica che stravedeva per il socialismo reale senza voler ammettere i suoi grandi limiti, sembra non capire quasi niente della Russia. Gorbaciov, Eltsin e Putin li mette tutti sullo stesso piano, tutti traditori del socialismo.

Sicché di fronte a questa guerra si rinuncia a qualunque schieramento politico. Ci si limita semplicemente a emettere giudizi etici di condanna, in cui, astraendo dalle sue cause di fondo, si chiude ogni discorso dicendo che c'è un aggredito e un aggressore: un luogo comune del politicamente corretto, incapace di vedere come gli attaccanti siano in realtà la NATO e gli USA (cui si sono accodati supinamente tutti i Paesi occidentali), mentre il difensore è la Federazione Russa, che dai tempi di quello sciagurato Eltsin deve impedire che le sirene ammaliatrici della proprietà privata e del libero mercato la portino nelle braccia del globalismo neoliberista che, in nome del capitale, divora qualunque cosa.

p.s. Dall'anno dell'autoimplosione dell'URSS i tentativi di destabilizzare quel che resta di questo immenso territorio sono stati innumerevoli. Nel 1992 la Moldavia attacca i russofoni in Transnistria, i quali formano una nuova repubblica autonoma, riconosciuta da Mosca. Le due guerre cecene (1994-1996 / 1999-2000) combattute contro il nazionalismo e il terrorismo islamico. Nel 2007 la Georgia attacca proditoriamente due repubbliche autonome a maggioranza russa: Ossezia del sud e Abcasia. Nel 2011 Gheddafi, tradizionale amico di Mosca, viene destituito e assassinato. Nel 2012 inizia la destabilizzazione della Siria: i Paesi occidentali finanziano bande di fondamentalisti per abbattere Assad ed eliminare l'unico alleato della Russia nel Mediterraneo. Nel 2014 il golpe neonazista in Ucraina. Il tentato golpe in Bielorussia nel 2021. Quello in Kazakistan all'inizio del 2022.

L'occidente è sempre protagonista di tutto ciò, più o meno dietro le quinte. Questo perché vuole trasformare la Russia in un'altra ex Jugoslavia, cioè in uno spezzatino che ogni Stato borghese possa mangiare come vuole.

## Terra bruciata

Gli americani sono abituati a camminare sulla terra bruciata. Durante la II guerra mondiale (dal 1940 al 1945) non hanno avuto molti scrupoli a bombardare quasi tutte le città italiane: Genova, Milano e Torino subirono più di 50 attacchi aerei ciascuna; le città portuali del sud, come Messina e Napoli più di un centinaio. Milano registrò più di 2.000 vittime civili; Napoli quasi 6.100 abitanti. Anche le città più piccole furono pure pesantemente danneggiate: per es. a Foggia le bombe distrussero il 75% degli edifici residenziali. Rimini fu la città più bombardata dopo Monte Cassino, che fu rasa al suolo.

E che dire del bombardamento di Dresda (la Firenze della Germania) compiuto dagli angloamericani? I civili morti furono 35-40.000. E come non ricordare il bombardamento di Tokyo, il più mortale della storia, ove gli USA sperimentarono l'efficacia delle bombe incendiarie? Nel raid morirono dalle 100 alle 200.000 persone e almeno altrettante furono ferite o morirono nei giorni seguenti. Oltre un milione di persone si ritrovarono senza casa. In un certo senso fu peggio che a Hiroshima e Nagasaki, ove si fecero fuori oltre 120.000 persone sul colpo e tutte civili, anche se ovviamente le conseguenze di lunga durata furono molto più gravi.

Non solo, ma gli americani hanno inondato di veleno la giungla vietnamita, bombardato i serbi con munizioni all'uranio impoverito, bruciati vivi gli iracheni con fosforo bianco e aiutato i terroristi ad avvelenare i siriani con il cloro. Difficile pensare che le vite degli ucraini siano per loro una fonte di preoccupazione.

D'altra parte han diviso a lungo il mondo intero in vassalli e nemici. Sin dall'infanzia gli americani vengono convinti della loro esclusività, mentre il resto dell'umanità è solo un banco di prova per esperimenti e un'appendice di risorse.

400 anni fa gli immigrati puritani dall'Inghilterra derubarono e uccisero gli indiani perché li consideravano selvaggi. Col tempo sono passati alla retorica della democrazia liberale e dei diritti umani per continuare la pirateria su scala globale. E ora non vogliono accettare il fatto che l'impero globale americano sia superato.

[2]

### Origini ebraiche di Hitler?

Scrive il "Fatto quotidiano": Lunga intervista del ministro degli Esteri russo Lavrov a "Zona Bianca" su Rete4, col conduttore che solo in parte è riuscito a ribattere alle dichiarazioni, in alcuni casi palesemente false come la negazione dei crimini di Bucha. Meraviglia che anche questo giornale non si sia convinto della messinscena di questo orrendo crimine compiuto dai neonazisti.

Sulla possibilità di terminare il conflitto il 9 maggio, Lavrov ha risposto che "i soldati non agiscono in base a una data". Infatti agiscono sulla base degli obiettivi prefissati. E poi che senso ha che noi si desideri una fine veloce di questo conflitto quando i suoi principali fomentatori, USA e NATO, han già detto che sarà di lunga durata, poiché il vero scopo è quello di sfiancare la Russia sino a renderla del tutto innocua sul piano geopolitico?

Sulla possibilità di pagare il gas russo con dollari o euro, Lavrov ha ribattuto che i Paesi europei, come l'Italia, devono pagarlo in rubli, poiché "hanno rubato" a Mosca le sue riserve valutarie in dollari ed euro depositate presso le banche europee, imponendo un congelamento nell'ambito delle sanzioni. "Voi pagherete comunque nella valuta prevista dai contratti – ha aggiunto –, ma le forniture verranno considerate pagate quando queste somme saranno state convertite in rubli, che non possono essere rubati. Per gli acquirenti non cambierà nulla, pagheranno le stesse somme previste dai contratti".

Più chiaro di così non poteva essere. Chi ruba deve aspettarsi delle sanzioni. Certo che la Banca centrale russa è stata abbastanza ingenua a fidarsi degli occidentali. Quanto meno, prima di compiere la cosiddetta "operazione speciale militare", doveva ritirare le riserve monetarie dalle banche straniere. Ma si sa che i russi non sono mai stati "furbi" sul piano finanziario.

Quanto a Kiev, ha detto che è chiaramente "in mano a nazisti e americani". Gli ucraini non solo non hanno mai rispettato gli accordi di Minsk, ma han fatto anche naufragare l'accordo raggiunto a Istanbul il 29 marzo, quando la loro delegazione si era dichiarata disponibile ad "accettare la neutralità" e il fatto che una successiva trattativa "non dovesse riguardare il futuro della Crimea e del Donbass". Poi "han cambiato posizione", dimostrando di non essere autonomi nelle loro decisioni.

Il peggior nemico degli ucraini è il loro stesso governo. Ma Lavrov ha ribadito che nelle intenzioni del Cremlino non c'è quella di un cambio di regime a Kiev: "Quella è una specialità degli Stati Uniti". Bisogna però ammettere che se Mosca occupa Odessa e unisce il Donbass alla Transnistria, Zelensky se ne dovrà andare, altrimenti lo faranno fuori gli stessi nazisti.

Alla fine il suddetto quotidiano si meraviglia molto della sparata sull'ebraismo. A chi sostiene che in Ucraina il nazismo non può esistere in quanto il presidente Zelensky ha origini ebraiche, Lavrov ha obiettato: "Anche Hitler aveva origini ebree. Da tempo sentiamo il saggio popolo ebreo che dice che i maggiori antisemiti sono proprio gli ebrei. La nazificazione in Ucraina esiste".

Forse un diplomatico come lui avrebbe fatto meglio a distinguere tra ebrei e sionisti. Anche perché non è che ce l'avesse con gli ebrei in particolare. L'equazione che metteva in discussione era ebreo=non nazista. Cosa che, secondo lui, viene confermata dagli stessi ebrei. Tant'è che Israele sta sostenendo il regime neonazista ucraino tramite istruttori, mercenari e armi.

E poi, siamo sinceri: gli stessi vangeli cristiani, facendo ricadere tutte le colpe della morte di Gesù sui Giudei e scagionando quindi i Romani, hanno un'evidente impostazione antisemitica. E tra gli autori di questi vangeli (canonici e apocrifi) vi erano sicuramente molti ebrei.

Il saputello Mentana e il cinico Fabbri si sono molto scandalizzati di queste affermazioni, eppure dovrebbero sapere che i sionisti si comportano proprio come "nazisti" nei confronti dei palestinesi, che pur hanno origini semitiche come loro.

In ogni caso che Hitler avesse origini ebraiche è ormai risaputo, checché ne pensi Mentana. Vi sono varie ipotesi a riguardo: la prima è che suo padre sarebbe stato figlio illegittimo di una cameriera e di un giovane ebreo, tale Frankenberger. La seconda è che la madre di Hitler, Klara Schicklgruber, portava un cognome comune tra gli ebrei convertiti al cattolicesimo ai quali l'imperatrice Maria Teresa aveva concesso la cittadinanza austriaca. La terza, più recente, è stata formulata da due ricercatori belgi, il giornalista Jen-Paul Mulders e lo storico Marc Vermeeren, i quali hanno analizzato il DNA di 39 persone legate da parentela a Hitler, scoprendo la presenza dell'Aplogruppo Eib1b1. Un cromosoma, questo, raro tra gli occidentali, ma frequente nei gruppi ebraici askenaziti, cioè dell'Europa dell'Est, e dei serfarditi, cioè della Spagna e del Nordafrica, nonché tra i berberi del Marocco, Algeria e Tunisia.

Ma allora perché Hitler era così antisemita? Per Simon Wiesenthal perché da giovane aveva contratto la sifilide da una prostituta ebrea; altri però dicono che l'odio iniziale era verso il padre, che aveva abbandonato lui e la sorella Paula in giovane età; altri ancora si riferiscono alle cure sbagliate cui il medico ebreo Eduard Bloch aveva sottoposto sua madre Klara malata di cancro.

Sia come sia l'antisemitismo europeo è sempre esistito, soprattutto in Francia al tempo del caso Dreyfus.

Fonte: ilfattoquotidiano.it

## Scenario futuro

L'emergere di nuovi attori economici e politici a livello internazionale ha spezzato la pretesa anglosassone di dominio unilaterale sul mondo. Il fallimento di questa pretesa si era già visto chiaramente nella totale incapacità a gestire in maniera politica e diplomatica le crisi regionali, da quelle mediorientali e islamiche a quella jugoslava e post-comunista dei Paesi ex-sovietici.

L'occidente è capace soltanto di usare i cosiddetti "bombardamenti umanitari"[15] o, nel migliore dei casi, di organizzare "rivoluzioni colorate", cioè colpi di stato con cui abbattere governi giudicati autoritari, dopodiché lascia i territori devastati nel caos più totale o li occupa sfruttando le loro risorse. Chi non si assoggetta a regole tassative che piovono dall'alto (ivi incluso l'ONU), viene severamente punito. E la prima regola è quella di produrre per un mercato globale i cui prezzi vengono decisi nelle borse occidentali. Chi non sa produrre in proprio, deve lasciar fare alle nostre multinazionali. Là dove c'è mercato, c'è democrazia. Chi non accetta questa semplice equazione, paga pegno. Cioè viene sanzionato in varie maniere.

Non è un mistero per nessuno che i maggiori avversari strategici che minacciano l'egemonia anglosassone siano oggi Russia e Cina, con la forza militare della prima e la potenza economica della seconda.

La guerra provocata in Ucraina è parte integrante di una strategia di attacco a questi due avversari geopolitici. La prossima avrà per teatro l'isola di Taiwan. Se Russia e Cina non si alleano, sarà la fine per entrambe.

La crisi dell'unipolarismo anglosassone non può risolversi pacificamente, poiché questo sistema, sin dalla sua nascita, ha avuto connotati violenti, di tipo colonialistico, cui non si è mai rinunciato completamente, neppure a distanza di mezzo millennio. L'occidente vuole vivere sfruttando le risorse altrui: è questa la sua

---

[15] Di recente la Siria ha inviato una lettera al segretario generale dell'ONU, Antonio Guterres, sul bombardamento da parte della illegittima coalizione internazionale, guidata dagli USA, compiuto nella città di Raqqa nel 2017, che fu quasi completamente distrutta, nonostante che i miliziani dell'ISIS l'avessero già abbandonata. Vi morirono migliaia di civili, come nel bombardamento di Dresda voluto da Churchill per punire i nazisti di ciò che avevano fatto a Londra.

legge fondamentale.

La guerra in Ucraina finirà quando Putin accetterà le condizioni di pace dell'occidente, anche a costo di riportare questo Paese all'età della pietra. E in ogni caso, se anche Putin non dovesse cedere, la Russia verrà isolata dal resto del mondo, e vivrà, come nel Medioevo, di autoconsumo, poiché verranno sanzionati tutti coloro che vorranno commerciare coi russi o in qualche modo favorirli. E se l'occidente s'impoverirà, a causa di questo isolamento, e vorrà reagire al progressivo peggioramento delle sue condizioni di vita, ciò che l'attende saranno dittature molto autoritarie. La pacchia è finita per tutti. Il futuro appartiene a chi saprà usare la forza più brutale.

**Il miglior Putin**

A me pare che il miglior Putin sia proprio quello attuale. Prima scimmiottava lo stile di vita occidentale (flirtando vergognosamente con l'impresentabile Berlusconi), tollerava gli oligarchi che si arricchivano impunemente grazie alle privatizzazioni volute da quello sciagurato di Eltsin, finanziava la destra europea (da Salvini alla Le Pen), parteggiava per Trump (quando a noi questo spaccone appariva un energumeno), riceveva elogi sperticati anche dalla Meloni, dalla Santanché, da Gasparri, da Claudio Borghi…, voleva far vedere che anche la Russia poteva diventare un grande Stato neoliberista. Aveva persino chiesto di entrare nella UE e nella NATO.

Oggi invece ha capito che non si può diventare amici degli americani e neppure degli europei, perché quelli son solo mercanti che non hanno rispetto di niente e che se possono ti portano via tutto. Gli occidentali sono ladri e prepotenti. E se non riescono a rubare come vogliono, diventano anche molto pericolosi, perché usano le loro armi (incluse quelle economiche e finanziarie) senza alcun criterio umano, prendendosela soprattutto coi civili.

Se dovessi scrivere il suo epitaffio (dicono che abbia un cancro alla tiroide e il Parkinson) metterei queste parole: "Qui giace colui che si accorse che non poteva essere ciò che gli altri volevano che fosse, e che però, pentendosi, si preoccupò di non far pagare alla Federazione Russa le conseguenze delle sue illusioni".

Ma la storia, se sarà scritta da noi, lo ricorderà soltanto come un autocrate arrogante, della cui morte si compiacque l'intero pianeta.

Fonte delle dichiarazioni italiane a favore di Putin: espresso.repubblica.it/politica/2022/02/25/news/ politici_dichiarazioni_vladimir_putin-339199528/

### Il vantaggio della rivoluzione colorata

Un tempo, quando gli Stati Uniti volevano sbarazzarsi di un governo sgradito, organizzavano un colpo di stato tradizionale. I militari s'impadronivano del potere a suon di carri armati nelle strade e carcere duro per i sovversivi.

Tutto questo aveva però un costo. Gli occhiali neri dei generali sudamericani risultavano indigesti all'opinione pubblica dei paesi occidentali, come pure lo spettacolo degli oppositori politici ammassati allo stadio o gettati nell'oceano dall'elicottero. Si poneva, pertanto, un problema. Era necessario ottenere gli stessi risultati senza subire degli spiacevoli contraccolpi mediatici. Si è così trovata la soluzione. Si sono inventate le "rivoluzioni colorate".

Le fasi in cui si articola una rivoluzione colorata sono, più o meno, le seguenti.

Si vuole abbattere un governo. Se ne demonizza il leader attraverso una campagna denigratoria, presentandolo come un feroce dittatore e mettendone in luce i vizi e i crimini. Si sostiene in tutti i modi l'opposizione interna. Non appena vi sono delle manifestazioni di piazza, magari dovute a legittime ragioni di malcontento di una parte della popolazione, si armano i gruppi più estremi (siccome gli americani sono gente pragmatica, non c'è differenza se essi sono di destra o di sinistra, seguaci del libero amore o fondamentalisti islamici).

Ai primi incidenti, spesso provocati da infiltrati, si denuncia la repressione del regime e si invocano sanzioni economiche. Se il legittimo governo lascia fare, come è avvenuto in Ucraina nel 2014, si attua un cambio di regime relativamente pacifico (e anche se non è tale, si minimizzano o si nascondono eventi sgradevoli come la strage di Odessa, l'aggressione alle regioni russofone, lo scioglimento di partiti politici di opposizione, l'uccisione di giornalisti indipendenti). Se invece il governo cerca di reprimere la sedizione, come è avvenuto in Libia nel 2011, si dà il via a una operazione militare, che in tal modo perde il carattere di aggressione per assumere quello di disinteressata difesa degli afflitti.

Considerando cinicamente le cose, si potrebbe persino ammirare l'abilità con cui vengono coordinati gli aspetti mediatici, politici, economici e militari della faccenda. Una cosa però è certa. Considerare le rivoluzioni colorate come una manifestazione di democrazia è una totale assurdità.

Preso dal canale Telegram t.me/solitudinemfaciuntpacemappellant di Silvio Dalla Torre

### Jeffrey Sachs ha ragione su molte cose

Jeffrey Sachs, direttore dello Earth Institute della Columbia University, nominato nel 2021 da papa Bergoglio all'Accademia Pontificia, ha detto cose molto giuste in una intervista concessa al "Corriere della sera" del 23 aprile.

"Quando nel 1989 proposi un'assistenza finanziaria internazionale per la Polonia – con un prestito d'emergenza, un fondo di stabilizzazione valutaria e la riduzione del debito – i miei argomenti furono accolti dalla Casa Bianca e dai Paesi europei. Quando feci le stesse proposte per l'Unione Sovietica sotto Gorbaciov nel 1991, e della Russia sotto Eltsin nel 1992-3, la Casa Bianca le respinse. Il problema era geopolitico. Gli Stati Uniti consideravano la Polonia come un alleato, mentre consideravano a torto l'Unione Sovietica e la Russia appena diventata indipendente come un nemico.

Fu un errore enorme. Se si tratta male un altro Paese o lo si umilia, allora si crea una realtà che si autoavvera: quel Paese diventerà davvero un nemico. Ovviamente nella storia non esiste un semplice determinismo, e certamente non su un periodo lungo trent'anni. Il Trattato di Versailles del 1919, con la sua durezza, non ha causato da solo l'ascesa di Hitler nel 1933. Hitler o qualcuno come lui non sarebbero mai arrivati al potere se non ci fosse stata la Grande Depressione del 1929 e, anche allora, senza i terribili errori di calcolo di Hindenburg e von Papen nel gennaio 1933.

Allo stesso modo gli errori finanziari degli Stati Uniti e

dell'Europa nei confronti di Gorbaciov e Eltsin non hanno certo dettato gli eventi trent'anni dopo. Ma la pesante situazione finanziaria dell'Unione Sovietica e della Russia nei primi anni '90 ha lasciato un retrogusto amaro. Ha contribuito alla caduta dei riformatori, al dilagare della corruzione e infine all'ascesa al potere di Putin. Ma anche in quel caso si sarebbe potuto recuperare. Putin avrebbe comunque potuto avere un approccio di collaborazione con l'Europa.

Un grosso problema si è creato per l'arroganza degli Stati Uniti, che hanno lanciato l'allargamento della NATO verso Est dopo aver promesso nel 1990 che non l'avrebbero fatto. Poi anche per l'idea assolutamente pericolosa e provocatoria di George W. Bush di promettere che la NATO si sarebbe estesa alla Georgia e all'Ucraina. Quella promessa, del 2008, ha drammaticamente deteriorato le relazioni USA-Russia.

Il sostegno americano all'estromissione del presidente filorusso dell'Ucraina Viktor Janukovyč nel 2014 e il successivo riarmo dell'Ucraina su larga scala da parte degli Stati Uniti hanno drammaticamente peggiorato, anche loro, le relazioni tra Russia e Stati Uniti.

Insomma per porre fine a una crisi finanziaria intensa e destabilizzante in un Paese, il resto del mondo deve intervenire prima che la situazione sfugga di mano. Questo è stato vero all'indomani della prima guerra mondiale: anziché imporre al popolo tedesco il pagamento di dure riparazioni, l'Europa e gli Stati Uniti avrebbero dovuto impegnarsi a cooperare per una ripresa di tutta l'Europa, che avrebbe contribuito a prevenire l'ascesa del nazismo."

Non riporto altre sue cose non condivisibili. come p.es. l'uso delle sanzioni, che non sono mai servite ad abbattere alcun governo, ma solo a far male alla popolazione civile.

Cosa poi voglia dire "indipendenza dell'Ucraina" non è chiaro. Ormai è escluso che possa riavere le due repubbliche del Donbass e la Crimea. Peraltro anche Kherson vuole creare una propria repubblica e staccarsi da Kiev.

Che la Russia voglia "l'accesso ai mercati e alle risorse dell'Ucraina" è ridicolo. Sarà proprio la Russia a sostenere le spese di ricostruzione del Donbass, e poi ha sempre offerto il gas a prezzi di favore, almeno fino a quando si è stufata di vederselo rubare da

Kiev.

Non meno ridicolo è sostenere che la Russia sia una potenza espansionista. Interviene militarmente solo su richiesta dei russofoni già presenti delle regioni ex-sovietiche. Oppure perché un alleato glielo chiede, come fece Assad. Di *sua sponte* non fa proprio nulla. Gli stessi USA non possono più essere una potenza "espansionista", perché i tempi sono cambiati e non possono più fare quello che vogliono. Semmai si sono incattiviti proprio per questa ragione.

Fonte: corriere.it

### La catastrofe dietro l'angolo

L'inflazione in Italia è al 6,5% circa su base annua.

Il rapporto debito/pil sfiora il 150%.

Il rapporto deficit/pil nel 2021 si è attestato al 7,2%.

Lo spread tra i tassi Btp decennali e gli equivalenti Bund tedeschi è in questo momento a 185 punti base (in forte risalita).

Il tasso d'interesse dei BTP decennali è al 2,8% circa (anch'esso in forte risalita).

La bilancia commerciale nel solo mese di febbraio (per es.) è in passivo di 1,7 miliardi di euro.

Dire che è tutto completamente fuori controllo è dire poco. In condizioni normali avremmo sentito urlare la Commissione Europea. Questo governo ci sta portando alla catastrofe. Alla fine dovremo per forza togliere le sanzioni alla Russia, chiedendo a Putin di non prendersela se l'abbiamo trattato a pesci in faccia.

### Il petrolio schizzerà verso le stelle

Scrive Federico Fubini sul "Corriere della sera" del 2 maggio: "La scarsità del petrolio farà salire i prezzi, anche perché le pressioni europee e americane non hanno convinto Arabia Saudita, Iran e Venezuela ad aumentare la produzione. La diplomazia occidentale ha incontrato resistenze quasi ovunque e ora uno stop europeo all'oro nero di Putin è destinato a far salire il costo per tutti. Noi europei pagheremo di più e saremo malvisti nel resto del mondo. Quanto a Putin, venderà a prezzi più alti ad altri Stati quella parte del greggio che l'Europa non comprerà più; probabilmente non ne avrà danni sul piano finanziario".

Queste affermazioni sono la riprova che studiare economia e commercio nelle nostre università non serve a niente. Non solo, ma questo genio dell'economia per più di due mesi aveva sostenuto esattamente il contrario. Ha ripetuto che le sanzioni avrebbero "strangolato finanziariamente il regime di Putin", che i sacrifici erano il prezzo da pagare, che Scholz doveva essere più risoluto e accettare un embargo totale di petrolio, gas, metalli e materie prime.

Oggi, improvvisamente, si accorge che le sanzioni sono state un boomerang e che non c'è modo di colpire la Russia senza colpire fatalmente anche l'occidente. E ancora s'illude che l'Europa possa in qualche modo minacciare la Russia imponendo "un tetto al prezzo del petrolio". Come se non sapesse che la gestione degli idrocarburi nella UE è totalmente privata.

Insomma la UE non è in grado di minacciare l'export delle materie prime altrui (tanto meno quelle energetiche) senza simultaneamente colpire anche se stessa, mettendo in ginocchio la propria industria di trasformazione e creando un'inflazione artificiale.

È meglio sostenere che i principali responsabili della Unione Europea devono dimettersi, poiché non ne hanno fatta una giusta. Le ultime uscite dell'Alto rappresentante dell'Unione per gli affari esteri e la politica di sicurezza, Josep Borrell, e del Presidente del Consiglio europeo Charles Michel sono del tutto irresponsabili. Per non parlare di quelle del segretario generale della NATO, Jens Stoltenberg, che sembra essere sempre alle prese col Risiko.

In conflitto coi limiti del loro ruolo e con le stesse norme della NATO, questi personaggi parlano ormai apertamente di entrata nell'Alleanza atlantica da parte di Svezia e Finlandia come se si trattasse di una formalità, dando per scontata l'unanimità di tutti gli Stati membri (espressamente prevista dal trattato della NATO) che ad oggi è tutt'altro che verificata. Nessuno li ha autorizzati ad affermazioni così impegnative e, soprattutto, gravide di conseguenze. Non è normale che nessuno li contraddica.

**Falsità e mezze verità giornalistiche**

Si può essere più cinici del giornalista Domenico Quirico, che ragiona solo in termini di rapporti di forza? Dipinge la Russia come una potenza "imperialistica". Ma se fosse come dice lui, Putin dovrebbe provare a conquistare l'intera Europa, visto che con le sanzioni economico-finanziarie tratta la sua Federazione a pesci in faccia, derubandola come se niente fosse di tutte le riserve monetarie all'estero.

Secondo questo pennivendolo da strapazzo è stato Putin, invadendo l'Ucraina, a porre all'ordine del giorno il tema della ridefinizione degli equilibri geostrategici nel mondo. Nasconde dietro frasi altisonanti, che non vogliono dir nulla, un fatto incontrovertibile: la Russia teme l'accerchiamento operato dalla NATO. È giusto avere questo timore o no? Secondo lui no, perché la logica della guerra russa è ottenere ciò che vuole, avendo un potere militare enorme, che in Ucraina mostra solo in misura ridottissima. Non è incredibile che un Paese si lasci circondare da basi NATO per 30 anni e che solo ora dica basta? Dove sta tutta questa forza? E in ogni caso, anche se l'avesse, non avrebbe il diritto a usarla?

Il giornalista Antonio Padellaro ha ragione a chiedere in quale contesto si danno le armi agli ucraini, poiché bisogna evitare l'escalation della guerra e iniziare trattative di pace. Ormai infatti si è chiaramente capito, anche per bocca di Lloyd Austin (segretario di stato alla difesa americana), che per gli USA l'obiettivo è quello d'indebolire il più possibile la Russia, quindi pensano a una guerra di lunga durata.

Tuttavia Padellaro se pensa che l'Ucraina meritasse d'avere le nostre armi, in quanto Paese aggredito, si sbaglia di grosso. Era Kiev che stava per attaccare il Donbass (l'avrebbe fatto nella prima metà di marzo), dopodiché si sarebbe ripresa la Crimea e sarebbe entrata nella NATO, visto che il parlamento l'aveva deliberato nella Costituzione. Inoltre quello è un governo chiaramente filonazista e non ha proprio alcun senso armarlo.

[3]

**L'accusa strumentale di genocidio**

Il primo a parlare di genocidio in Ucraina è stato il presidente Zelensky. Ora anche Biden e Trudeau accusano Mosca di aver commesso un genocidio. Putin, da parte sua, ha parlato di genocidio nel Donbass contro la popolazione di origine russa. Macron ha preso le distanze dalle parole di Biden, chiedendo di evitare un'escalation anche per quanto riguarda la retorica.

È noto infatti che il genocidio è comunemente ritenuto il più grave tra i crimini contro l'umanità. Dopo la II guerra mondiale e l'orrore dell'Olocausto il diritto internazionale definì il crimine come una forma di sistematica distruzione di un preciso gruppo di persone. Ne parla anche la Convenzione delle Nazioni Unite del 1948, ma entro casi molto specifici.

Infatti per parlare di genocidio ci deve essere "l'intenzione di distruggere" un particolare gruppo etnico, una stirpe, una comunità religiosa. Esempi di genocidi nella storia, oltre a quello già citato degli ebrei, sono quello degli armeni da parte dell'impero ottomano, o dei tutsi in Ruanda.

Secondo alcuni esperti di affari internazionali (come p.es. Eugene Finkel e Gregory Stanton), scenari come quello di Bucha sono una chiara prova dell'intenzione di eliminare una popolazione a causa della sua identità nazionale. Ma questi esperti non prendono neanche in considerazione l'ipotesi che gli stessi neonazisti ucraini uccidano parte della propria popolazione (soprattutto quella russofona o russofila) per poi far ricadere le colpe sull'esercito russo. Ormai di sceneggiate hollywoodiane ne abbiam viste anche troppe in questa guerra. E comunque non si può parlare di genocidio quando i civili morti, stando all'ONU, sono circa 3.000, di cui molti eliminati dagli stessi ucraini per impedirgli di usare i corridoi umanitari.

Ad ogni modo spetta alla Corte Penale Internazionale, che ha sede all'Aia, giudicare questo tipo di crimini, non a qualche premier o presidente individuale. Peccato che né la Russia né gli USA né l'Ucraina abbiano ratificato lo Statuto di Roma, che ha istituito la suddetta Corte.

Va comunque detto che se Biden parla di "genocidio" è perché spera di essere autorizzato dal Congresso a intervenire militarmente senza passare attraverso l'ONU.

### La Russia ha paura della NATO

È noto che i grandi Stati si preoccupano molto della loro sicurezza, ovviamente non perché temano la potenza di quelli più piccoli, ma perché sanno bene che i grandi Stati rivali possono fare di tutto per indebolirli, anche servendosi di alleati di minore importanza, ma strategici sul piano logistico.

Tuttavia non si possono mettere sullo stesso piano i timori che hanno i russi con quelli che possono avere gli americani o gli europei o i cinesi o gli indiani.

La Russia è un Paese sotto attacco dal tempo dei Mongoli. Gli USA non hanno mai avuto i propri confini minacciati da qualche superpotenza. L'unico caso è stato quello dei missili sovietici installati e subito rimossi a Cuba.

Viceversa, se guardiamo i confini dell'attuale Russia, risulta che è praticamente circondata da basi NATO.

Dal 1991 ad oggi 14 Paesi facenti parte di quella che era una volta la sfera d'influenza sovietica in Europa orientale sono entrati a far parte dell'Alleanza Atlantica. Inoltre, prima dell'attuale conflitto russo-ucraino, Georgia, Bosnia-Erzegovina e la stessa Ucraina stavano portando avanti "dialoghi intensificati" per entrare nell'Alleanza. Ora anche la Finlandia starebbe valutando di fare richiesta. Alla fine la Russia Europea (dove vivono oltre 100 milioni di persone) avrebbe come confinanti solo Paesi membri della NATO, ad eccezione della Bielorussia e dell'Ucraina.

Questa cosa sarebbe accettabile se ci fosse un corrispondente accerchiamento degli USA da parte della Russia, la quale però al massimo li può minacciare con dei sottomarini nucleari o con missili intercontinentali.

Non tener conto di questa situazione, squalifica in partenza qualunque valutazione politica dell'attuale conflitto.

### "Non avevamo scelta"

Dicono che Putin come stratega militare non valga nulla. Per es. ha esagerato l'ostilità occidentale verso la Russia (un'accusa ridicola, smentita dall'aggressività dell'espansione a est della NATO); ha gravemente sottovalutato la determinazione resistenziale dei soldati ucraini (semmai ha sottovalutato la loro ferocia nei confronti del loro stesso popolo); ha sopravvalutato la capacità del suo esercito di ottenere una vittoria rapida e senza costi (lui stesso però aveva imposto di non infierire sui civili e di non bombardare con gli aerei le città); e ha mal interpretato come l'occidente avrebbe risposto (in effetti le sanzioni finanziarie piratesche non se le aspettava, altrimenti i fondi esteri della Banca centrale del suo Paese li avrebbe tolti prima; inoltre non si aspettava che la UE fosse così autolesionista sul piano energetico).

La regola militare vuole che si tende a vedere la guerra come fattibile, una volta deciso che sia necessaria. E spesso lui ha detto che non avevano scelta.

Putin non temeva l'Ucraina ma la NATO nell'Ucraina, nonché l'eccidio dei filorussi nel Donbass e il crollo della Crimea, senza tralasciare le bombe batteriologiche che gli USA stavano preparando nei laboratori biologici.

Personalmente sono convinto che l'intervento militare sarebbe stato comunque deciso, con o senza Putin. Magari senza di lui avrebbe anche potuto essere più violento. La situazione era diventata troppo pericolosa per poter continuare a soprassedere.

È vero che lui se l'è presa con la propria Intelligence e ha deciso di cambiare la direzione delle truppe con vari generali (al momento uno solo, Alexander Dvornikov). Ma è anche vero che un'operazione speciale ha senso se dura poco. Se non si trasforma in una guerra vera e propria, si continueranno a fare molti errori tattici e strategici. Gli USA, la UE e la NATO infatti ne approfitteranno sempre di più, proprio perché vogliono la sconfitta della Russia e non una trattativa di pace. E Putin sarà costretto ad alzare l'asticella della violenza, con conseguenze imprevedibili per tutti.

### Che succederà dopo?

Poiché Putin credeva che l'Ucraina si stesse pericolosamente spostando verso l'allineamento con gli USA e la NATO, l'intervento militare preventivo doveva apparirgli del tutto giustificato. Non poteva rischiare che i missili fossero puntati su Mosca. Chiunque, avendo i necessari mezzi militari, avrebbe fatto lo stesso, proprio perché all'ONU non è mai importato nulla di cosa fa la NATO in Europa né delle intenzioni americane nei confronti dei russi, e tanto meno del genocidio ucraino nei confronti dei filorussi del Donbass.

Bisogna tuttavia ammettere che, risolta la situazione in Ucraina, restano aperte quelle di altri Paesi confinanti con la Russia e ospitanti basi NATO. Per es. l'Estonia e la Lettonia. Questi due Paesi baltici come possono pensare di poter fare sul piano militare ciò che vogliono? Già la Polonia e la Lituania han detto che all'oblast di Kaliningrad (grande come il Lazio) va tolta la sovranità russa, poiché non vogliono confinare con la Russia. Una richiesta ridicola. Proprio qui sono presenti 200.000 soldati, l'intera flotta baltica (42 navi) e missili a testata nucleare in grado di colpire l'intera Europa entro 7-10 minuti al massimo dal lancio.

Anche in Azerbaigian e in Kazakistan esiste una base NATO e un laboratorio biologico gestito dagli americani. Ma vi sono laboratori del genere anche in Armenia, Georgia, Kirghizistan, Moldova e Uzbekistan.

Gli USA dispongono di oltre 400 laboratori biologici sparsi in tutto il mondo. Sono strutture segrete che impiegano circa 13.000 dipendenti, impegnati a creare ceppi di patogeni killer (microbi e virus) resistenti ai vaccini.

È noto che negli ultimi anni gli USA han speso oltre 100 miliardi di dollari per sviluppare armi per la guerra biologica. Sono l'unico Paese al mondo che ancora blocca l'istituzione di un meccanismo di verifica ai sensi della Convenzione del 1972 sulla proibizione dello sviluppo, produzione e stoccaggio di armi batteriologiche e tossiche e sulla loro distruzione.

Che si fa dopo aver smembrato l'Ucraina in due parti? Tanto il suo destino, se vogliamo evitare una guerra mondiale, è questo.

### La NATO è il nemico n. 1

Il comportamento russo in Ucraina va interpretato come una risposta alle azioni precedenti dell'occidente. Putin non c'entra niente: prendersela col suo carattere è ridicolo. Qualunque generale russo avrebbe agito nella stessa maniera se avesse avuto anche il potere politico. Anzi, probabilmente non avrebbe aspettato 8 anni prima di agire nel Donbass, né avrebbe accettato che le basi NATO circondassero il suo Paese. L'insofferenza militare russa nei confronti della NATO e degli USA nasce dalla fine della II guerra mondiale. La Russia si è soltanto illusa di poter migliorare i rapporti attraverso gli scambi commerciali. Ma ora si è dovuta rendere conto che, in ultima istanza, l'occidente vuole derubarla di tutte le sue risorse, materiali e immateriali.

Se vogliamo, proprio questo conflitto ha dimostrato che per l'occidente conta di più la difesa militare che non lo scambio commerciale (che peraltro non potrà più esserci finché le riserve della Banca centrale russa resteranno bloccate all'estero). Eppure nessuno ha mai minacciato i Paesi europei (se non la stessa NATO, verrebbe voglia di dire). Lo stesso attacco alle Torri gemelle non era stato compiuto da una potenza ostile agli USA, ma da un gruppo terroristico capeggiato da Osama bin Laden, peraltro armato e finanziato dagli stessi USA quando l'Afghanistan era filorusso.

Insomma dobbiamo smetterla di considerare la NATO come un'alleanza meramente difensiva. Basta guardare cos'è successo nelle sue campagne militari in Jugoslavia, Iraq, Libia, Siria, Afghanistan… Là dove la NATO è intervenuta militarmente, nessun problema è stato risolto, anzi, se ne sono aggiunti di nuovi: soprattutto è aumentato il caos istituzionale e si sono acuite di molto le rivalità interetniche o intertribali, che sfruttano le diversità religiose, culturali, linguistiche per impedire un'intesa a livello nazionale.

Per Mosca l'Alleanza atlantica rappresenta un progetto geopolitico a guida americana, e non un'alleanza tra Stati sovrani ognuno con un proprio potere decisionale. D'altra parte il comandante supremo alleato in Europa viene sempre nominato dal Presidente americano e sono in mano agli USA tutti gli altri comandi chiave. Non a caso il Pentagono è assolutamente contrario a che si formi un esercito esclusivamente europeo, alternativo alla NATO.

L'Italia ha una "sovranità limitata" persino sugli stessi F-35 della propria aeronautica che ha recentemente comprato dagli americani. Infatti una legge statunitense vieta che i software di gestione dei sistemi di combattimento di questi caccia siano comunicati ad altri. Saranno dunque gli USA a controllare gli F-35 italiani, predisposti per l'uso delle nuove bombe nucleari B61-12 che il Pentagono schiererà contro la Russia, al posto delle attuali B-61, sul nostro territorio nazionale.

### NATO fonte di business per gli USA

Che la NATO non sia esclusivamente un'alleanza difensiva ma anche uno strumento politico in mano agli USA per controllare l'Europa e un affare colossale per il loro apparato militare-industriale, lo dimostrano i vincoli di budget sulla spesa militare per i Paesi membri, calcolato attualmente sulla base del 2% del PIL entro il 2024.

Nel 2019, durante la sua presidenza, Trump aveva invitato, con toni non proprio amichevoli, i Paesi membri a destinare ben il 4% del PIL alle spese militari. Considerando che gli USA detengono il 39% del mercato globale della vendita di armi, sarebbe stato un affarone.

Al secondo posto vi è la Russia, col 19%, poi la Francia con l'11%. L'Italia è al 3,1%.

### Casa comune europea

"Il Consiglio d'Europa ha sempre avuto la vocazione a essere la 'casa comune europea' e ha saputo svilupparla nei decenni che hanno fatto seguito alla sua istituzione", ha detto il capo di Stato Mattarella.

Qualcuno però dovrebbe ricordargli che fu Gorbaciov il primo a parlare di "casa comune europea" e che in questa casa una stanza era riservata alla Russia.

Viceversa, Mattarella contribuì alla frantumazione della Jugoslavia. Infatti nel governo D'Alema (ex-comunista) lui era vicepresidente del Consiglio.

### Una persona di senno

Il presidente della Croazia Zoran Milanović ha dichiarato che porrà il veto se la questione dell'ingresso di Finlandia e Svezia alla NATO verrà decisa a livello presidenziale. Speriamo si aggiungano altri.

Il fatto è purtroppo che la NATO è già pronta a sfruttare altre due situazioni anomale per provocare un attacco alla Russia: la Georgia (con le due repubbliche filorusse che non riconosce) e la Moldova, che non riconosce la Transnistria.

## A Taiwan situazione critica

Alcuni jet militari cinesi hanno sconfinato varie volte nello spazio aereo di Taiwan.

Una nave della marina americana (cacciatorpediniere Sampson) è transitata nelle acque che separano Taiwan dalla Cina continentale.

Alcuni incidenti sono avvenuti a un'altitudine di 9.800 metri a nord-est dell'isola di Dongsha, nel settore sud-ovest della Zona d'identificazione di difesa aerea.

Pechino ha ribadito che considera Taiwan parte del suo territorio sovrano e ha costantemente messo in guardia gli Stati Uniti dal sostenere qualsiasi sentimento separatista.

Tuttavia il Dipartimento di Stato ha già approvato un contratto, stimato in 95 milioni di dollari (il terzo dell'era Biden), per fornire supporto tecnico e attrezzature per i sistemi di difesa aerea Patriot a Taiwan.

La recrudescenza delle tensioni riguardo Taiwan arriva sulla scia del patto di sicurezza stretto tra la Cina e le Isole Salomone, che Stati Uniti, Australia e Nuova Zelanda vedono come un pretesto per la costruzione di una base navale cinese nel Pacifico.

Insomma se gli USA non sfondano col piano A in Ucraina, hanno subito pronto il piano B. La guerra la vogliono a tutti i costi, anche perché non è mai esistito alcun presidente americano che non ne abbia fatta almeno una. È un tributo che deve rendere al complesso militare-industriale del suo Paese.


[4]


## Il gas come il digiuno

Oltre all'Ungheria altri nove Paesi europei hanno aperto conti in banche russe nell'ambito del programma di Mosca per accettare pagamenti sul gas in rubli.

L'ha affermato a Kossuth Radio Gergely Gulyas, direttore dell'ufficio del premier ungherese.

La cosa ridicola è che preferiscono non rendere pubblico nulla sul tema.

Sembra di assistere alla vicenda del conte Ugolino: "più che 'l dolor (per la sorte dell'Ucraina) poté 'l digiuno (cioè la fame di gas)".

Mi stupisce poi l'arroganza di Paesi come Finlandia, Lettonia ed Estonia, che dipendono dal gas russo, rispettivamente, per il 94%, 93% e 79%. Chissà a questi premier allocchi quali promesse han fatto...

### Meno male che c'è "Fox News"

Il conduttore di "Fox News", Tucker Carlson, ha detto che Joe Biden è "folle" e dovrebbe lasciare la presidenza:

"Qualcuno ricorda il 25° emendamento?[16] Questo non può continuare. Siamo sull'orlo di un conflitto nucleare, con un Paese che minaccia di usare armi nucleari contro di noi. E contiamo su questa persona per avere le capacità motorie necessarie per impedirci di morire tutti".

Carlson ha osservato che Washington continua a fornire armi all'Ucraina e stanzia miliardi di dollari a Kiev, mentre l'economia e la difesa degli Stati Uniti sono in crisi.

Bisognerebbe però dire a Carlson che Biden è solo un pupazzo come Zelensky: chi tira le fila sta dietro. Gli USA sono un Paese dove la politica conta qualcosa nella misura in cui riflette interessi economici o geostrategici.

### Manlio Dinucci mi è sempre piaciuto

Scrive:

Il presidente Biden ha richiesto al Congresso altri 33 miliardi di dollari per armare e addestrare le forze ucraine, che si aggiungono ai 20 miliardi già stanziarti e forniti a Kiev: in totale oltre 50

---

[16] Il 25° emendamento alla Costituzione degli USA consente di rimuovere il presidente dall'incarico se dichiarato incompetente.

miliardi di dollari dal 2014.

Allo stesso tempo il segretario USA alla Difesa Lloyd Austin ha incontrato in Germania i rappresentanti di oltre 40 Paesi, tra cui l'Italia, per pianificare altre spedizioni di armi. Ciò comporta una enorme spesa militare in denaro pubblico sottratto alle spese sociali. Ad esempio, l'obice M777 fornito alle forze ucraine può sparare a 40 km 7 proiettili Excalibur al minuto. Ciascun proiettile costa 112.000 dollari. Quindi in un minuto l'obice spara proiettili del costo equivalente a 25 stipendi lordi annui (secondo la media italiana).

Dicono che investire nel settore militare-industriale fa lavorare molte persone. A parte che questo discorso è immorale, ma è anche falso sul piano economico. Agli inizi di questo millennio l'americana University of Massachusetts disse che se 1 miliardo di dollari investito nella difesa crea 8.500 posti lavoro, gli stessi soldi investiti in spese mediche creerebbero 12.800 posti lavoro, nel settore dei trasporti 19.000 e nell'istruzione 17.000.

Non solo, ma il commercio di armi, che rappresenta tra il 2 e il 2,5% del commercio mondiale, è responsabile del 50% della corruzione mondiale, poiché la vendita delle armi avviene solo ad alti livelli, al di fuori delle regole dei mercati e dove invece una regola fissa sono le laute commissioni.

### Ucraina bis: Georgia e Moldova?

Mi sa che presto ci metteremo a parlare della Georgia e della Moldova, poiché queste due nazioni stanno chiedendo di entrare in fretta nella UE, pur avendo entrambe delle controversie irrisolte al proprio interno: quella dell'Ossezia del Sud e dell'Abcasia nella prima e quella della Transnistria nella seconda. Tutte repubbliche autonome (russofone e russofile) non riconosciute da nessuno se non dalla Russia nel 2008 e da poche altre nazioni dell'ONU e al di fuori dell'ONU.

In genere la UE non concede l'ammissione a nessun Paese se prima non risolve le proprie gravi questioni interne. Ma è probabile che anche questa volta, come per l'Ucraina, voglia fare un'eccezione, visto che in gioco vi è la possibilità di dar fastidio alla Russia, inducendola a compiere nuove guerre.

L'Ossezia del Sud sta persino meditando un referendum per unirsi completamente alla Russia. Ed è probabile che anche l'Abcasia lo farà. Ancora in dubbio è se nell'attuale guerra russo-ucraina il Donbass si congiungerà direttamente alla Transnistria dopo l'occupazione di Odessa.

In Moldova il problema si chiama appunto Transnistria. L'autoproclamata repubblica occupa una fettina di spazio ai confini con l'Ucraina. La presidente della Moldova, Maia Sandu, chiede il ritiro delle truppe russe.

Ucraina, Georgia e Moldova sono legate all'Unione Europea da un accordo di associazione stipulato nel 2014. Certo che se anche queste nazioni ne faranno parte, il baricentro del nostro continente si sposterà sempre più a est. Diventerà preponderante il peso degli Stati nati dalla frantumazione dell'Unione Sovietica o che facevano parte del Patto di Varsavia.

Gli Stati UE dell'Europa dell'Est già da anni si distinguono per le spiccate tendenze antirusse. Danno l'impressione di non essere riusciti a metabolizzare la loro storia recente. E in questo senso vengono più facilmente strumentalizzati dagli americani, che cercano sempre dei pretesti per occupare la Russia.

L'Europa dell'Ovest, Italia compresa, si limita a pagare fior di quattrini per accompagnare la conversione al neoliberismo economico degli ex-sovietici.

**Rapporti tesi tra Russia ed Estonia**

Esiste un accordo sui confini tra Russia ed Estonia del 2014 che quest'ultima ha dichiarato di non voler più rispettare, poiché secondo il partito popolare conservatore si stanno concedendo abusivamente a un Paese straniero il 5,2% delle terre, delle acque e dello spazio aereo dell'Estonia. In tutto sono 294 km di confine. In particolare la controversia verte sulle due città di Narva e di Ivangorod, con la seconda che sorge sulla sponda orientale del fiume Narva. È sul territorio russo ma rivendicata, ai sensi del Trattato di Tartu (firmato nel 1920 ma abrogato nel 1940), dalla capitale Tallinn.

È evidente la volontà estone di provocare la Russia aprendo un'ulteriore disputa territoriale. In Estonia vivono 320.000 persone

(1/4 della popolazione) la cui lingua madre è il russo: si concentrano al 90% nella parte orientale. Un rapporto del 2008 del Consiglio per i diritti umani delle Nazioni Unite ha descritto come "estremamente credibile" l'appellativo di "discriminatoria" dato alla politica nei confronti della minoranza russa.

I Paesi Baltici sono membri dell'Unione europea e della Nato dal 2004. Secondo l'agenzia avia.pro oggi l'Estonia non fornisce solo missili anticarro Javelin all'Ucraina, ma è in procinto di trasferirvi anche due tipologie di missili israeliani molto efficaci. Gli Spike NLOS ATGM anticarro sono in grado di colpire bersagli a distanze fino a 25 km (sono stati loro a fornire all'Azerbaigian un vantaggio incondizionato durante la guerra in Karabakh). Ma sono i sistemi di difesa costiera e i missili da crociera Blue Spear a rappresentare una minaccia molto maggiore, poiché i missili sono in grado di colpire bersagli di superficie a distanza di circa 400 km, il che dà all'Ucraina l'opportunità di prendere il controllo della maggior parte del Mar Nero.

I rapporti della Russia coi Paesi Baltici sono piuttosto compromessi: il ministero degli Esteri russo ha decretato la chiusura dei consolati di Lituania, Estonia e Lettonia a San Pietroburgo e Pskov, come ritorsione alla chiusura dei propri consolati. E tra un po' si rischia la rottura anche a livello di ambasciate.

*

L'Estonia ha fatto parte dell'impero russo dal 1721 (sottratta agli svedesi in una guerra), ma durante la I guerra mondiale era stata occupata dai tedeschi. Nel 1918 la Russia bolscevica, temendo di non vincere la controrivoluzione, col trattato di Brest-Litovsk consegnò alla Germania i Paesi Baltici unitamente alla Bielorussia e all'Ucraina. Ma la cosa durò poco, poiché la Germania perse la guerra mondiale. Gli estoni si proclamarono indipendenti, ma i bolscevichi vollero riprendersi il territorio appartenuto agli zar, poiché proprio da lì le truppe del generale anticomunista Nikolaj Judenič volevano occupare San Pietroburgo.

Quindi l'Estonia combatté contro i bolscevichi dal 1918 al 1920. Era ampiamente appoggiata dalle potenze occidentali e dai Paesi scandinavi. La guerra finì col trattato di Tartu, che sancì l'indipendenza dell'Estonia. I termini del trattato stabilivano che la Russia avrebbe dovuto per sempre rinunciare a ogni diritto sul territorio dell'Estonia, che andava ben oltre gli attuali confini. La Russia accettò per quieto vivere.

Tuttavia negli anni '30, dopo la grande depressione del 1929, il Paese diventò fascista. I sovietici si ripresero i Paesi Baltici col patto Molotov-Ribbentrop del 1939. Poi la Germania di Hitler dichiarò guerra alla Russia nel 1941 e occupò i Paesi Baltici.

Quando la Germania perse la guerra, l'Urss si riprese di nuovo i Paesi Baltici e se li tenne fino al 1991. Dopo il crollo dell'URSS i Paesi Baltici diventano autonomi, entrano nella UE e nella NATO. Oggi sono russofobici.

### Interessante Ted Snider

Interessante art. di Ted Snider apparso su "Visionetv". Lo intercaleremo con nostre considerazioni.

Negli USA la propaganda che plasma la percezione della guerra in Ucraina viene ideata dalla CIA, raccontata dal Dipartimento di Stato e poi pubblicata dai media.

Chi doveva essere eroe e chi il cattivo è un'operazione decisa fin dall'inizio. I media hanno creato il mito della "guerra non provocata" per creare il concetto di supercriminale, che è necessario per giustificare e alimentare la guerra.

Come se la NATO non avesse infranto la sua promessa di non invadere i confini della Russia. Come se le preoccupazioni per la sicurezza della Russia non fossero state ignorate. Come se la Russia non fosse stata circondata da basi militari e missili. Come se l'Ucraina non fosse stata letteralmente ricoperta di armi. Come se Eltsin e Putin non avessero protestato per la situazione e tracciato le linee rosse (per anni), poi comunque oltrepassate.

Le falsità sono iniziate sin dal primo giorno di guerra: una nave russa puntò i suoi cannoni contro Snake Island e chiese la resa delle forze ucraine. Coi supercriminali russi da una parte e i supereroi ucraini dall'altra, gli ucraini hanno coraggiosamente sfidato i russi e i russi hanno ucciso spietatamente gli ucraini. Le guardie ucraine "sono morte eroicamente", ha detto Zelensky, promettendo che "tutte saranno insignite postume del titolo di Eroe dell'Ucraina". Le guardie però erano state soltanto catturate e rilasciate dopo pochi giorni.

Di tali *fake news* a favore degli ucraini questa guerra è piena. Zelensky ha mentito sin dal primo giorno e non ha più smesso di farlo, come se lui stesso facesse parte di una regia occulta, che gli chiedesse semplicemente di continuare a fare il mestiere che meglio sapeva fare: l'attore. Doveva solo trasformarsi da comico a melodrammatico. E imparare a memoria i discorsi che altri gli avrebbero dato.

L'importante era cancellare il ruolo criminale dei neonazisti, soprattutto nella guerra civile in Donbass, un ruolo che ha impedito di firmare gli accordi di Minsk e che ha fatto saltare tutte le trattative di pace con la Russia. Se lui venisse catturato vivo dai russi, sarebbe un problema serio per gli americani.

Parte della sceneggiatura doveva dipingere i russi come spietati killer di innocenti civili. Non dovevano semplicemente ucciderli, ma farlo da veri e propri supercriminali. Ecco perché gli stessi neonazisti devono essere spietati coi loro stessi concittadini, quando ciò può servire per dar la colpa ai russi.

Tuttavia il primo giornale a smentire questa narrazione è stato "Newsweek", le cui fonti avevano rivelato che l'esercito russo mostrava moderazione nei suoi attacchi a lungo raggio e che sostanzialmente stava colpendo obiettivi militari o fornendo supporto aereo ravvicinato alle forze di terra, senza bombardare le città in maniera indiscriminata.

La stessa affermazione fatta da Biden secondo cui Putin aveva pianificato possibili attacchi con armi chimiche, non aveva alcun riscontro. Questo perché anche lui deve recitare una parte decisa altrove. D'altronde la campagna di disinformazione è coordinata dal Consiglio di sicurezza nazionale della Casa Bianca.

La stessa idea di presentare un Putin debole, incompetente e disconnesso, fuorviato dai suoi consiglieri in merito alle decisioni militari da prendersi, era completamente falsa. Però tutti i media italiani l'han bevuta. Un analista geopolitico come Dario Fabbri, sempre presente al tg speciale di LA7, la ripete ancora oggi.

In realtà Putin aveva deciso di concentrare il grosso delle sue forze su Kiev per dimostrare che la città avrebbe potuto essere occupata o distrutta abbastanza facilmente e che, ciononostante, i russi non l'avrebbero fatto, essendo disposti a una trattativa senza spargimento di sangue. Il piano B scattò solo quando ci si rese conto che il governo di Kiev non era in grado di decidere autonomamente.

Tuttavia se il piano A prevedeva di mantenere un unico Stato disposto a riconoscere l'autonomia alle due repubbliche del Donbass, la Crimea alla Russia e ad accettare definitivamente gli Accordi di Minsk, il piano B invece prevede la separazione dell'Ucraina in due Stati e l'unione di tutto il Donbass alla Transnistria, inclusa ovviamente l'occupazione di Odessa.

Altra falsità quella secondo cui la Russia avrebbe chiesto alla Cina di fornire armi. Ideata per offrire agli USA il pretesto per sanzionare Pechino.

Per gli americani, abituati a inventarsi storie nella cinematografia, ogni guerra deve essere supportata da una montagna di falsità.

Fonte: visionetv.it

[5]

**Curiosa la posizione verde in Germania**

La maggior parte dei sostenitori dei Verdi tedeschi (72%) è ancora favorevole alla completa eliminazione del gas naturale russo. Tra i più strenui sostenitori della fornitura di armi figurano i Verdi (66%) e i partiti dell'Unione (62%).

I Verdi sono sempre più il partito della guerra e il partito degli interessi di Washington. Ecologisti fuori e neoliberisti dentro? Sono contro la Russia perché filo-atlantisti o perché contro gli idrocarburi?

*

Il nuovo partito verde (di Annalena Baerbock e Robert Habeck, oggi di Ricarda Lang) è vicino all'etica liberale, all'Alleanza atlantica. È fortemente critico della Cina e chiede uno scostamento netto dai dogmi del pareggio di bilancio e rigore fiscale. Al momento i Verdi sono al governo di Scholz insieme a socialdemocratici e liberali e gestiscono 5 ministeri. L'attuale conflitto russo-ucraino ha sbriciolato la linea antimilitarista degli ecologisti, convincendoli che l'invio di armi a Kiev sia necessario. L'urgenza di rendere la Germania meno dipendente dal gas russo (quasi il 46% del fabbisogno arriva da Mosca) ha poi mandato in frantumi l'agenda verde della conversione energetica verso le rinnovabili. Adesso anzi auspicano più lavoro per le centrali a carbone, pur di staccarsi in fretta dal gas di Putin. Si sono rimangiati anche il no al nucleare, con ragionamenti che somigliano a quelli dei nostri Pentastellati.

### Quale negoziato è possibile?

Nessun negoziato con la Russia è possibile se si parte dal presupposto che c'è un aggressore e un aggredito. Putin pensa che i ruoli debbano essere invertiti, proprio perché il Donbass subisce una guerra civile da 8 anni. Inoltre lui è convinto che se l'Ucraina fosse entrata nella NATO, l'attacco alla Russia sarebbe stato inevitabile.

Se accettasse il ruolo di aggressore, dovrebbe restituire la Crimea e tutti i territori fin qui occupati. Ma i territori lui potrebbe restituirli solo se uscisse sconfitto dalla guerra.

Se invece la vince, al negoziato non si porrà neppure la questione di chi è aggressore e aggredito. Le condizioni le porrà la Russia e l'Ucraina dovrà accettarle. Sempre che Putin voglia mantenere il governo di Zelensky al potere, il che non è detto.

È molto probabile che quanto più questo conflitto si prolungherà nel tempo, tante meno possibilità Zelensky avrà di conservare il potere.

### Tra Stati Uniti e Russia c'è di mezzo la Cina

Secondo il professor John Mearsheimer oggi il *peer-competitor* degli Stati Uniti è la Cina. Ma prima di attaccare la Cina, vogliono indebolire la Russia, possibilmente frammentarla, per avere risorse con cui combattere la stessa Cina, poiché questa dispone dei requisiti di potenza (demografia, economia, potenziale militare in fieri) necessari per divenire l'egemone regionale nell'Asia.

Già oggi la Cina dispone di una potenza latente (economica) superiore alla potenza latente americana; per di più la Cina è in grado di produrre tutti i beni tipici delle quattro rivoluzioni industriali, mentre la manifattura americana, in larga misura delocalizzata, non lo è.

Quindi un'alleanza tra la Cina e la Russia, con il vastissimo bacino siberiano ricco di materie prime e un arsenale nucleare modernissimo, suona la campana a morto per l'egemonia mondiale statunitense.

Le opzioni strategiche, per gli USA, erano due: la prima, trovare un modus vivendi propositivo con la Russia, staccandola dalla Cina, della quale è avversario naturale (4.500 km di frontiere in comune), e allentare la propria egemonia sull'Europa, esercitata attraverso la NATO.

Ciò nella convinzione che la Russia non dispone dei fondamentali di potenza sufficienti a egemonizzare l'Europa, e non ne disporrà mai finché non riuscirà a invertire la dinamica demografica, sviluppare l'economia a ritmi cinesi, creare forze armate convenzionali abbastanza numerose e qualitativamente adeguate per un progetto espansionistico: imprese tutte che richiedono almeno 20 anni di sforzi.

La seconda opzione era quella di affrontare insieme Russia e Cina, iniziando dalla Russia, l'anello più debole. L'obiettivo è quello di logorare la Russia con una guerra interminabile in Ucraina, nella quale si riversino truppe polacche, rumene, baltiche; accendendo focolai di ostilità in tutti i luoghi sensibili per la Russia (Balcani, Medio Oriente, Artico); fomentando separatismi interni alla Federazione russa; ostacolando l'economia Russia con sanzioni durissime che pesino anzitutto sui Paesi europei.

Al contempo contenere la Cina nella sua zona d'influenza immediata, dov'è improbabile ch'essa tenti un'espansione, poiché le sue forze armate non sono ancora in grado di competere con la potenza aeronavale statunitense.

Quindi, frammentata la Russia, occupate le risorse siberiane, creato un blocco occidentale atlantico che giunga fino a Vladivostok, e un altro blocco occidentale pacifico composto da Australia, Giappone e Corea del Sud, la Cina è praticamente accerchiata su due fronti.

Ebbene gli USA han scelto questa seconda strategia, che può comportare, visto che la Russia è una potenza nucleare, dei costi altissimi per l'Europa. In ogni caso gli USA non possono rinunciare alla loro egemonia mondiale.

Personalmente penso che lo scenario futuro sarà ben diverso. In ogni caso nell'immediato temo che se il governo di Kiev non stipula velocemente un trattato di pace, la Russia si prenderà tutta l'Ucraina, spazzerà via i nazisti dall'intero Paese (che andranno a ingrossare le fila dei fascisti polacchi) e le impedirà con la forza di entrare nella NATO. Dopodiché se altre minoranze russe verranno pesantemente oppresse in altri Stati confinanti con la Russia, si ripeterà quanto avvenuto in Ucraina. La Russia non vuole riprendersi i territori che aveva né quando era sotto gli zar né quando era bolscevica. Vuole soltanto difendere le grandi minoranze russe che vivono negli Stati ai suoi confini, favorendo la formazione di repubbliche autonome, se non vi è altra possibilità democratica.

Fonte: lantidiplomatico.it

### Non è meglio informarsi prima di parlare?

Ha detto papa Bergoglio nella sua intervista al "Corriere della sera" il 3 maggio:

"Ho parlato con Kirill 40 minuti via zoom. I primi 20 con una carta in mano mi ha letto tutte le giustificazioni alla guerra. Ho ascoltato e gli ho detto: di questo non capisco nulla. Fratello, noi non siamo chierici di Stato, non possiamo utilizzare il linguaggio della politica, ma quello di Gesù. Siamo pastori dello stesso santo popolo di Dio. Per questo dobbiamo cercare vie di pace, far cessare il fuoco delle armi. Il Patriarca non può trasformarsi nel chierichetto di Putin".

Il nostro è un papa davvero limitato. Se non capisce nulla di politica, è inutile che si metta a parlare di negoziati di pace. Le guerre non scoppiano perché uno si alza la mattina con la luna di traverso. A questi livelli d'intensità e vastità è assurdo pensare che il conflitto si possa risolvere secondo i princìpi dell'etica (magari kantiana, come quella dei neonazisti ucraini, secondo alcuni giornalisti *out of mind*).

La sua limitatezza è ben visibile là dove afferma: "L'unica cosa che si imputa agli ucraini è che avevano reagito nel Donbass, ma parliamo di dieci anni fa. Quell'argomento è vecchio".

Possibile che nessuno gli abbia detto che la guerra civile durava da 8 anni? E che il governo di Kiev era in procinto di occupare tutto il Donbass e la Crimea? E che voleva entrare nella NATO per colpire la Russia? E che quello è un Paese gestito da filo-nazisti sin dal 2014? E che gli USA dispongono di pericolosi laboratori biologici? Di che cosa si può discutere con Putin se non si conoscono le fondamenta di questo conflitto?

Poi mi sa che Bergoglio non abbia neanche alcun tatto diplomatico: non è possibile insultare la più grande carica dell'ortodossia mondiale definendola un "chierichetto di Putin". Dicendo questo tradisce la millenaria ostilità tra cattolici e ortodossi, che non appartengono affatto a "chiese sorelle", come vuole il saputello Mentana. Infatti la Chiesa romana è uno Stato della chiesa, totalmente indipendente dallo Stato nazionale, mentre l'altra è al massimo una Chiesa nazionale o una Chiesa di stato (come appunto in Russia o in Grecia). Altrimenti è soltanto una Chiesa autocefala (autonoma), come p.es. quella di Kiev, che, dopo essersi staccata da Mosca, appoggia i neonazisti ucraini, o come quella americana, riconosciuta dalla Chiesa ortodossa russa, ma non dal Patriarcato di Costantinopoli.

La Chiesa ortodossa non fa mai "politica", la lascia fare agli Stati in cui vive. È semmai il Vaticano che fa continuamente politica intromettendosi nella politica degli altri Stati. E quando si fa politica è meglio evitare di dire che durante la II guerra mondiale gli ucraini sono stati "un popolo martire", senza aggiungere che i russi lo sono stati infinitamente di più (peraltro anche per colpa di quei tanti ucraini che si erano alleati coi nazisti).

### Soldi buttati

Gli Stati Uniti sono il Paese con la più alta quantità di spese militari al mondo.

Sul finire degli anni '50 eravamo a 50 miliardi di dollari.

Durante la guerra in Vietnam sui 100 miliardi.

Col primo mandato di Reagan a 200; poi nel 1986 a 300.

L'escalation continua proprio a ridosso degli attentati del 2001: 316 miliardi.

Nel 2003, mentre gli USA attaccano l'Iraq, si raggiungono i 345.

Nel 2005 siamo a 475.

Nel 2006 arriviamo a 534.

Nel 2007 tocchiamo i 600.

E poi ancora su su fino ai 649 miliardi del 2018, ai 716 del 2019, e ai 738 del 2020 (quando la Cina ne spende 250).

Sotto l'amministrazione Biden si prevedono 813,3 miliardi di dollari (quasi il 4% del PIL). La Russia ha speso solo 61 miliardi di dollari.

Biden ha votato per 36 anni al Senato per ogni tipo di guerra immaginabile. Negli 8 anni da vice di Obama non ha lesinato a porre in calce la sua firma per diversi bombardamenti. Infine appena dopo il suo insediamento presidenziale – febbraio 2021 – ha fatto sganciare ordigni su mezza Siria.

Dopo il 1945 gli USA hanno adoperato la violenza in modo palese o occulto contro 22 Paesi: Grecia, Corea, Iran, Guatemala, Congo, Cuba, Vietnam, Indonesia, Cambogia, Laos, Cile, Grenada, Libia, Nicaragua, Panama, Kuwait, Sudan, Serbia, Afghanistan, Pakistan, Siria, Ucraina.

Tra basi militari NATO in Europa e quelle più genericamente statunitensi arriviamo a quasi 700 all'estero, 4.000 in patria, composte da oltre 200.000 effettivi, tra cui solo in Italia sono 11.800.

42 tra i 100 maggiori gruppi industriali che producono armi fatturano negli Stati Uniti (57% del commercio del settore). Nella *top five* mondiale il primo, secondo, terzo e quinto posto li occupano quattro imprese statunitensi (Lockheed Martin, Boeing, Reytheon, Northop Grumman).

Gli Stati Uniti sono il Paese dove si produce e si arma la guerra fin già da metà '800 con prove tecniche contro i messicani a Sud e i nativi al proprio interno.

La loro è una tradizione violenta e colonialista, identica ai precedenti padroni espansivi europei, che si allargavano in armi distruggendo e cancellando culture autoctone.

Fonte: cuori-ribelli.it

**[6]**

### Che armi stanno arrivando in Ucraina?

C'è una gran segretezza sul tipo di armi che gli occidentali stanno inviando in Ucraina, che sembra essere diventato un territorio in cui sperimentarne l'efficacia, a spese della stessa popolazione, come se fossimo in un videogioco.

Tuttavia ogni tanto trapela qualcosa. Per es. il presidente Macron, in un'intervista rilasciata il 21 aprile al quotidiano "Ouest-France", ha detto che la Germania consegnerà i carri armati Leopard, mentre la Francia prevede i missili anticarro Milan e i cannoni Caesar, più missili anticarro Javelin e missili antiaerei a corto raggio Mistral. Per usare i quali ci si è dovuti impegnare in un addestramento specifico del personale militare ucraino.

L'idea (assurda) è sempre quella di non entrare in cobelligeranza. Il che penso voglia dire non inviare proprie truppe e soprattutto l'aviazione. Di qui la definizione di "guerra per procura".

Ormai il supporto umanitario, militare e finanziario, fornito dai Paesi del G7 e della UE, è così grande che pare da escludersi l'ipotesi di un conflitto di breve durata e soprattutto che non veda vittorioso l'occidente. Ormai chiunque ha capito che questa non è una guerra tra Russia e Ucraina. Quest'ultima è solo un territorio casuale ma ideale, in quanto molto vasto (due volte l'Italia), difficile da essere controllato per intero. Se anche i russi avessero occupato Kiev nei primi giorni, avrebbero poi avuto a che fare con un governo e un comando militare che, fuggiti all'estero, avrebbero organizzato una guerriglia interna di lunga durata, come fecero i talebani in Afghanistan.

La Francia dispone anche di almeno tre satelliti di osservazione con cui fornisce immagini quotidiane allo stato maggiore ucraino.

La cosa più sconcertante di queste forniture è che i missili Milan e Javelin e i cannoni Caesar prevedono l'uso dell'uranio impoverito. Il che fa pensare che all'interno della NATO nessuno abbia sollevato obiezioni sull'uso di queste armi, i cui effetti (sempre di lunga durata) sono altamente nocivi per la salute e l'ambiente naturale. L'uranio impoverito produce una polvere di ossido che non deve essere inalata, poiché può portare a depositi di uranio nei linfonodi, nelle ossa, nel cervello e nei testicoli. Ciò comporta sempre un forte aumento di vari tipi di cancro, tumori al seno e linfomi, nonché gravi difetti alla nascita.

Anche gli effetti sulle truppe stesse sono endemici: malattie respiratorie devastanti, problemi gastrointestinali, disturbi neurologici, calcoli renali, problemi alla pelle e alla vista e varie forme di cancro. Un certo numero di morti per leucemia, tra i 60.000 soldati italiani in servizio in Kosovo, sono stati collegati proprio all'uranio impoverito, usato dagli americani tenendo all'oscuro i nostri soldati.

Questo perché questo tipo di materiale artificiale è mille volte più radioattivo dell'uranio che si trova nel suolo e nelle rocce. Anzi i missili anticarro a spalla MILAN (utilizzati dalle forze militari di terra in 40 Paesi) contengono torio-232, un metallo che emette particelle sei volte più pericolose per la salute umana rispetto a quelle dell'uranio impoverito.

Dunque questa sostanza non è che un sottoprodotto radioattivo dell'arricchimento dell'uranio naturale per il combustibile nucleare. È in grado di fornire maggiore potere di penetrazione a proiettili e bombe, soprattutto contro carri armati e bunker.

Tali munizioni sono già state utilizzate dalla NATO nelle due guerre del Golfo in Iraq e Kuwait, in Siria e nella ex Jugoslavia (Bosnia, Serbia e Kosovo) e probabilmente anche in Afghanistan.

La Coalizione internazionale per vietare le armi all'uranio (ICBUW) vieta l'uso di queste armi solo per proiettili di carri armati da 105 e 120 mm, e proiettili di piccolo calibro (15/25/30 mm), ignorando completamente le bombe sganciate dagli aerei (GBU), i missili da crociera e altri tipi di missili anticarro. In Francia le munizioni all'uranio impoverito vengono sparate regolarmente in uno dei campi di prova noto come Canjuers.

È difficile sapere quanto lo stato maggiore ucraino conosca la pericolosità di queste armi, che renderanno impossibile vivere per molto tempo nell'area ove vengono impiegate.

Anche il governo inglese ha donato all'Ucraina migliaia di missili guidati anticarro (ATGM) e di armi leggere anticarro

(NLAW) che includono una notevole quantità di uranio impoverito.

Molte di queste armi vengono prodotte, più o meno segretamente, in Svezia, che non fa parte della NATO ma che ha già chiesto di potervi aderire.

Da notare che anche i missili aria-terra e le bombe contenenti fosforo sono vietati dal diritto internazionale, poiché rappresentano un un crimine contro l'umanità. Eppure la NATO non si fa scrupoli a fornirli ai militari ucraini.

Fonte: 21stcenturywire.com

**Recente sondaggio europeo**

In un sondaggio YouGov dell'1-25 aprile, condotto con l'Istituto universitario europeo per la conferenza 2022 sullo stato dell'Unione a Firenze, risulta che in Scandinavia, Regno Unito, Polonia e Paesi Bassi oltre il 70% delle persone attribuisce la responsabilità principale del conflitto in Ucraina alla Russia. (Dei 4 stupiscono i Paesi Bassi, probabilmente perché influenzati molto dalla Germania).

Tuttavia in Bulgaria e in Grecia la maggioranza ritiene che la NATO sia responsabile o che la NATO e la Russia lo siano allo stesso modo. Anche la maggior parte delle persone in Slovacchia e Ungheria non è d'accordo sul fatto che la guerra sia principalmente responsabilità della Russia, anzi vorrebbe che con questo Paese ci fosse solo diplomazia e commercio, piuttosto che investire nella difesa.

Risulta anche che se è giusto sostenere l'invio di aiuti umanitari in Ucraina, consentendo ai rifugiati di entrare nei Paesi europei e nei loro mercati del lavoro, è però del tutto sbagliato immaginare l'invio di truppe per unirsi alla guerra a fianco dell'Ucraina in un'operazione NATO (in media solo il 31% lo sostiene). Allo stesso modo solo una minoranza di europei è pronta ad accettare costi energetici più elevati a causa delle sanzioni imposte alla Russia (sebbene ancora il 42% le sostenga).

L'adesione rapida dell'Ucraina alla UE riceve un sostegno abbastanza netto, ma per quanto riguarda l'inviare armi e attrezzature militari è d'accordo solo il 58%; in Bulgaria, Grecia, Ungheria e Slovacchia sono invece molto scettici. (Da notare che fino ad ora l'Ungheria non ha accettato alcuna sanzione petrolifera o del gas contro la Russia).

Tuttavia in tutti i Paesi UE le persone continuano a protestare contro la guerra e chiedono più azioni diplomatiche da parte dei loro governi.

Fonte: yougov.co.uk

### La Russia secondo Surkov

Vladislav Surkov è stato fino al 2020 una delle figure centrali dell'entourage di Putin, il principale ideologo del Cremlino negli ultimi 20 anni.

In un art. apparso nel 2018 sulla rivista di geopolitica "Russia nella Politica Globale", sosteneva che se la storia della Russia è inestricabilmente legata a quella dell'Est e dell'Ovest, di fatto questo Paese-continente rimane un'entità separata. La rottura del 2014, ufficializzata dalla questione ucraina e dalle sanzioni dell'occidente, è un atto di divorzio che condanna la Russia all'isolamento geopolitico. Quest'ultima non avrebbe più nulla da aspettarsi dall'occidente e dovrebbe abbracciare pienamente il suo destino di "sanguemisto" solitario.

Surkov si è già fatto un nome con la sua teoria dei "quattro modelli di Stato" in Russia: lo Stato di Ivan III dal XV al XVII sec.; lo Stato di Pietro il Grande dal XVIII al XIX sec.; lo Stato di Lenin nel XX sec.; e lo Stato di Putin nel XXI sec., destinato, secondo l'autore, a durare quanto lo "Stato gollista" nella Francia della Quinta Repubblica, lo "Stato di Atatürk" nella Turchia contemporanea, o lo "Stato dei Padri Fondatori" negli Stati Uniti.

In Russia, a partire dal filo-europeo Pietro il Grande, è sempre esistito un confronto/scontro tra occidentalisti (più legati alle élite intellettuali, aristocratiche e borghesi) e slavofili (più vicini alle masse contadine e a tradizioni ancestrali). Questi ultimi, verso la metà dell'800, ritenevano che per i russi fosse impossibile imitare gli europei, in quanto i valori erano troppo diversi: materialismo contro spiritualismo, individualismo contro collettivismo, ragione contro fede o sentimenti o forza vitale. Per quattro secoli la Russia si è spostata verso Est e per altri quattro verso Ovest, senza mettere radici né qui né là, proprio perché, essendo situata in oriente e in occidente, la Russia è sia europea che asiatica.

Surkov sostiene che dopo il crollo del 1991 la Russia ambiva a entrare in Europa, anche a costo di privarsi di parte del suo territorio e della sua popolazione, ma non c'è stato niente da fare. L'Europa l'ha sempre temuta, l'ha sempre vista con sospetto.

Ora il suo sguardo si volge solo verso oriente. La svolta, secondo lui, è avvenuta nel 2014, anno del golpe in Ucraina e dell'annessione della Crimea. La Russia ha cominciato a temere una riedizione del nazismo in casa propria.

Fonte: legrandcontinent.eu

## Monta il razzismo

Sta montando la russofobia in Germania, paragonabile all'antisemitismo di triste memoria. Molestie, minacce, aggressioni verbali, atti vandalici, incidenti, tentativi d'incendio: tutti di matrice politica. Persino contro le chiese e le scuole, anche quando la chiesa è russo-ortodossa (a Charlottenburg) e aiuta gli ucraini; anche quando a Oberhausen il negozio di alimentari, la cui vetrina è stata sfondata, è russo-polacco!

Molti esercenti han deciso preventivamente di eliminare prodotti russi dagli scaffali o dal proprio catalogo.

Si stima che in Germania vivano circa 6 milioni di persone di lingua russa. La maggior parte di loro sono cittadini tedeschi, provenienti dall'ex URSS (in gran parte da Russia, Ucraina e Kazakistan), ma ora vengono trattati alla stregua di complici di Putin.

Un insegnante in una scuola elementare di Colonia ha chiesto a un bambino russo di alzarsi in piedi davanti all'intera classe e di prendere chiaramente le distanze dalle politiche di Putin.

Bambini di una scuola russa di Bonn (fondata da Narina Karitzky, russa di origini armene) hanno insegnanti che vengono chiamati "assassini" al telefono. I ragazzi hanno paura di parlare russo sugli autobus, molti genitori voglio ritirarli da scuola. La Karitzky ha dovuto condannare l'invasione dell'Ucraina, ufficializzando le sue dichiarazioni con una lettera al sindaco di Bonn. Persino un museo della città ha rifiutato la visita a una classe. Poi si è scusato ma l'episodio resta significativo.

Ogni giorno la gente dice di essere assillata nei luoghi di lavoro, sui mezzi pubblici, nel cortile della scuola. Ciò sta portando milioni di cittadini a percepirsi come "vittime" e a isolarsi ancora di più.

Anche in Olanda si stanno registrando episodi preoccupanti. Anche se vi sono russi che si oppongono all'invasione, la gente non ammette distinguo tra "buoni e cattivi". Anche se in certe scuole gli iscritti sono studenti estoni, uzbeki e ucraini, tutti subiscono intimidazioni.

Tuttavia le "cancellazioni" sempre più eclatanti e famose di esponenti russi del mondo della cultura e dello sport stanno cominciando a influenzare molto negativamente l'opinione pubblica: tutti vogliono comportarsi nella stessa maniera discriminatoria.

Stessa cosa si verifica a Londra, dove ha subìto minacce persino lo chef russo Alexei Zimin, che pure sta donando parte delle entrate del suo ristorante per sostenere il lavoro della Croce Rossa con i rifugiati ucraini e pubblicando messaggi contro l'invasione.

Il nemico è uno solo, a prescindere da condizione sociale, sesso, età, religione, lingua… Sta montando il razzismo.

Un professore di Praga ha annunciato sui social che non avrebbe più insegnato a studenti russi (poi ha cancellato il post). In alcuni negozi e ristoranti sono appesi cartelli con la scritta: "Non serviremo occupanti russi e bielorussi". In un ristorante del quartiere Zizkov di Praga è addirittura scritto: "Prima che inizi a prestarti attenzione, devi affermare che Putin e Lukashenko sono assassini di massa. Poi ti scuserai per loro e mostrerai rimorso. Solo allora ti sarà permesso di ordinare".

Fonte: tempi.it


## La guerra è tutta made in USA

Esistono dei resoconti parlamentari statunitensi sulla concessione di aiuti militari all'Ucraina che sono alla base di un disegno di legge presentato il 19 gennaio 2022 (Ucraina Democracy Defense Lend-Lease Act del 2022). In tale ACT si autorizza il presidente Biden a prestare o noleggiare temporaneamente parte dell'equipaggiamento militare per la difesa della nazione, in quanto tale equipaggiamento è destinato al governo ucraino ed è necessario per proteggere la popolazione civile dell'Ucraina dall'invasione militare russa. Il provvedimento resterà in vigore finché la Russia non avrà restituito la Crimea e ridotto la sua forza militare sul confine orientale dell'Ucraina ai livelli mantenuti prima del 1 marzo 2021. E l'Ucraina avrebbe restituito col tempo l'importo relativo alle forniture militari concesse per affrontare la Russia.

Si noti la data: è di un mese prima di quella decisa da Putin per la sua "operazione speciale"! Questo vuol dire che gli USA sapevano che se avessero fatto fallire i negoziati ufficiali in corso con la Russia sulle garanzie di sicurezza reciproca, Putin avrebbero reagito militarmente. Quindi chi è che ha deliberatamente provocato il conflitto?

Ma c'è di peggio. Non erano solo i livelli politici statunitensi a sapere che stavano provocando la guerra. Probabilmente anche molti responsabili europei erano a conoscenza del piano. Per es. il cancelliere tedesco Scholz il 27 marzo, nel talk show di Anne Will, ha affermato che le sanzioni contro la Russia erano state "preparate con largo anticipo".

Quindi vuol dire che la sorpresa dell'attacco russo, mostrata dai leader occidentali, era tutta falsa. L'idea di fondo, pienamente condivisa, era quella d'indebolire la Russia in una guerra per procura e di separarla dall'Europa.

Di fatto gli Stati Uniti hanno lavorato costantemente sin dal golpe del 2014 per militarizzare l'Ucraina, nella speranza di schierare missili nucleari a cinque minuti di volo da Mosca: un obiettivo di fronte a cui la Russia sarebbe stata costretta a usare la forza per impedirlo.

Si tratta di una strategia messa a punto nelle sue linee generali da Zbigniew Brzeziński e che nell'ultimo decennio si è concretizzata nella preparazione del colpo di stato di piazza Maidan, nella guerra al Nord Stream 2, e nella creazione delle condizioni per rompere qualsiasi rapporto tra UE e Russia riguardo ai beni energetici e minerari. In questo quadro l'Ucraina è solo una comparsa destinata a fornire i morti e le devastazioni urbane.

Resta tuttavia il fatto che le élites di Washington non avevano previsto che grazie alla Cina e all'India l'isolamento della Russia sarebbe stato molto relativo. La vera isolata sembra essere più che altro l'Unione Europea.

Fonte: ilsimplicissimus2.com

**Disastro economico globale**

Dopo due mesi la guerra russo-ucraina è già costata quasi 100 miliardi di dollari a livello globale solo per l'aumento dei prezzi di grano e mais: il primo è aumentato del 22%, il secondo del 17%, ma gli effetti si fanno sentire a cascata su tutti i prodotti alimentari.

Lo rileva un'analisi della Coldiretti. L'Ucraina insieme alla Russia controlla il 28% degli scambi internazionali sul mercato del grano e il 16% degli scambi di mais. Se la guerra prosegue, le semine primaverili di cereali in Ucraina saranno dimezzate. I razionamenti (non solo energetici ma anche alimentari) sono inevitabili.

Fonte: RAI Televideo

[7]

**La pace totale**

Certo uno può pensare che se i russi non fossero entrati in Ucraina con l'intenzione di denazificare il Paese, i neonazisti non se la sarebbero presa contro la loro stessa popolazione. Ma sarebbe come dire che non bisogna rivendicare un aumento dei salari, poiché ciò farebbe aumentare i prezzi dei beni di consumo.

È assurdo pensare che chi sfrutta e opprime diventi migliore o meno crudele se non gli si dà fastidio. La guerra civile in Ucraina esiste sin da quando una fetta della popolazione ha rifiutato il golpe del 2014. Chi nega questa evidenza è perché sta dalla parte dei golpisti.

Semmai la domanda è un'altra: perché i separatisti del Donbass non sono riusciti a difendersi da soli contro i neonazisti, ma hanno avuto bisogno di chiedere aiuto militare alla Russia? La risposta è molto semplice: perché gli USA e altre potenze occidentali finanziano, armano e addestrano i neonazisti sin dalla rivoluzione arancione del 2004. Esiste un'ingerenza straniera in Ucraina che non solo ha favorito quella rivoluzione borghese e il successivo golpe nazista, ma ha pure condizionato la formazione dei governi, l'amministrazione delle istituzioni, la gestione delle forze armate.

Lo scopo di questa continua ingerenza occidentale è sempre lo stesso: destabilizzare la Federazione Russa, indebolirla, indurla a una guerra contro la NATO, privarla delle sue immense risorse naturali. La NATO, la UE e gli USA è dal 1991 che cercano in varie maniere di staccare dalla ex URSS o comunque dall'ideologia antiliberista e unipolare territori sempre più grandi, vere e proprie nazioni.

Ma forse esiste un'altra domanda ancora più urgente da porsi: visto che la Russia dispone di mezzi nucleari in grado di riportare le nazioni europee all'età della pietra, qual è la maniera per creare un clima di reciproca fiducia? Per eliminare progressivamente tutte le armi nucleari esistenti dall'Atlantico agli Urali, occorre che le armi abbiano solo una funzione *difensiva*, non offensiva. Le armi non devono essere così potenti da impedire alla controparte una qualunque reazione. La sicurezza o è reciproca o non esiste. E se non esiste, la ricerca di armi sempre più potenti o sofisticate diventa inevitabile. Non ci può essere equilibrio nel terrore ma solo nel disarmo reciproco, soprattutto a partire da quello nucleare.

### I russi in Mali

La sceneggiata di Bucha, organizzata dagli inglesi e dai neonazisti, che hanno ammazzato persone reali, i francesi l'han ripetuta in aprile nei pressi di una loro ex base militare a Gossi, nel Mali (Africa occidentale). E sempre allo scopo di accusare i russi, individuati nel Gruppo Wagner, un'organizzazione paramilitare privata, non rappresentativa del proprio Paese di provenienza. "La Repubblica" ovviamente ha sposato la tesi francese.

Abubakar Sidiki Fomba, membro del Consiglio nazionale del Mali (che è di transizione, essendoci stato un golpe un anno fa), ha però dichiarato che il contingente francese di 5.000 uomini sta cercando di nascondere le fosse comuni nel Paese, per le quali è il solo responsabile. I corpi (un gruppo di pastori) sono stati trovati due giorni dopo che le forze francesi avevano lasciato la base, ma un'indagine preliminare dell'esercito maliano ha dimostrato che, in base allo stato di decomposizione, la fossa comune esisteva ben prima della consegna francese della struttura all'esercito governativo.

I già tesi rapporti tra le due capitali, Parigi e Bamako, sono alle stelle. Il governo maliano rinuncerà a qualunque accordo militare con la Francia, anche perché non è mai servito a sconfiggere il terrorismo jihadista: di qui l'esigenza di rivolgersi al Gruppo Wagner. La Russia torna ad essere apprezzata in Africa come al tempo in cui si chiamava Unione Sovietica.

La Francia è seriamente preoccupata per la perdita della sua influenza in Mali (e più in generale su tutta l'Africa occidentale), poiché non riesce a rinunciare al proprio passato colonialismo. Il Mali è stato soggetto al giogo coloniale francese dalla fine dell'800 fino a quando furono firmati gli accordi post-coloniali nei primi anni '60. Che poi di "post-coloniale" non avevano proprio niente, in quanto la Francia ha continuato a sfruttare le risorse naturali del Paese africano e a impedirgli di avere una sovranità monetaria: la moneta esistente è il Franco CFA, creata per impedire a 14 Paesi africani di averne una in proprio.

Fonte: lindipendente.online

**Prossimo conflitto in Serbia?**

Leonid Savin su "geopolitika.ru" scrive articoli interessanti. L'ultimo è dedicato agli strumenti di persuasione di cui dispongono gli Stati Uniti per convincere i Paesi ad appoggiare la loro linea anti-russa.

Le pressioni vengono esercitate non solo tramite le relazioni bilaterali, ma anche, a dispetto del diritto internazionale, attraverso organizzazioni mondiali subordinate come il Fondo Monetario Internazionale e la Banca Mondiale.

Questo spiega perché così tanti Paesi in via di sviluppo siano nella lista degli Stati che hanno votato contro la Russia all'ONU. Il rischio per loro è quello di non ricevere più crediti dai suddetti istituti finanziari.

Anche la Serbia, storica amica della Russia, è stata costretta a cedere a tali minacce, pur non approvando alcuna sanzione. Poi il presidente Aleksandar Vučić si è dovuto giustificare. D'altra parte la Serbia è completamente circondata da Paesi filo-occidentali e non è neppure in grado di controllare il Kosovo, sua patria spirituale.

L'autore sostiene che anche questa situazione è piuttosto anomala, e che Belgrado ha giudicato molto negativamente la decisione del governo inglese di consegnare sistemi missilistici anticarro Javellin e missili guidati anticarro NLAW alle autorità di Pristina.

I kosovari infatti vengono considerati "terroristi" dai serbi: non a caso la risoluzione 1244 del Consiglio di sicurezza dell'ONU impedisce loro d'avere un esercito.

I serbi temono quindi che il contingente NATO KFOR (di circa 3.500 militari forniti da 27 nazioni), insediatosi nel 1999, stia facendo di tutto per far entrare nella NATO, in funzione anti-serba, sia la Bosnia-Erzegovina che il Kosovo.

Insomma, dopo il conflitto ucraino si rischia di aprirne un altro più vicino a casa nostra. E anche questa volta sarà impossibile impedire alla Russia d'intervenire, visti i legami plurisecolari coi cugini della ex Jugoslavia.

Non dimentichiamo che l'indipendenza del Kosovo, proclamata nel 2008, è riconosciuta solo da 98 Stati dell'ONU (su 193). Per non parlare del fatto che in Bosnia-Erzegovina la Repubblica Srpska (49% del territorio, mentre il 51% appartiene alla Federazione Croato-Musulmana) da tempo chiede (dato che la sua popolazione è serba all'85%) di essere annessa alla Serbia. E quest'ultima, di recente, è stata abbondantemente armata dalla Cina, tanto da diventare il primo operatore di missili cinesi in Europa.

Fonte: geopolitika.ru

**Attenzione a trovare lo slogan giusto**

Lo slogan "Contro Putin e contro la NATO" non è la versione più equilibrata dell'altro slogan: "Tutta la colpa è della NATO". Ma è proprio uno slogan sbagliato. Così come è sbagliato circoscrivere il conflitto alla divisione semplicistica: "C'è un aggredito e un aggressore".

Queste sono tutte definizioni (per lo più giornalistiche) che con la storia non hanno nulla a che fare e che riflettono solo l'ignoranza delle cause politiche che hanno generato il conflitto. Al massimo rientrano in una visione moralistica della vita, quella che condanna la guerra in sé (senza chiedersi se è offensiva o difensiva, se è di occupazione o di liberazione), quella visione cioè che in una trattativa di pace vera e propria potrebbe soltanto sperare nella magnanimità di chi ha avuto la meglio sul campo di battaglia o nello spirito di rassegnazione di chi è uscito militarmente sconfitto, e che però non saprebbe trovare una effettiva risoluzione ai problemi di fondo. Come se non si sapesse che non c'è mai vera pace senza vera giustizia (vedasi, a titolo esemplificativo, il conflitto tra Palestina e Israele).

Questo per dire, fuori dai denti, che la colpa non è solo della NATO, ma anche dell'ONU e soprattutto della UE, i quali non solo non hanno fatto nulla per far rispettare i due Accordi di Minsk e impedire la guerra civile nel Donbass, ma hanno anche attivamente o passivamente permesso la formazione e lo sviluppo delle frange ultranazionalistiche dell'Ucraina, che a un certo punto hanno pervaso tutti i gangli vitali del potere politico, amministrativo e militare, compiendo nei confronti dei russofoni e soprattutto dei filorussi delle discriminazioni e persino delle efferatezze letteralmente disumane, talmente evidenti che chi provasse a negarle o anche solo a minimizzarle, passerebbe, oggettivamente, a prescindere dalle sue intenzioni, per un filo-nazista.

### Un'idea davvero tendenziosa?

Davvero è tendenziosa l'idea secondo cui se non ci fosse stata all'origine la malefica iniziativa occidentale (cioè la NATO che "abbaia" sempre più alle porte del Cremlino), la Russia se ne sarebbe stata buona senza dar noia a nessuno? Davvero è sbagliato affermare che, siccome si è sentita minacciata nella sua esigenza di sicurezza, la Russia non ha potuto fare altro che difendersi?

Siamo proprio sicuri che questa giustificazione all'intervento armato vada considerata inopportuna o infondata? Oppure dobbiamo ammettere che quando le parole non servono (ogni volta che le minoranze russe all'estero vengono pesantemente perseguitate), alla fine non restano che le armi?

Molti russofobi sostengono che la Russia agisce in maniera brutale troppo facilmente, come ha già fatto in Cecenia, Georgia,

Kazakistan, ecc.

Tuttavia i suoi tempi di reazione non possono certo essere considerati immediati o veloci. Con l'Ucraina ha atteso ben 8 anni, in cui, nel frattempo, i neonazisti di Kiev han permesso di eliminare brutalmente 14.000 russofoni del Donbass. Peraltro quando mai l'occidente ha imposto sanzioni contro gli Stati che perseguitavano le minoranze russe all'estero? Quando mai si è fatto sentire l'ONU per far rispettare il diritto internazionale a favore di questa minoranza o della sua autodeterminazione popolare?

Insomma, lo vogliamo ammettere che se non viene applicato il diritto a favore della Russia, come di qualunque altro Stato che ne abbia titolo, è del tutto naturale che ad un certo punto si finisca con l'usare la forza?

### Un po' di sano realismo non guasta mai

Davvero è sbagliato pensare che le distruzioni e le stragi in Ucraina non crescerebbero di giorno in giorno se l'aiuto occidentale non prolungasse di continuo la guerra? Davvero è vergognoso sostenere che se smettessimo di armarli, sarebbero costretti ad arrendersi, ponendo così fine alla guerra? È forse necessario pretendere che gli ucraini si comportino come dei votati al suicidio? È forse opportuno continuare a illuderli sull'esito della guerra?

Non dico che l'Ucraina è obbligata dal destino e dalla geopolitica a essere riassorbita nella Federazione Russa e che quindi è meglio per tutti che ciò avvenga prima di altri disastri e imprevedibili allargamenti del conflitto. Dico semplicemente che se l'Ucraina si fosse comportata in maniera democratica, rispettando le esigenze di sicurezza militare della Russia, a quest'ora non ci sarebbe alcun intervento armato. E ora che questo c'è, il destino del Paese è segnato: o la NATO interviene con le proprie truppe e la propria aviazione (e non più solo con la propria intelligence e i propri finanziamenti), oppure Kiev non ha scampo. Qualcuno ha detto che armare un esercito ormai ridotto all'osso è come riempire di nuove dosi un drogato.

I russi ci metteranno tutto il tempo che riterranno opportuno, ma alla fine imporranno una divisione in due dell'Ucraina, per impedire la reiterazione delle persecuzioni antirusse.

### Scrive Manlio Dinucci

Nell'intervista a Rete 4 Mediaset, il ministro degli Esteri russo Sergey Lavrov ha posto una serie di questioni della massima importanza per l'Italia e l'Europa. Nessuno però, nel mondo politico italiano ed europeo, le ha prese in considerazione. Il premier Draghi ha liquidato l'intervista con queste parole: "Parliamo di un Paese, l'Italia, dove c'è libertà di espressione. Il ministro Lavrov appartiene a un Paese dove non c'è libertà di espressione. Questo Paese, l'Italia, permette di esprimere le proprie opinioni liberamente, anche quando sono palesemente false, aberranti. Quello che ha detto il ministro Lavrov è aberrante."

Il governo italiano conferma così non solo di aver trasformato l'Italia in paese belligerante, che si pone al quarto posto tra i fornitori di armi alle forze di Kiev, ma di cercare lo scontro a tutto campo con la Russia.

Questo in linea con quanto avviene in Europa e negli Stati Uniti, dove è in corso l'attacco a tutto ciò che è russo: mentre le squadre di calcio femminili russe vengono bandite dai campionati europei, l'Opera del Metropolitan a New York espelle la soprano russa Anna Netrebko, perché si rifiuta di condannare il suo governo.

Contemporaneamente la Rai invita a Porta a Porta "le mogli dei combattenti del battaglione Azov", che viene presentato come un manipolo di eroici resistenti agli invasori russi. Alla campagna di riciclaggio dei neonazisti dell'Azov partecipano anche La7 e le maggiori testate giornalistiche italiane.[17]

A dimostrare quale sia la vera natura del battaglione Azov, ora potenziato a livello di reggimento di forze speciali, è un servizio della rivista "Time" di appena un anno fa, prima che la stessa rivista voltasse pagina, unendosi alla campagna internazionale di sostegno al regime di Kiev.

Un servizio di Vittorio Rangeloni da Mariupol demolisce,

---

[17] Anche "Carta bianca" condotta dalla Berlinguer è stata chiusa per aver dato troppo spazio ai putiniani.

attraverso le testimonianze degli stessi abitanti di Mariupol, l'immagine dell'Azov presentata dal mainstream italiano e occidentale.[18]

### La verità sta venendo a galla

In Italia è stata l'inchiesta di "Report" a rompere lo squarcio di menzogne con un servizio sulle testimonianze dirette nella città di Mariupol che mostrava i nazisti Azov per quello che sono, nazisti, e il senso di liberazione della popolazione civile all'arrivo delle truppe delle repubbliche del Donbass.

In Germania la stessa cosa era stata fatta dalla rivista "Der Spiegel" attraverso un video Reuters che mostrava il racconto in prima persona di una civile evacuata dall'acciaieria Azovstal.

Citando "discrepanze nei contenuti", la rivista ha rimosso il video, dove una donna aveva rivelato che la sua famiglia era stata sostanzialmente raggirata, tenuta in ostaggio e usata come scudo umano.

Un altro quotidiano tedesco, "Junge Welt", ha notato la cancellazione e l'ha denunciata. Infatti ha detto che Natalia Usmanova, che aveva lavorato ad Azovstal prima del conflitto e vi si era rifugiata con suo marito e i suoi figli, diceva ai giornalisti che i militanti di Azov li hanno tenuti nel bunker per due mesi, senza permettergli di andarsene usando i corridoi umanitari stabiliti dalle truppe russe. "Si sono nascosti dietro il fatto che erano preoccupati per la nostra sicurezza", ha detto la Usmanova, aggiungendo che la sua famiglia era continuamente intimata da frasi tipo "Torna al bunker!".

"L'Ucraina è morta per me come Stato", concludeva la donna.

Fonte: lantidiplomatico.it

### Scrive Michele Santoro

Caro Massimo Gramellini, non sono così presuntuoso da pensare che trovi il tempo di rispondere a questa mia lettera. Sono,

---

[18] Vittorio Rangeloni e Giorgio Bianchi sono stati due giornalisti fondamentali per capire come stavano davvero le cose nel Donbass.

come ha scritto, "un Santoro qualsiasi" è lei è, invece, un grande conduttore di un programma settimanale e "il più buono" dei commentatori quotidiani del "Corriere della Sera". Mi spiace essere comparso tre volte in due mesi in un talk creandole involontariamente un certo fastidio. Essendo più vecchio, solo per l'età, ho potuto scoprire prima che la stampa americana è più libera di quella russa. Ora che anche lei è arrivato alla stessa conclusione, ha potuto leggere sul "New York Times" che sono stati gli americani a uccidere tanti generali russi. Infatti partecipano direttamente alle operazioni e stanno sperimentando sul campo un nuovo tipo di guerra basata sulle informazioni di satelliti, cellulari e quant'altro. Secondo il "Washington Post", inoltre, sono stati sempre gli americani a rendere possibile l'affondamento della nave da guerra russa.

Naturalmente per lei la trasformazione di questa guerra in un conflitto globale è "una notizia buona" che arricchisce la sua cronaca della bontà. Peccato che, scorrendo la lista infinita dei suoi articoli e analizzando tutte le ore delle sue trasmissioni, di questo tipo di buone notizie non riesca a trovarne. E nemmeno analizzando tutti i telegiornali pubblici e privati italiani o la raccolta di due mesi di "Corriere della Sera". L'informazione italiana non è russa ma nemmeno americana, insomma, ma è quella "buona". Lei poi, in particolare, è più buonista che cronista. Mi ricorda quei bambini che a Natale salgono sulla sedia per leggere la loro letterina: "Caro Gesù bambino, manda tante armi all'Ucraina e aiutali a uccidere solo soldati russi, risparmiando i civili. Regala la salute al mondo, ai miei genitori, ai miei fratellini e a tutti, compreso Michele Santoro. A lui, però, con qualche malattia".

### Scrive Giorgio Bianchi dal suo canale Telegram

(...)

Posso capire la propaganda russa, posso capire la propaganda ucraina, ciò che per me resta incomprensibile è la propaganda europea.

Coi media russi censurati, e con tutti gli altri cosiddetti media ufficiali allineati sulla propaganda ucraina, per il pubblico europeo è praticamente impossibile formarsi un'opinione obiettiva sulla realtà sul campo. Per questo sempre più persone si rivolgono al web per ricevere un'informazione equilibrata.

Governi e piattaforme digitali, invece di interrogarsi su questo fenomeno, stanno cercando di limitare l'accesso alle informazioni online. Sembra che il loro obiettivo sia quello di sostenere un'unica narrazione dei fatti.

La guerra è di per sé drammatica, ne so qualcosa, quindi non c'è bisogno di renderla ancora più orribile inondando etere e carta di notizie false. Penso che non sia utile alimentare il conflitto o addirittura ampliarlo, con campagne d'odio.

Mi sembra che ci sia una sorta d'interesse per far sì che il conflitto duri a lungo e si allarghi.

Ho personalmente smascherato diverse *fake news* diffuse sui media europei: la vergognosa prima pagina de "La Stampa" che surrettiziamente attribuiva ai russi la strage avvenuta a Donetsk il 14 marzo; il fatto che Mariana, la ragazza simbolo del bombardamento dell'ospedale Mariupol, non sia stata rapita dai russi; il fatto che i russi non stiano deportando civili da Mariupol (non riescono a evacuare tutti i civili che desiderano partire, di certo non riescono a portare via quelli che vogliono restare).

Al contrario, ho dimostrato che i soldati e le milizie ucraine hanno ampiamente utilizzato i civili come scudi umani.

Le testimonianze che ho raccolto sono decine e la stragrande maggioranza lo conferma.

Non c'è traccia di tutto questo lavoro di *fact checking* sul campo, nella stampa mainstream.

A che gioco stiamo giocando?

Vogliamo la Terza Guerra Mondiale?

Vogliamo ridurre alla miseria le popolazioni europee a furia di sanzioni?

Sono un giornalista indipendente.

Il mio lavoro è riconosciuto a livello internazionale. Ma non posso lavorare in Ucraina perché sono su una lista nera, *Myratvorets*, nella quale vengo etichettato come un "criminale". Solo per aver fatto il mio lavoro e per aver condiviso il mio punto di vista col pubblico… Un punto di vista documentato da otto anni di lavoro sul campo.

Vengo accusato di essere un professionista *embedded*. Ma non posso lavorare dall'altra parte perché rischio d'essere arrestato. Pensate sia normale?

### Cosa significa "denazificare"?

Quelli (come il saputello Mentana, il cinico Fabbri e la melensa Mannocchi) che continuano a dire che "l'"esercito russo annaspa, l'avanzata procede a rilento" ecc., ancora non hanno capito che per i russi gli ucraini non sono dei nemici. Denazificare l'Ucraina è molto più complicato che radere al suolo città e villaggi, come fanno gli USA coi loro bombardamenti a tappeto. Ci vuole un rapporto costruttivo con la popolazione locale.

Tra le difficoltà che incontrano ora si aggiunge anche questa: i soldati ucraini hanno cominciato a indossare le uniformi russe dei soldati uccisi, dipingono delle Z sui carri armati e poi si danno al saccheggio brutalizzando i civili per far ricadere le colpe sull'esercito nemico.

Ogni chilometro di avanzata richiede un enorme supporto logistico e tantissimi volontari che lavorano nelle retrovie per garantirlo.

### Zelensky contro Stoltenberg?

Zelensky ha detto che avrebbe accettato una Crimea russa se si ritornava alla situazione prebellica del 24 febbraio, ma Jens Stoltenberg ha obiettato al giornale tedesco "Die Welt" che la NATO "non accetterà mai l'annessione illegale" della penisola alla Russia. In aggiunta ha ricordato che la NATO "si è sempre opposta al controllo russo su parti del Donbass nell'Ucraina orientale". Ne parla come se l'Ucraina appartenesse alla NATO e non agli ucraini, e come se lui fosse in questo momento lo statista più importante a livello internazionale.

Ha poi aggiunto, come se la prosecuzione della guerra dipendesse da quel che decide lui, che la NATO è pronta ad aiutare l'Ucraina "anche se ci vorranno mesi o anni" prima che la guerra finisca, ribadendo la volontà di "fare tutto il possibile" affinché il conflitto non si espanda (come se non lo fosse già!). Kiev "deve vincere questa guerra", rimarca nuovamente (come se questa guerra fosse una sua questione personale!), anche se nei prossimi giorni "ci aspettiamo e dobbiamo prepararci all'offensiva russa anche con più brutalità", con "distruzioni anche maggiori di infrastrutture cruciali e aree residenziali". Questo sembra essere un invito all'esercito ucraino a usare, nella maniera più devastante possibile, contro le proprie stesse città, le ultime armi che gli stanno arrivando, proprio per far ricadere la colpa sui russi.

È quindi evidente che Washington non vuole negoziati, accetterà solo la resa della Russia (con cessione della Crimea e ritiro completo dal Donbass).

Stoltenberg manda anche indirettamente un messaggio a Zelensky: "non azzardarti a chiedere trattative, ti armeremo e ti finanzieremo finché lo decideremo noi".

Basta questo per capire che gli ucraini sono solo carne da cannone per far la guerra alla Russia. E gli europei sono d'accordo.

In ogni caso anche la proposta di Zelensky è ridicola, poiché non tiene conto delle due repubbliche del Donbass, il riconoscimento delle quali era una precondizione dei russi per la pace. Riflette solo l'opinione dei neonazisti, che si rendono conto che vincere la guerra senza un intervento diretto delle truppe NATO per loro è impossibile.

### Il senso della perfidia

Iryna Vereshchuk, vice primo ministro dell'Ucraina, ha dichiarato che tutti i bambini, le donne e gli anziani sono stati evacuati dagli scantinati dell'Azovstal, dove si trovano le ultime forze ucraine rimaste a Mariupol. La presenza di civili era il motivo principale per cui l'esercito russo e la milizia popolare di Donetsk non hanno assaltato l'impianto. Con queste parole la Vereshchuk ha di fatto dato il via libera alle operazioni militari sul campo.

E se invece non fosse vero? E se invece nell'ultimo assalto i russi ammazzassero anche dei civili, cosa direbbe Zelensky? "Ci avevano detto che tutti i civili erano stati evacuati! Non è colpa nostra. Però lo vedete: i militari chiedevano l'intervento di uno Stato estero per l'evacuazione, ma i russi si sono sempre rifiutati. Quelli dell'Azov sono eroi resistenti, sono martiri della patria!".

Oppure potrebbe dire: "Ecco, avete visto? Abbiamo liberato tutti i civili per non rischiare di farli ammazzare dai russi, mentre i militari invece si sono lasciati ammazzare tutti perché i russi non fanno prigionieri".

Intanto ha detto: "Ecco noi abbiamo dimostrato la nostra buona volontà facendo uscire tutti i civili, ma i russi non vogliono concedere un salvacondotto per i militari. Dunque chi è più umano?".

No Zelensky, i russi hanno bisogno di prenderli vivi, perché quelli sono criminali che vanno processati e si spera che dicano la verità per avere uno sconto della pena.

**Premesse storiche al conflitto**

Nikolai N. Sokov, in dialogo con Paolo Barnard, ha dichiarato che "ai tempi di Boris Eltsin l'espansione a est della NATO era percepita come una minaccia d'isolamento politico della Russia, non come un pericolo militare. Mosca temeva di perdere la sua importanza all'interno dell'OCSE, di essere quindi tagliata fuori dalle decisioni centrali. Poi la grande svolta fu la guerra della NATO in Kosovo nel 1998-9, dove l'alleanza atlantica attaccò un'area d'influenza russa senza passare per una risoluzione del Consiglio di Sicurezza dell'ONU, dove Mosca, esercitando il veto, credeva di poter fermare le ambizioni belliche degli USA. Quello fu uno shock per il Cremlino. Significava che la NATO poteva attaccare ovunque a piacimento, quindi non più un'alleanza difensiva ma offensiva. Inoltre, sempre dal Kosovo, maturò la convinzione dell'immensa superiorità degli Stati Uniti nelle armi convenzionali a lungo raggio. Di fatto Mosca si rese conto che in un conflitto con l'occidente sarebbe stata sconfitta prima ancora di scontrarsi sul campo. Infine la questione ucraina: era chiaro al Cremlino che, poco dopo l'ormai certa adesione di Kiev alla NATO, quelle avanzatissime testate convenzionali a lungo raggio dell'occidente sarebbero apparse sul suolo ucraino, e qui io capisco come la leadership russa abbia iniziato a percepire la cosiddetta minaccia esistenziale al Paese".

E Barnard, di rincalzo: "Nel 2015 Putin incontrò la stampa internazionale a San Pietroburgo e disse in toni concitati: "Come fate a non capire che la NATO sta spingendo il mondo verso uno scontro irreversibile?". Si riferiva al piazzamento dei sistemi di difesa missilistici Tomahawk a lungo raggio, che se presenti in Ucraina possono raggiungere Mosca in circa 4 minuti, rendendo una difesa impossibile".

E Sokov conferma: "Si replicava, alle porte della Russia, quanto accaduto nei primi anni '80, quando le due superpotenze piazzarono i missili nucleari a raggio intermedio INF in Europa, i quali avrebbero raggiunto l'URSS dalla Germania, e viceversa, in 7 minuti, concedendo un tempo di reazione microscopico, in cui non era possibile verificare l'evento né contattare il leader della parte opposta. Con un'Ucraina che ospiti missili NATO questo stato di cose per il Cremlino sarebbe ancor più esasperato, 4 minuti... Mi rincresce che ben due tentativi, nel dicembre 2021 e nel gennaio 2022, da parte di Washington e di Mosca di arrivare a un trattato per disinnescare questa minaccia a est finirono in un nulla di fatto".

*

All'ultima domanda Barnard gli ha chiesto: "Come sono viste dai russi le sanzioni?". Risposta inaspettata per noi occidentali: "Quelle che hanno colpito gli oligarchi sono un vero e proprio regalo a Putin. La gente comune detesta gli oligarchi, ma anche Putin non li gradisce, e unicamente poiché essi di norma portano immense quantità di capitale fuori dalla Russia per investirle in occidente. Ora la confisca di parte delle loro ricchezze in Europa e negli Stati Uniti costringerà gli oligarchi a tornare a investire in Russia con la coda fra le gambe, a inchinarsi davanti al presidente, e questa è una vittoria sia per Putin che per il popolo che li accusava di sottrarre ricchezze al Paese.

Fonte: volerelaluna.it

### Che cos'è la de-escalation nucleare?

Nikolai N. Sokov, sempre in dialogo con Paolo Barnard, fa anche alcune considerazioni sulla dottrina di Putin definita "de-escalation nucleare". Sinceramente parlando mi paiono delle assurdità.

Secondo lui "la Russia avrà l'opzione di sferrare un limitato attacco nucleare contro target militari occidentali per costringere l'avversario a desistere dalle sue interferenze nel conflitto in cui Mosca è coinvolta". Un attacco mirato e circoscritto con armi nucleari tattiche russe a lungo raggio...

Detto altrimenti: "Usare un attacco atomico dimostrativo, e circoscritto a target specifici, funziona come deterrente/shock per costringere l'avversario più potente a fermare le sue operazioni con armi convenzionali contro la Russia, pena l'olocausto nucleare. Il tutto si basa sul concetto secondo cui nell'asimmetria delle forze e di chi ha più da perdere, vince il più debole e chi si sta giocando il tutto per tutto. Come la Russia nel caso ucraino".

In tal senso tra le prime basi da colpire vi sarebbe di sicuro la nostra Aviano, ma anche due basi in Polonia, quelle tedesche e soprattutto le britanniche. Ma nelle simulazioni fatte fino al 2013 c'erano anche basi in territorio americano".

"Se Putin intuirà che fra le mosse di Biden c'è l'intenzione di provocare un cambiamento di regime in Russia, in stile libico per intenderci, allora davvero partiranno le testate atomiche".

Personalmente non credo a queste affermazioni, anche perché l'occidente è in grado di colpire la Russia con armi nucleari come e quando vuole, cioè anche come ritorsione, se decide di non sferrare il primo colpo (benché creda molto nell'efficacia di questa strategia). La Russia si è sempre impegnata (anche mettendolo per iscritto) a non lanciare per prima alcuna arma atomica, di nessun tipo. Per me quelle di Sokov sono affermazioni irresponsabili, che portano a una escalation del conflitto. E soprattutto incentivano la NATO a usare per prima le armi atomiche, proprio perché teme che potrebbe farlo la Russia.

Ricordiamo che è stata proprio la Russia, attraverso lunghi negoziati, a convincere le 5 potenze nucleari del Consiglio di sicurezza dell'ONU a ribadire la formula Gorbaciov-Reagan secondo cui non ci possono essere vincitori in una guerra nucleare.

Fonte: volerelaluna.it


### Così disse Reisner

Il colonnello Markus Reisner (principale stratega militare austriaco) ha dichiarato che i Paesi occidentali si sbagliano seriamente nel fare affidamento su grandi forniture di armi per l'esercito ucraino. Questo perché l'esercito russo continua a fare solidi progressi nella sua offensiva contro le posizioni ucraine nel Donbass. Cioè l'offensiva, anche se lenta (1,5 km/h), è costante e completa, con un significativo supporto di artiglieria e fanteria. Questo mostra che i gruppi interagiscono più strettamente tra loro e sono controllati centralmente, e non cadono più in imboscate. I russi stanno formando due tenaglie nel Donbass vicino a Izyum e Donetsk per accerchiare le truppe ucraine.

Secondo il colonnello ci vuole molto tempo per inviare le armi agli ucraini, e quando arrivano vengono immediatamente utilizzate, esaurendosi letteralmente in un giorno, senza riuscire a finire nelle mani dei militari in prima linea, in quanto la maggior parte di queste armi o viene catturata o distrutta dai russi.

A suo dire la Russia vuole conquistare l'intero sud per bloccare a Kiev l'importante accesso al mare.

In questa guerra i militari si sono dimostrati di gran lunga più intelligenti dei politici.

Fonte: blick.ch

## La possibile spartizione dell'Ucraina

Il governo polacco sta discutendo con l'amministrazione USA dell'imminente azione di "riunificazione" con l'Ucraina occidentale (Galizia e Volinia) che in precedenza (1918-39) apparteneva alla Polonia. Il prezzo per ospitare milioni di profughi ucraini sarebbe questo?

Il Ministero della Difesa polacco ha annunciato "un movimento intensivo di colonne con attrezzature nel nord e nell'est del Paese" dal 1° maggio fino alla fine del mese. Le esercitazioni militari sono indicate come motivo ufficiale, ma secondo i servizi segreti russi si preparano a occupare l'Ucraina occidentale.

Si tratta di una situazione che potrebbe andar bene pure alla Russia, poiché sarebbe meno pericoloso che fronteggiare questo territorio come avamposto nazista. Inoltre il governo polacco troverebbe difficoltà, facendo parte della UE, a far passare come "normale" il proprio fascismo, spalleggiato dai profughi ucraini neonazisti.

Naturalmente anche Romania e Ungheria rivendicano piccole porzioni di territorio, a causa delle discriminazioni patite dalle loro minoranze per colpa dei neonazisti ucraini.

Certo è che se davvero la Russia riuscisse a unire il Donbass alla Transnistria, occupando anche Odessa, lo Stato ucraino alla fine si ridurrebbe a un nulla.

## [9]

### Il discorso di Putin alla parata

Dal discorso odierno di Putin si capisce chiaro e tondo che la guerra in atto è tra Russia (che teme per la propria sopravvivenza) e NATO (che è sempre più aggressiva). L'Ucraina viene citata solo per il neonazismo dei seguaci di Bandera, con cui sono stati perseguitati i russofoni e soprattutto i filorussi del Donbass. Ha anche detto che a Kiev stavano preparando un'offensiva definitiva per eliminare le due repubbliche autonome e per dotarsi di armi nucleari.

Ha rimproverato l'amministrazione Biden d'aver impedito ai veterani americani di partecipare alla parata di Mosca.

Ha ribadito che la Russia è un "Paese diverso", che ha una propria fede e propri valori tradizionali, mentre in occidente i valori vengono "aboliti".

Ha concluso il suo discorso senza dichiarare la mobilitazione generale o dichiarare una guerra vera e propria.

A confronto, il discorso del cancelliere Olaf Scholz, di ieri, è penoso e foriero di scenari catastrofici. Infatti ha paragonato la violenza nazista a quella attuale della Russia, cioè i russi sarebbero i nuovi nazisti, in quanto vorrebbero sottomettere l'intera Ucraina, quando invece l'obiettivo dell'intervento militare è la difesa del Donbass e la fine delle persecuzioni dei russofoni.

Scholz non vede per niente né il ruolo aggressivo della NATO né quello dei neonazisti ucraini e neppure i condizionamenti da parte degli statunitensi a favore della rivoluzione arancione del 2004 e del golpe del 2014.

Finge di non ricordare che il nazismo fu sconfitto soprattutto dai sovietici, non dagli americani, e tralascia completamente che durante la guerra una buona parte degli ucraini si alleò coi nazisti.

E soprattutto ritiene del tutto normale non avviare trattative di pace, ma sanzionare pesantemente la Russia, sul piano economico e finanziario, armare con armi pesanti il governo filonazista di Kiev e alimentare il militarismo della Germania.

# Conclusione

Non ci può essere una conclusione quando la guerra che l'occidente a guida statunitense, con dietro il gregge dell'Unione Europea e dei Paesi ex-sovietici, conduce in Ucraina non è ancora finita, quando si ha seriamente intenzione di ridurre la Russia a uno Stato regionale, suddiviso tra le potenze vincitrici. Ciò potrebbe richiedere anche degli anni.

Noi non possiamo sapere come andrà a finire questo assurdo confronto militare, che in pochi mesi ha distrutto una cooperazione che andava avanti dalla fine della guerra fredda.

Se l'Ucraina è in piccolo quello che potrà accadere all'Europa nel caso in cui il conflitto si allarghi e diventi addirittura nucleare, dobbiamo dire che ci attende un futuro in stile Armageddon.

Gli Stati Uniti han dichiarato guerra alla Russia, ma pensano chiaramente di danneggiare anche l'Europa, che dipende dalla Russia sul piano energetico, in parte su quello alimentare e in molte materie prime utili alle industrie metalmeccaniche. Vogliono essere gli unici a continuare a comandare, pur sapendo di non poterlo più fare.

Il fatto che il mainstream mediatico si sia schierato così velocemente a favore della narrativa americana, ci fa solo pensare che la nostra idea di democrazia sia assolutamente fasulla. Di fatto l'occidente è autoreferenziale, non è in grado di capire la diversità, oppure l'apprezza solo nella misura in cui gli torna comodo.

Questa guerra costituirà uno spartiacque che impedirà a molte generazioni di tornare indietro. Il neonazismo ucraino entrerà negli altri Stati europei e metterà a dura prova la loro capacità di resistenza.

Sarebbe già molto che riuscissimo a impedire alla Finlandia di entrare nella NATO, poiché, avendo oltre 1.300 km di confine con la Russia, una nuova guerra sarebbe inevitabile. Il problema però è che la UE è una mera appendice della NATO.

# Bibliografia su Amazon

**Memorie**:
Sopravvissuto. Memorie di un ex
Grido ad Manghinot. Politica e Turismo a Riccione (1859-1967)
**Storia**:
Homo primitivus. Le ultime tracce di socialismo
Cristianesimo medievale
Dal feudalesimo all'umanesimo. Quadro storico-culturale di una transizione

Protagonisti dell'Umanesimo e del Rinascimento
Storia dell'Inghilterra. Dai Normanni alla rivoluzione inglese
Scoperta e conquista dell'America
Il potere dei senzadio. Rivoluzione francese e questione religiosa
Cenni di storiografia
Herbis non verbis. Introduzione alla fitoterapia
**Arte**:
Arte da amare
La svolta di Giotto. La nascita borghese dell'arte moderna
**Letteratura-Linguaggi**:
Letterati italiani
Letterati stranieri
Pagine di letteratura
Pazìnzia e distèin in Walter Galli
Dante laico e cattolico
Grammatica e Scrittura. Dalle astrazioni dei manuali scolastici alla scrittura creativa
**Poesie**:
Nato vecchio; La fine; Prof e Stud; Natura; Poesie in strada; Esistenza in vita; Un amore sognato
**Filosofia**:
Laicismo medievale
Ideologia della chiesa latina
L'impossibile Nietzsche
Da Cartesio a Rousseau
Rousseau e l'arcantropia
Il Trattato di Wittgenstein
Preve disincantato
Critica laica
Le ragioni della laicità
Che cos'è la coscienza? Pagine di diario
Che cos'è la verità? Pagine di diario
Scienza e Natura. Per un'apologia della materia
Spazio e Tempo: nei filosofi e nella vita quotidiana

Linguaggio e comunicazione
Interviste e Dialoghi
**Antropologia**:
La scienza del colonialismo. Critica dell'antropologia culturale
Ribaltare i miti: miti e fiabe destrutturati
**Economia**:
Esegeti di Marx
Maledetto capitale
Marx economista
Il meglio di Marx
Etica ed economia. Per una teoria dell'umanesimo laico
Le teorie economiche di Giuseppe Mazzini
**Politica**:
Il signore del gas
La truffa ucraina
Lenin e la guerra imperialista
Io, Gorbaciov e la Cina (pubblicato dalla Diderotiana)
L'idealista Gorbaciov. Le forme del socialismo democratico
Il grande Lenin
Cinico Engels
L'aquila Rosa
Società ecologica e democrazia diretta
Stato di diritto e ideologia della violenza
Democrazia socialista e terzomondiale
La dittatura della democrazia. Come uscire dal sistema
Dialogo a distanza sui massimi sistemi
**Diritto**:
Siae contro Homolaicus
Diritto laico
**Psicologia**:
Psicologia generale
La colpa originaria. Analisi della caduta
In principio era il due
Sesso e amore
**Didattica**:
Per una riforma della scuola
Zetesis. Dalle conoscenze e abilità alle competenze nella didattica della storia

**Ateismo**:
L'Apocalisse di Giovanni
Amo Giovanni. Il vangelo ritrovato (ed. Bibliotheka)
Pescatori di uomini. Le mistificazioni nel vangelo di Marco
Contro Luca. Moralismo e opportunismo nel terzo vangelo
Metodologia dell'esegesi laica. Per una quarta ricerca
Protagonisti dell'esegesi laica. Per una quarta ricerca
Ombra delle cose future. Esegesi laica delle lettere paoline

# Indice

www.ingramcontent.com/pod-product-compliance
Lightning Source LLC
Chambersburg PA
CBHW070921260726
48661CB00003B/785

* 9 7 9 8 8 2 1 5 9 5 9 8 0 *